总第67辑（2016.3）

中国审判指导丛书

U1003595

民事审判指导与参考

杜万华　主　编
最高人民法院民事审判第一庭　编

人民法院出版社

图书在版编目（CIP）数据

民事审判指导与参考.2016年.第3辑:总第67辑/杜万华主编;最高人民法院民事审判第一庭编.—北京:人民法院出版社,2017.1

（中国审判指导丛书）

ISBN 978-7-5109-1669-4

Ⅰ.①民…　Ⅱ.①杜…②最…　Ⅲ.①民事诉讼-审判-中国-丛刊　Ⅳ.①D925.118.2

中国版本图书馆CIP数据核字（2016）第306227号

民事审判指导与参考　2016年第3辑（总第67辑）

杜万华　主编

最高人民法院民事审判第一庭　编

责任编辑　姜　峤

出版发行　人民法院出版社

地　　址　北京市东城区东交民巷27号（100745）

电　　话　（010）67550573（责任编辑）　67550558（发行部查询）

65223677（读者服务部）

客服QQ　2092078039

网　　址　http://www.courtbook.com.cn

E-mail　courtpress@sohu.com

印　　刷　保定彩虹印刷有限公司

经　　销　新华书店

开　　本　787×1092毫米　1/16

字　　数　291千字

印　　张　17.75

版　　次　2017年1月第1版　2017年7月第2次印刷

书　　号　ISBN 978-7-5109-1669-4

定　　价　38.00元

特约编委

特约通讯员

目 录

【指导性案例】

【最高人民法院案件解析】

【保护“狼牙山五壮士”等英雄人物人格权益专题】

人民法院依法保护“狼牙山五壮士”等英雄人物人格权益典型案例新闻发布稿

最高人民法院民一庭庭长　程新文

（2016年10月19日）

各位记者：

大家上午好！今天新闻发布会的主题是向大家通报人民法院依法保护英雄人物名誉等人格权益，弘扬社会主义核心价值观典型案例的有关情况。

一段时期以来，人民法院受理了一批涉及侵害英雄人物、历史人物名誉、荣誉等人格权益的民事案件。这些案件的特征是，侵权人往往以学术研究、商业营销活动等手段，以互联网媒体为主要工具，诋毁、侮辱、诽谤英雄人物，丑化英雄人物的形象，贬损英雄人物的名誉，削弱他们的精神价值，进而解构当代中国社会主义核心价值观。应该看到，依法审理好这些案件，涉及英雄人物个人名誉、荣誉等民事权益的保护问题，更涉及以法治手段、法治思维弘扬社会主义核心价值观，维护社会公共利益的重大问题。

今天公布的以涉及“狼牙山五壮士”和邱少云烈士名誉权侵权纠纷案等为代表的五个案例，就是此类案件的典型代表。这些案件的审理及其裁判结果，取得了良好的法律效果和社会效果。我们认为，人民法院依法审理好此类案件，重点把握了以下几个方面的关系：

一、人民法院充分认识到此类案件涉及法益的广泛性

英雄人物的个人名誉、荣誉，总是与一定的英雄事件、历史背景相关联，也与近现代中国历史紧密相关，更与我国的社会共识和主流价值观相关。基于这些因素，人民法院认识到，英雄人物的事迹、形象和精神价值，已经成为中华民族共同记忆和民族感情的一部分，它们对现代中国具有不可替代的伟大意义，并由此构成我国社会主义核心价值观的重要组成部分。人民法院审理此类案件，应从更为广阔的视野出发，不仅要依法保护英雄人物的个人权益，也要强调判决的公共价值彰显功能。通过判决，阐发社会主义核心价值观的精神内核，引导社会公众崇尚英雄、捍卫英雄、学习英雄、关爱英雄。

二、人民法院妥当平衡了不同主体之间的利益

这些案件，在表现形态上为侵害名誉权等纠纷，但其背后涉及的利益类型和利益主体相当复杂，稍有不慎，可能会导致利益失衡。在审理此类案件过程中，人民法院非常重视英雄人物个人权益保护和公民的言论自由、学术自由的关系。总的原则是，公民的言论自由、学术自由应在宪法和法律的框架内行使，在不侵害他人权益和危害公共利益的范围内行使。通过这些案件，人民法院逐步确立了司法裁判的范围，既不对学术问题作出司法裁判，也要对以学术研究为名侵害他人合法权益的行为作出制裁。

三、人民法院以个案的事实和证据为基础，全面准确地适用了现行法律和司法解释的规定

在权利主体的范围上，人民法院以现行法为依据，确定英雄人物的近亲属为提起此类诉讼的适格主体；在侵权行为方式和类型上，结合互联网技术的新发展和侵权行为的新类型，对行为定性准确；在行为人主观过错的认定上，要结合相互对立的言论的内容、背景、指向等综合判断；在言论主体对他人批评的容忍义务上，要结合言论的内容及言论主体的具体情况，差异化地认定其注意义务的范围及相应的容忍义务；在损害后果的判断上，要根据行为人利用互联网的能力及相应的认识能力等因素加以判断；在侵权责任承担方式上，根据侵权人是否采取了主动删除等补救措施，区分不同情况判决其承担不同的责任。总体而言，在这些典型案例的

审理过程中，人民法院以现行法及其解释为基础，以事实为依据，与时俱进，全面准确地把握了侵害名誉权等纠纷案件的法律适用，法律论证充分。

各位记者，维护和弘扬社会主义核心价值观，既是我国现行法律体系的核心价值追求，也是人民法院在司法审判中一贯坚持的立场。各级人民法院将一如既往，通过司法审判，依法保护英雄人物包括去世英雄人物在内的所有社会成员的合法权益，彰显社会公平正义，维护社会主义核心价值观。

我通报的情况就是这些。谢谢大家！

人民法院依法保护“狼牙山五壮士”等英雄人物人格权益典型案例

一、黄钟、洪振快诉梅新育名誉权侵权纠纷案

（一）基本案情

2013年第11期《炎黄春秋》杂志刊发洪振快撰写、黄钟任责任编辑的《“狼牙山五壮士”的细节分歧》（以下简称《细节》）一文。载明：当我们深入“狼牙山五壮士”有关叙述的细节时，就发现上述人员在不同时间、不同场合下的陈述存在诸多矛盾之处。而对于同一时间，相互矛盾的描述可能都不符合事实，也可能有一个符合事实，但不可能同时都符合事实。因此，对于“狼牙山五壮士”的真相，还有待历史学家的深入研究和探讨。该文共分“在何处跳崖”“跳崖是怎么跳的”“敌我双方战斗伤亡”及“‘五壮士’是否拔了群众的萝卜”等四部分，对狼牙山五壮士英雄事迹的细节问题提出质疑。其中，“‘五壮士’是否拔了群众的萝卜”部分载明：葛振林说：“刚才忙着打仗倒不觉得，这会歇下来，才觉得又饿又渴……正巧山地里有些散种的萝卜，我们顾不得了，每人拔个吃着。”

上述文章发表后，2013年11月23日，梅新育在经认证的新浪微博上发表博文：“《炎黄春秋》的这些编辑和作者是些什么心肠啊？打仗的时候都不能拔个萝卜吃？说这些的作者和编辑属狗娘养的是不是太客气了？”该博文被转发360次，被评论32次。

2014年3月，黄钟、洪振快以梅新育前述言论侵犯其名誉权为由诉至北京市丰台区人民法院，请求判令梅新育停止侵权、删除相关侵权言论、公开道歉，并赔偿精神损害赔偿金5000元等。

（二）裁判结果

北京市丰台区人民法院一审认为，评价梅新育对《细节》一文的言论是否构成侵权，应当通过综合评价双方言论的背景及其内容、言论是否超过必要限度、因果关系以及损害后果等方面综合判断。首先，《细节》一文是对抗日战争时期出现的英雄人物“狼牙山五壮士”及其英雄事迹具体细节的分析。该文的作者和编辑，应当认识到，抗日战争是中国共产党领导中国各族人民推翻帝国主义统治并取得新民主主义革命伟大胜利的重要组成部分，中国共产党在抗日战争中发挥了中流砥柱的作用，这已经成为全民族的共识。以“狼牙山五壮士”为代表的英雄人物和英雄事迹，已经成为中华民族不畏强敌、不惧牺牲精神的典型代表，他们的精神气质，已经成为中华民族精神世界和民族感情的重要内容。对这些英雄人物和英雄事迹的不当评论和评价，都将会伤害社会公众的民族感情，将会引发社会公众的批评，甚至较具情绪化的批评。《细节》一文从形式上虽然是在讨论细节问题，但全文意在质疑甚至颠覆“狼牙山五壮士”的英雄形象，甚至是对该英雄事迹所代表的中国共产党的抗日民族统一战线的历史地位和历史作用的再评价。在此意义上，黄钟、洪振快对该文引发的激烈批评及负面评价应当有所预见，也应当承担较高程度的容忍义务。其次，梅新育微博的内容并未直接指出“这样的编辑和作者”的姓名，公众需点击所转发的微博链接才能知晓该文的编辑和作者，此种方式限制了该条微博的影响。且公众作出的评论并未针对黄钟、洪振快，而是主要针对《炎黄春秋》杂志。从损害后果看，不能认定被告行为降低了原告的社会评价。最后，梅新育的微博内容是带有感情色彩的评价和评论，虽然使用不文明语言显属不当，但却是社会公众普遍民族感情的直观反映，出于维护“狼牙山五壮士”英雄形象的目的，主旨和主观动机符合社会主义核心价值观，应予肯定。综上，判决：驳回黄钟、洪振快的诉讼请求。黄钟、洪振快不服提起上诉，北京市第二中级人民法院判决：驳回上诉，维持原判。

（三）典型意义

本案是微博言论评价他人文章所引发的名誉权侵权的典型案例。本案的典型之处在于，被告的言论，系对原告所发表的关于“狼牙山五壮士”这一历史英雄人物及其历史事件的文章作出的评价和批评。被告的言论是否超出必要的限度、其妥当性以及是否侵害他人人格，涉及原告所发表文章涉及的事项、原告对于所发表文章所引发他人批评或评价的预见程度和应当负有的相应的容忍义务，以及被告所发表言论的主观状态、其言论是否导致原告社会评价降低等因素，均为被告是否构成侵权的重要考量因素，也是名誉权侵权案件中的重点和难点问题。本案中，人民法院从原告所发表文章的内容以及其涉及的历史人物及其历史事件的重大历史意义分析，认为原告对于该文所引发的言论具有较高的容忍义务，较为准确地界定了原告对于自己言论的注意义务；从被告发表言论的主观动机以及其言论所批评的对象、受众从其言论中获得信息的方式以及受众由此对原告所作出的社会评价等方面，认定被告并未构成侵权的同时，指出其言论亦有不当之处，在准确、全面适用现行法的同时，更是贯彻了侵权法平衡行为人的行为自由与保护他人合法权益的原则。

二、黄钟、洪振快诉郭松民名誉权侵权纠纷案

（一）基本案情

本案亦由洪振快撰写、黄钟为责任编辑的《细节》一文所引发。该文发表后，2013年11月23日13时许，有网民“鲍迪克”发表微博“炎黄春秋：狼牙山五壮士曾拔过群众的萝卜”，对洪振快撰写、黄钟编辑的上述文章中部分内容加以转引。此后，网民梅新育在转发鲍迪克微博后，同时发表微博：“《炎黄春秋》的这些编辑和作者是些什么心肠啊？打仗的时候都不能拔个萝卜吃？说这样的作者和编辑属狗娘养的是不是太客气了？”。在梅新育微博发表后不久，郭松民将鲍迪克和梅新育的微博进行转发，同时撰写微博：“反对历史虚无主义，不动这帮狗娘养的就是笑话!”黄钟、洪振快以郭松民前述微博言论侵犯其名誉权为由起诉至北京市海淀区人民法院，请求判令被告停止侵权、赔礼道歉，并赔偿精神损害赔偿金1万元等。

（二）裁判结果

北京市海淀区人民法院一审认为，被告的行为是否构成侵权，应分别从双方当事人的言论及其背景、各自言论是否超过必要限度、言论所针对的对象、因果关系以及损害后果等方面综合判断。首先，抗日战争是中国

共产党领导中国各族人民推翻帝国主义统治并取得新民主主义革命伟大胜利的重要组成部分，中国共产党在抗日战争中发挥了中流砥柱的作用。于此过程中产生的诸多英雄人物和英雄事迹，已经构成我国各族人民的共同历史记忆，他们的大无畏牺牲精神和坚贞不屈的民族气节，已经成为中华民族感情和精神世界的重要内容。“狼牙山五壮士”即为其中的典型代表，他们的英雄事迹，体现了中华儿女不畏强敌、不惧牺牲的伟大精神，坚定了无数中华儿女奋勇抗敌的决心。在此问题上，我国社会公众的共识是一致的。然而，《细节》一文虽然在形式上是对我国抗日战争史中的一个具体英雄事迹细节的探究，但它实质上是对这起英雄事迹所代表的抗战史尤其是中国共产党领导下的抗日民族统一战线的历史地位和历史作用的再评价。《细节》一文，从“狼牙山五壮士”从何处跳崖、跳崖是怎么跳的、敌我双方战斗伤亡数量以及是否拔了群众的萝卜等细节入手，通过强调不同史料之间的差别甚至是细微差别，试图质疑甚至颠覆“狼牙山五壮士”的英雄形象。应该说，该文在一定范围和一定程度上伤害了社会公众的民族和历史情感。在此意义上，原告作为该文的作者和编辑，应当预见到该文所可能产生的评价、回应、批评乃至公众的反应，并因此对后者负有较高的容忍义务。其次，郭松民发表的微博，其主要目的是批评以《细节》一文为代表的历史虚无主义，既是出于维护“狼牙山五壮士”英雄形象的主观目的，也是对前述社会共识、民族感情的表达，符合我国社会的主流价值观且未超出必要限度。再次，被告微博言论并非直接针对具体的个人，结合被告一贯的言论及原、被告双方并不相识等事实，被告主张涉诉微博并非针对原告的抗辩成立。最后，从涉诉微博被转发、被评价的内容来看，读者主要是对原告撰写文章的评价、或者对该文章所涉人物的看法，考虑到微博这一社交工具和网络媒体的技术特征及习惯做法，这些转发与评论行为更多的是多数网民自身对涉诉文章的认知、评论和价值判断，而非由涉诉微博所引导或决定的，不能由此认定被告发表的微博内容导致了原告社会评价的降低。所以，被告的言论不构成侵权。当然，被告在发表言论时亦应使用文明语言，以说理方式表达意见。综上，一审法院判决：驳回黄钟、洪振快的全部诉讼请求。黄钟、洪振快上诉后，北京市第一中级人民法院判决：驳回上诉，维持原判。

（三）典型意义

本案与黄钟、洪振快诉梅新育名誉权侵权案系由同一文章所引发的关联案件。在本案中，人民法院在分析被告是否构成侵权时，强调以“狼牙山五壮士”为代表的民族英雄、英雄事迹以及其精神，已经成为中华民族共同历史记忆和中华民族感情及精神世界的重要内容。原告所发表文章对前述社会共识及主流价值观提出质疑，就应当预见到其可能引发的评价，亦应负有较高的注意义务。同时，结合网络媒体及互联网时代的社交媒体工具对言论容忍度带来的新变化，以及被告的言论在主观、因果关系以及损害后果方面等因素作出综合评价。应该说，这一判决准确把握了侵权法在互联网时代的新发展，妥当界分了对立言论之间的相互关系。

三、葛长生、宋福宝分别诉洪振快名誉权侵权纠纷系列案

（一）基本案情

葛长生、宋福宝分别诉洪振快名誉权纠纷案，亦由洪振快撰写的《细节》一文以及其于2013年9月9日在财经网发表的《小学课本“狼牙山五壮士”有多处不实》一文（以下简称案涉文章）所引起。《不实》一文写到：据《南方都市报》2013年8月31日报道，广州越秀警方于8月29日晚间将一位在新浪微博上“污蔑狼牙山五壮士”的网民抓获，以虚构信息、散布谣言的罪名予以行政拘留7日。所谓“污蔑狼牙山五壮士”的“谣言”其来有自。据媒体报道，该网友实际上是传播了2011年12月14日百度贴吧里一篇名为《狼牙山五壮士真相原来是这样!》的帖子的内容，该帖子说五壮士“5个人中有3个是当场被打死的，后来清理战场把尸体丢下悬崖。另两个当场被活捉，只是后来不知道什么原因又从日本人手上逃了出来。”而后，案涉文章对诸多细节进行了考据性论述。

案涉文章发表后，“狼牙山五壮士”中的葛振林之子葛长生、宋学义之子宋福宝认为，《细节》一文，以历史细节考据，学术研究为幌子，以细节否定英雄，企图达到抹黑“狼牙山五壮士”英雄形象和名誉的目的。据此，葛长生、宋福宝分别起诉至北京市西城区人民法院，请求判令洪振快停止侵权、公开道歉、消除影响。

（二）裁判结果

北京市西城区人民法院一审认为，1941年9月25日，在易县狼牙山发生的狼牙山战斗，是被大量事实证明的著名战斗。在这场战斗中，“狼

牙山五壮士”英勇抗敌的基本事实和舍生取义的伟大精神，赢得了全国人民高度认同和广泛赞扬，是五壮士获得“狼牙山五壮士”崇高名誉和荣誉的基础。根据《中华人民共和国侵权责任法》第二条及《最高人民法院关于确定民事侵权精神损害赔偿责任若干问题的解释》第三条之规定，自然人死亡后，其生前人格利益仍然受法律保护。被告撰写的《细节》一文涉及两原告的父亲葛振林和宋学义，葛长生、宋福宝均有权作为本案原告就侵害葛振林、宋学义名誉、荣誉的行为提起诉讼。

北京市西城区人民法院认为，葛振林、宋学义均是“狼牙山五壮士”这一系列英雄人物的代表人物，“狼牙山五壮士”这一称号在全军、全国人民中已经赢得了普遍的公众认同，这一称号，既是国家及公众对他们作为中华民族的优秀儿女在反抗侵略、保家卫国中作出巨大牺牲的褒奖，也是他们应当获得的个人名誉和个人荣誉。尤其是，“狼牙山五壮士”是中国共产党领导的八路军在抵抗日本帝国主义侵略伟大斗争中涌现出来的英雄群体，是中国共产党领导的全民抗战并取得最终胜利的重要事件载体。这一系列英雄人物及其事迹，经由广泛传播，在抗日战争时期，成为激励无数中华儿女反抗侵略、英勇抗敌的精神动力之一；成为人民军队誓死捍卫国家利益、保障国家安全的军魂来源之一；在和平年代，狼牙山五壮士的精神，仍然是我国公众树立不畏艰辛、不怕困难、为国为民奋斗终生的精神指引。这些英雄人物及其精神，已经获得全民族的广泛认同，是中华民族共同记忆的一部分，是中华民族精神的内核之一，也是社会主义核心价值观的重要内容。而民族的共同记忆、民族精神乃至社会主义核心价值观，无论是从我国的历史看，还是从现行法上看，都已经是社会公共利益的一部分。所以，洪振快撰写的文章侵害的不仅仅是葛振林、宋学义的个人名誉和荣誉，并且侵害的是社会公共利益。

关于案涉文章是否构成侵权的问题。一审法院认为，案涉文章对于“狼牙山五壮士”在战斗中所表现出的英勇抗敌的事迹和舍生取义的精神这一基本事实，自始至终未作出正面评价。而是以考证“在何处跳崖”“跳崖是怎么跳的”“敌我双方战斗伤亡”以及“‘五壮士’是否拔了群众的萝卜”等细节为主要线索，通过援引不同时期的材料、相关当事者不同时期的言论，甚至“文革”时期红卫兵迫害宋学义的言论为主要证据，全然不考虑历史的变迁、各个材料所形成的时代背景以及各个材料的语境。在无充分证据的情况下，案涉文章多处作出似是而非的推测、质疑乃至评价。因此，尽管案涉文章无明显侮辱性的语言，但通过强调与基本事实无关或者关联不大的细节，引导读者对“狼牙山五壮士”这一英雄人物群体英勇抗敌事迹和舍生取义精神产生质疑，从而否定基本事实的真实性，进而降低他们的英勇形象和精神价值。被告的行为方式符合以贬损、丑化的方式损害他人名誉和荣誉权益的特征。案涉文章经由互联网传播，在全国范围内产生了重大影响，不仅损害了葛振林和宋学义的个人名誉和荣誉、原告的个人感情，在一定范围和程度上伤害了社会公众的民族和历史情感，同时，在我国，由于“狼牙山五壮士”的精神价值已经内化为民族精神和社会公共利益的一部分，因此，也损害了社会公共利益。被告作为具有一定研究能力和熟练使用互联网工具的人，应该认识且有能力控制前述后果的发生，仍然发表案涉文章，显然具有过错。

对于洪振快在诉讼中以言论自由作为抗辩的问题。一审法院认为，学术自由、言论自由以不侵害他人合法权益、社会公共利益和国家利益为前提。这是我国宪法所确立的关于自由的一般原则，是为言论自由和学术自由所划定的边界。任何公民在行使言论自由、学术自由及其他自由时，都负有不得超过自由界限的法定义务。这是法治国家和法治社会对公民的基本要求，也是任何一个公民应当承担的社会责任。本案中，“狼牙山五壮士”及其事迹所凝聚的民族感情和历史记忆以及所展现的民族精神，是当代中国社会主义核心价值观的重要来源和组成部分，具有巨大的精神价值，也是我国作为一个民族国家所不可或缺的精神内核。对“狼牙山五壮士”名誉的损害，既是对原告葛长生之父葛振林、原告宋福宝之父宋学义的名誉、荣誉的损害，也是对中华民族的精神价值的损害。被告完全可以在不损害“狼牙山五壮士”名誉、荣誉和社会公共利益的前提下，自由地进行学术研究和自由发表言论，包括对狼牙山战斗的某些细节进行研究，但被告却未采用这种方式，而是通过所谓的细节研究，甚至与网民张广红对“狼牙山五壮士”的污蔑性谣言相呼应，质疑五壮士英勇抗敌、舍生取义的基本事实，颠覆五壮士的英勇形象，贬损、降低五壮士的人格评价。因此，被告以侵害他人合法权益和社会公共利益的言论自由，作为其侵权责任的抗辩理由，不予支持。

综上，一审法院判决：洪振快立即停止侵害葛振林、宋学义名誉、荣誉的行为；于判决后三日内公开发布赔礼道歉公告，向原告赔礼道歉、消除影响。

洪振快对两案一审判决不服，提起上诉，主张一审判决认定的狼牙山战斗事实存在错误；认为一审判决认定“公共利益”实际是“狼牙山五壮士”后人和相关既得利益者的利益，是中国共产党的利益，不是国家、民族和人民大众的利益等，请求撤销一审判决，驳回原告诉讼请求。

北京市第二中级人民法院经审理认为，在二审阶段，洪振快一改过去引而不发的手法，在上诉状和庭审中公开否认“狼牙山五壮士”英勇抗敌、舍生取义的基本事实。洪振快的自认足以说明，一审判决认定洪振快撰写文章的行为方式是通过所谓“细节”探究，引导读者对“狼牙山五壮士”英勇抗敌事迹和舍生取义精神产生质疑，从而否定基本事实的真实性，进而降低他们的英勇形象和精神价值，是正确的。二审法院认为，“狼牙山五壮士”英勇抗敌和舍生取义的基本事实，已被大量历史事实和本案审理过程中的证据所证明，洪振快的质疑缺乏事实依据。这些英雄人物及其精神，已经获得全民族的广泛认同，成为民族精神的重要组成部分，是社会公共利益的一部分，中国共产党是中国人民和中华民族的先锋队，代表全国人民的共同利益，没有脱离国家、民族利益之外的任何私利。中国共产党弘扬“狼牙山五壮士”的事迹和精神，体现的也是国家利益和民族利益。因此，洪振快上诉关于“狼牙山五壮士”精神仅仅是狼牙山五壮士后人和相关既得利益者的利益，是中国共产党的利益，不是公共利益的主张不能成立。案涉文章否认“狼牙山五壮士”英勇抗敌的事实和舍生取义的精神，不仅对“狼牙山五壮士”的名誉和荣誉构成侵害，同时构成了对英雄人物的名誉、荣誉所融入的社会公共利益的侵害。综上，洪振快的上诉请求不能成立，判决：驳回上诉，维持原判。

（三）典型意义

近年来社会上通过各种形式诋毁、侮辱、诽谤英雄人物，丑化英雄人物形象，贬损英雄人物名誉，削弱其精神价值的现象时有发生，葛长生、宋福宝分别诉洪振快名誉权侵权纠纷两个案件是这种现象的集中反映。人民法院在审理此类案件中的难点有：一是通过诉讼维护英雄人物包括已经不在世的英雄人物的名誉、荣誉，需要确定原告的范围，这应以现行法及司法解释为依归；二是此类侵权行为所侵害法益的复杂性，英雄人物的个人名誉、荣誉，往往与一定的英雄事件、历史背景、社会共识以及主流价值观相关，并由此与公共利益发生关联。人民法院审理此类案件，应从更为广阔的视野出发，更为全面、准确把握社会公共利益及其表现形态；三是此类侵权行为的表现形态更为多样化，经常表现为学术文章、观点争论等，人民法院应依据现行法更为实质性地把握名誉权侵权行为的表现方式；四是此类案件涉及的利益类型更为复杂，涉及言论自由、学术自由和个人权益的关系，人民法院应在个案中审慎把握，既要保护个人权益，也要防止司法对学术问题、言论自由作出不当干预，要在多个利益之间合理界分。

葛长生、宋福宝分别诉洪振快两个案件的审判，妥当处理了上述四个问题。在确定权利人及原告资格问题上，以现行法及司法解释为依据，认定英雄人物的近亲属享有程序法上的原告主体资格和实体法上的请求权；在侵权行为侵害的法益识别上，分析了“狼牙山五壮士”获得个人名誉及荣誉的历史事实，并以这一英雄群体在我国当代史上发挥的作用为依据，将其精神归纳为民族的共同记忆、民族精神和社会主义价值观的一部分，因而构成了社会公共利益的一部分，法益识别准确；在侵权责任的构成上，分析了文章的写作方法、资料运用、主观目的以及所形成的损害后果，准确运用了侵权责任的构成要件；在利益衡量上，结合个案分析了学术自由、言论自由与权益保护的关系，利益平衡得当。两案的判决保护了英雄人物的名誉和荣誉，维护了社会公共利益。

四、邱少华诉孙杰、加多宝（中国）饮料有限公司一般人格权纠纷案

（一）基本案情

2013年5月22日，被告孙杰在新浪微博通过用户名为“作业本”的账号发文称：“由于邱少云趴在火堆里一动不动最终食客们拒绝为半面熟买单，他们纷纷表示还是赖宁的烤肉较好”。作为新浪微博知名博主，孙杰当时已有603万余个“粉丝”。该文发布后不久就被转发即达662次，点赞78次，评论884次。2013年5月23日凌晨，该篇微博博文被删除。

2015年4月，加多宝（中国）饮料有限公司（以下简称加多宝公司）在其举办的“加多宝凉茶2014年再次销量夺金”的“多谢”活动中，通过“加多宝活动”微博发布了近300条“多谢”海报，感谢对象包括新闻媒体、合作伙伴、消费者及部分知名人士。被告孙杰作为新浪微博知名博

主也是加多宝公司感谢对象之一。加多宝公司于2015年4月16日以该公司新浪微博账号“加多宝活动”发博文称：“多谢@作业本，恭喜你与烧烤齐名。作为凉茶，我们力挺你成为烧烤摊CEO，开店十万罐，说到做到^_^#多谢行动#”，并配了一张与文字内容一致的图片。孙杰用“作业本”账号于2015年4月16日转发并公开回应：“多谢你这十万罐，我一定会开烧烤店，只是没定哪天，反正在此留言者，进店就是免费喝!!!”。该互动微博在短时间内被大量转发并受到广大网友的批评，在网络上引起了较大反响。

烈士邱少云之弟邱少华以孙杰的前述博文对邱少云烈士进行侮辱、丑化，加多宝公司以违背社会公德的方式贬损烈士形象，用于市场营销的低俗行为，在社会上造成了极其恶劣的影响为由，起诉至北京市大兴区人民法院，请求判令二被告立即停止侵害、消除影响、赔礼道歉，赔偿精神损失费1元。

（二）裁判结果

北京市大兴区人民法院一审认为，根据《中华人民共和国侵权责任法》第三条、《最高人民法院关于适用〈中华人民共和国民事诉讼法〉的解释》第六十九条以及《最高人民法院关于确定民事侵权精神损害赔偿责任若干问题的解释》第三条之规定，邱少云烈士生前的人格利益仍受法律保护，邱少华作为邱少云的近亲属，有权提起本案诉讼。孙杰发表的言论将“邱少云烈士在烈火中英勇献身”比作“半边熟的烤肉”，是对邱少云烈士的人格贬损和侮辱，属于故意的侵权行为，且该言论通过公众网络平台快速传播，已经造成了严重的社会影响，伤害了社会公众的民族和历史感情，同时损害了公共利益，也给邱少云烈士的亲属带来了精神伤害。虽然孙杰发表的侵权言论的原始微博文章已经删除且孙杰通过微博予以致歉，但侵权言论通过微博已经被大量转载，在网络上广泛流传，已经造成了严重的社会影响，因此，应在全国性媒体刊物上予以正式公开道歉，消除侵权言论造成的不良社会影响。加多宝公司发表的案涉言论在客观方面系与孙杰的侵权言论相互呼应且传播迅速，产生较大负面影响；主观上，加多宝公司在其策划的商业活动中应尽到审慎的注意义务，加多宝公司应当对孙杰发表的影响较大的不当言论进行审查而未审查，存有过错，因此，亦应承担侵权责任。但是，由于孙杰和加多宝公司已经主动删除原始侵权言论，因此只能通过赔礼道歉、消除影响的方式消除侵权所造成的后果，判决：孙杰、加多宝公司于判决生效后三日内公开发布赔礼道歉公告，公告须连续刊登五日；孙杰、加多宝公司连带赔偿邱少华精神损害抚慰金1元。一审判决后，双方当事人均未上诉。

（三）典型意义

本案是恶意诋毁、侮辱民族英雄和革命先烈，侵害其人格利益的典型案件。本案的特点是，先有网络名人恶意侮辱、诋毁民族英雄，再有商业公司借助不法言论恶意炒作获得商业推广效果，两者行为的结合造成了同一损害后果。本案判决在如下方面值得赞同：一是对侵权言论的分析上，结合其语境及侵权言论的传播和舆论反应，认定侵权人的主观恶意和损害后果；二是对多个行为人共同侵权的把握上，注意分析多个言论的关联性及互动性，准确把握多个行为人的主观关联性及损害后果的同一性；三是在责任形态上，认定多个侵权人之间的连带责任；四是在责任方式上，根据侵权人事后删除侵权言论的事实，判决其承担赔礼道歉、消除影响和精神损害抚慰金的责任，责任形式妥当。这一判决，维护了民族英雄和革命先烈的合法权益，对于以侮辱、诋毁民族英雄和革命先烈的人格为手段，恶意商业炒作获得不法利益的侵权行为，具有鲜明的警示意义。

【保护非公有制经济专题】

最高人民法院

关于依法平等保护非公有制经济，促进非公有制经济健康发展民事商事典型案例

一、梁昌运与霍邱县人民政府国土资源局建设用地使用权出让合同纠纷案

（一）基本案情

2014年，梁昌运通过招投标竞得霍国土出［2011］82号国有建设用地使用权，与霍邱县人民政府国土资源局签订的《国有建设用地使用权挂牌成交确认书》《国有建设用地使用权出让合同》约定：霍邱县人民政府国土资源局在2014年9月17日前将出让宗地交付给梁昌运，用地使用权出让金为5953350元，定金为400万元，定金抵作土地出让价款，自合同签订之日起60日内一次性付清。合同约定出让人未按时提供出让土地超过60日，经催交后仍不能交付土地的，受让人有权解除合同，出让人应当双倍返还定金，并退还已经支付国有建设用地使用权出让价款的其余部分，受让人并可请求出让人赔偿损失。合同签订后，梁昌运交纳定金400万元，并交清余下1953350元，但霍邱县人民政府国土资源局未依约交付土地。梁昌运提起诉讼，请求人民法院判决霍邱县人民政府国土资源局双倍返还定金800万元、退还已支付土地出让金1953350元，赔偿损失100万元。

（二）裁判结果

安徽省六安市中级人民法院一审认为，本案《建设用地使用权出让合

同》合法有效。梁昌运依照合同约定的期限交清了全部土地出让金，霍邱县人民政府国土资源局未在合同约定的期限内交付适合开发的建设用地已构成违约，依法应当承担违约责任。根据合同约定，梁昌运有权解除合同，要求霍邱县人民政府国土资源局双倍返还定金、返还已交付的土地出让金，并承担赔偿责任。但本案合同约定的定金数额明显过高，依法应当调整。梁昌运主张的损失无充分证据证实，其虽确实存在运营及融资成本，但考虑双倍返还定金的数额并未过分高于或低于其实际损失，故对其要求另行支付利息及赔偿损失的诉讼请求依法不予支持。判决：一、解除梁昌运与霍邱县人民政府国土资源局签订的《国有建设用地使用权出让合同》；二、霍邱县人民政府国土资源局双倍返还梁昌运定金238.134万元；三、霍邱县人民政府国土资源局返还梁昌运已交纳的土地出让金476.268万元；三、驳回梁昌运的其他诉讼请求。一审宣判后，双方当事人均未上诉。

（三）典型意义

本案是关于违反国有土地使用权出让合同约定应当承担相应违约责任的典型性案例。实践中，在国有土地使用权出让过程中，由于一些地方政府的不规范行为，造成与非公有制企业签订国有土地使用权出让合同后，不能按约交付土地，侵害了非公有制经济主体的合法权益。在此情况下，依法维护非公有制经济主体的合同权益，是对其民事权利平等保护原则的重要体现。本案中，霍邱县人民政府国土资源局通过公开招投标程序与梁昌运签订了土地使用权出让合同，梁昌运也按照合同约定交纳了土地出让金，但霍邱县人民政府国土资源局没有依约交付土地构成违约，梁昌运根据合同约定要求解除合同、返还土地出让金、双倍返还定金等合理请求，均得到了人民法院的支持。人民法院审理该案件时，平等对待政府机关和非公有制经济主体，准确适用合同法相关规定，依法支持梁昌运的相关诉讼请求，妥善维护了非公有制经济的合法权益。

二、青海茂祥房地产开发有限公司与青海省气象局财产损害赔偿纠纷案

（一）基本案情

2011年5月，民营企业青海茂祥房地产开发有限公司办理相关手续后

建设开发位于青海省西宁市某商住小区项目。后青海省气象局将正在施工使用的唯一通道堵塞，造成无法施工。经诉讼及强制执行，该通道被疏通，共造成停工 112 天。青海茂祥房地产开发有限公司起诉要求青海气象局支付停工产生的违约金损失、人员工资损失、监理费报酬损失、借款利息及罚息损失等各项损失合计 4358404.81 元。

（二）裁判结果

青海省西宁市中级人民法院一审认为，根据《中华人民共和国民法通则》第八十三条关于“不动产的相邻各方，应当按照有利生产、方便生活、团结互助、公平合理的精神，正确处理截水、排水、通行、通风、采光等方面的相邻关系。给相邻方造成妨碍或者损失的，应当停止侵害，排除妨碍，赔偿损失”及《最高人民法院关于贯彻执行〈中华人民共和国民法通则〉若干问题的意见（试行）》第一百条关于“一方必须在相邻一方使用的土地上通行的，应当予以准许；因此造成损失的，应当给予适当补偿”的规定，青海省气象局理应向青海茂祥房地产开发有限公司承担因侵权造成的财产损害赔偿责任。判决：青海省气象局赔偿青海茂祥房地产开发有限公司各项经济损失 1055240 元；驳回青海茂祥房地产开发有限公司的其他诉讼请求。

青海省气象局、青海茂祥房地产开发有限公司上诉后，青海省高级人民法院作出二审判决：驳回上诉，维持原判。

（三）典型意义

本案是因相邻关系造成妨碍应当承担民事责任的典型性案例。实践中存在非公有制企业和政府机关、国有企业等因相邻关系等非合同关系引发的民事纠纷，在此类纠纷中，同样需要依照法律规定，对非公有制企业的合法权益予以保护，而不能允许其他主体对其合法权益肆意侵害而不承担相应法律责任。本案中，青海省气象局堵塞青海茂祥房地产开发有限公司开发建设青海省气象局旧房改造项目正在施工的唯一通道构成侵权的事实，已由另案生效法律文书所确认，对于此侵权行为造成的青海茂祥房地产开发有限公司的财产损失，青海省气象局应当予以赔偿。因此，青海茂祥房地产开发有限公司的诉讼请求，在有证据支持的范围内，得到了人民法院的支持。人民法院审理该案件时，平等对待双方当事人，准确适用民法通则及其司法解释等相关规定，依法支持青海茂祥房地产开发有限公司的相应诉讼请求，维护了其作为非公有制企业的合法权益。

三、重庆融豪投资（集团）有限公司与泸州市江阳区人民政府等合同纠纷案

（一）基本案情

2008 年，泸州市江阳区人民政府（以下简称区政府）通过公开招商，与民营企业重庆融豪投资（集团）有限公司（以下简称融豪投资公司）订立一系列土地整理项目投资协议，约定由融豪投资公司投资 3.2 亿元对该区两块土地实施土地整理。协议订立后，融豪投资公司陆续投入 1 亿余元资金用于该项目。2014 年，区政府向融豪投资公司发函称，以上协议违反国务院办公厅《关于规范国有土地使用权出让收支管理的通知》和四川省国土资源厅、省财政厅、省监察厅、省审计厅联合下发的《关于进一步加强国有土地使用权出让收支管理的通知》文件精神，要求终止履行以上协议。融豪投资公司诉至法院，请求确认区政府终止履行协议的函无效，并要求区政府继续履行协议。

（二）裁判结果

重庆市高级人民法院一审认为：区政府解除行为是否产生效力应当依据《中华人民共和国合同法》第九十四条的规定进行审查。该条规定："有下列情形之一的，当事人可以解除合同：（一）因不可抗力致使不能实现合同目的；（二）在履行期限届满之前，当事人一方明确表示或者以自己的行为表明不履行主要债务；（三）当事人一方迟延履行主要债务，经催告后在合理期限内仍未履行；（四）当事人一方迟延履行债务或者有其他违约行为致使不能实现合同目的；（五）法律规定的其他情形。"本案中，区政府所提及两份文件并非法律、行政法规，且未对本案所涉协议明令禁止，区政府以政策变化为由要求解除相关协议的理由不能成立，其发出的终止履行协议的函不产生解除合同的效力。判决：确认解除协议的函无效，区政府继续履行与融豪投资公司签订的相关协议。一审判决后，双方当事人均未上诉。

（三）典型意义

本案是规范政府机关擅自解除民商事合同行为的典型案例。实践中，个别地方政府与非公有制企业签订民商事合同后，以各种借口否认合同效力，达到不履行合同的目的，影响正常市场交易秩序，侵害了非公有制企业的合法权益，应予规范。本案中，区政府通过公开招商程序与融豪投资公司订立投资协议，但在融豪投资公司做了大量投入后，却以投资协议违反有关文件为由要求终止协议的履行，有违诚信。法院审理该案时，平等对待融豪投资公司与区政府，准确适用合同法关于合同解除的相关规定，依法支持融豪投资公司要求继续履行协议的请求，有效地维护了非公有制企业的合法权益。

四、佛山市百业房地产开发有限公司破产重整案

（一）基本案情

广东一百铜业有限公司、广东一百门窗幕墙有限公司、广东一百投资有限公司、佛山市百业房地产开发有限公司（以下简称百业公司）、广东一百房地产发展有限公司、广东银一百创新铝业有限公司，为民营企业一百集团旗下六家关联公司。六家公司于2015年1月12日以不能清偿到期债务为由，向法院提交破产重整申请。经调查：百业公司自身债务不大，但与另外五家公司互联互保，对外担保债务竟达8亿多元；以上六家公司现金链断裂，无法维持正常生产及经营，无法支付货款、银行到期贷款本息，明显丧失清偿能力；部分供货商及银行起诉六家公司并查封部分资产；若债权人通过诉讼、执行六家公司或直接申请六家公司破产清算，将导致近1300名员工失业，严重影响社会稳定；六家公司资产优质，存在通过破产重整盘活资产、恢复生产经营的可能。

（二）裁判结果

2015年1月20日，广东省佛山市中级人民法院依法召集22家银行金融机构及供货商代表，听取对六家公司申请破产重整的意见。2月5日，法院依法组织持异议的五家银行及六家公司的前三大债权人举行听证会，对部分银行提出的异议再次听证，征询其对六家公司破产重整的意见。3

月16日，法院对破产原因及重整可能性进行审查后，根据《中华人民共和国企业破产法》第七十一条关于“人民法院经审查认为重整申请符合本法规定的，应当裁定债务人重整，并予以公告”之规定，裁定受理百业公司等六家公司的重整申请，并指定管理人接管百业公司。6月15日，管理人召开第二次债权人会议，各表决组均通过以新投资人注入资金的方式清偿债务的重整计划（草案）。同日，法院根据《中华人民共和国企业破产法》第八十六条关于“各表决组均通过重整计划草案时，重整计划即为通过。自重整计划通过之日起十日内，债务人或者管理人应当向人民法院提出批准重整计划的申请。人民法院经审查认为符合本法规定的，应当自收到申请之日起三十日内裁定批准，终止重整程序，并予以公告”之规定，作出民事裁定，批准重整计划并终止百业公司重整程序。自此，百业公司进入重整计划执行阶段。

（三）典型意义

本案是人民法院运用破产重整制度帮助困难民营企业走出困境的典型案例。百业公司等六家关联企业申请破产。人民法院受理破产申请后，现场走访六家公司，调查生产及经营现状，并听取了主要债权人及供货商代表关于六家公司破产重整的意见。经调查，人民法院发现，六家公司资产优质，若通过破产重整盘活资产、恢复生产经营，有利于提高债权人尤其是供货商等普通债权人的受偿率，稳定数百名供货商情绪，近1300名员工也不会面临失业的风险，当地社会和谐稳定将得到有效维护。而且，绝大多数债权人均希望六家债务人重整，当时部分项目已有投资者愿意接手，但均表示应在重整程序启动后进行。基于以上事实，人民法院根据六家公司的破产申请，将六家公司合并破产，并通过破产重整拯救了百业公司，实现了债权人、债务人以及其他利益主体多赢的局面。

当前，我国正处于经济增速换挡、结构调整阵痛、动能转换困难相互交织的时期，经济下行压力加大，许多非公有制企业因资金链断裂而资不抵债。正确审理企业破产案件，防范和化解企业债务风险，特别是充分发挥破产重整程序的特殊功能，盘活优质企业的资产，使其恢复生产经营，对于挽救危困的非公有制企业，帮助和支持符合国家产业政策的非公有制企业恢复生机、重返市场，具有重要意义。

五、锦州市自来水总公司与锦州市古塔区古塔宾馆供用水合同纠纷

（一）基本案情

锦州市自来水总公司（以下简称自来水公司）与民营企业锦州市古塔区古塔宾馆（以下简称古塔宾馆）之间存在供用水合同。2012 年 7 月份之前，古塔宾馆均按照合同约定及相关规定交纳了水费。2012 年 7 月初，自来水公司工作人员告知古塔宾馆该月水费 1 万多元，古塔宾馆对此提出异议，未予交纳。7 月 17 日，自来水公司给古塔宾馆出具了该月用水量 120 吨、水费 720 元的发票，要求古塔宾馆交纳，古塔宾馆未交纳。7 月 24 日，自来水公司为古塔宾馆更换了水表，古塔宾馆法定代表人、自来水公司工作人员在会签单上签字。8 月 8 日、9 月 6 日，自来水公司两次向古塔宾馆送达停水通知书，限古塔宾馆分别于 8 月 10 日上午 9 时前补交拖欠水费 11904 元、9 月 10 日上午 9 时前补交拖欠水费 12624 元，逾期不交将按有关规定实施停水处理，其后果自负。古塔宾馆因对该水费存在异议，与自来水公司交涉未果，故仍未交纳。9 月 3 日，自来水公司向该市公用事业与房产局申请停止向古塔宾馆供水，该局批示“同意按有关规定处理”。9 月 11 日，自来水公司停止向古塔宾馆供水。古塔宾馆提起诉讼，要求自来水公司恢复供水。

（二）裁判结果

辽宁省锦州市古塔区人民法院一审认为：自来水公司作为供水单位，应当按照合同约定和法律规定及时为用水人供水。《城市供水条例》第二十二条规定：“城市自来水供水企业和自建设施对外供水的企业应当保持不间断供水。由于工程施工、设备维修等原因确需停止供水的，应当经城市供水行政主管部门批准并提前 24 小时通知用水单位和个人；因发生灾害或者紧急事故，不能提前通知的，应当在抢修的同时通知用水单位和个人，尽快恢复正常供水，并报告城市供水行政主管部门。”古塔宾馆在 2012 年 7 月份以前一直按照合同约定及有关规定交纳水费，7 月份未交纳是因为该月水费比之前明显偏高，而自来水公司出具的 7 百多元的水费发票与要求交纳的费用金额不一致，且换表时的水表指数又有所更改，使古

塔宾馆对水费金额产生了合理怀疑。古塔宾馆正在与自来水公司交涉，谁对谁错并未确定，古塔宾馆并非无故拒交水费。自来水公司对古塔宾馆停止供水之前虽向该市公用事业与房产局提出申请，但该局并未明确批准其停止供水。自来水公司对古塔宾馆停止供水缺乏事实和法律依据，属违约行为，应当立即为古塔宾馆恢复供水。根据《中华人民共和国合同法》第一百零七条关于“当事人一方不履行合同义务或者履行合同义务不符合约定的，应当承担继续履行、采取补救措施或者赔偿损失等违约责任”之规定，判决：自来水公司于判决生效后立即为古塔宾馆恢复供水。自来水公司上诉后，锦州市中级人民法院判决驳回上诉、维持原判。

（三）典型意义

本案是人民法院依法审理供用水合同纠纷，保护非公有制企业正常生产经营的典型案例。用水、用电是企业正常生产经营的基础，因此，对于非公有制企业在生产经营活动中发生的用水、用电纠纷，要及时依法审理，保证企业的正常生产经营。本案中，自来水公司在没有正当理由的情况下擅自停止供水，给古塔宾馆的正常经营带来很大影响。人民法院受理古塔宾馆的起诉后，依法及时审理了该案，判决自来水公司在判决生效后立即恢复供水，有效维护了古塔宾馆的合法权益。

六、邯郸市金城机电物资有限公司与磁县教育局买卖合同纠纷案

（一）基本案情

2013年1月，河北省磁县中小学校舍安全工程钢材采购项目采用竞争性谈判的方式对外招标，民营企业邯郸市金城机电物资有限公司（以下简称物资公司）依照《招标文件》投标并中标。2013年2月，河北省磁县教育局（以下简称县教育局）与物资公司签订了《采购合同》。虽然《招标文件》对采购货物的名称、数量、规格、单价等做了约定，但《采购合同》仅对合同金额进行了约定，对采购货物的名称、数量、单价、规格和标准均未约定，交货时间、运输要求、验收事项等亦未载明。合同订立后，县教育局一直未按合同约定向物资公司采购钢材。物资公司诉至法院，认为县中小学校舍安全工程已经竣工，但县教育局未按照合同约定向

物资公司采购钢材，也未履行合同约定的任何义务，请求解除《采购合同》，判令县教育局赔偿物资公司经济损失。县教育局同意解除合同，但认为《采购合同》未对采购货物的名称、数量、规格、标准等进行明确约定，合同未能履行的原因不在县教育局，县教育局不应承担违约责任。

（二）裁判结果

河北省磁县人民法院一审认为：本案争议焦点在于物资公司与县教育局之间的《采购合同》是否成立以及县教育局是否应当承担违约责任。《最高人民法院关于适用〈中华人民共和国合同法〉若干问题的解释（二）》第一条第一款规定："当事人对合同是否成立存在争议，人民法院能够确定当事人名称或者姓名、标的和数量的，一般应当认定合同成立。但法律另有规定或者当事人另有约定的除外。"本案中，物资公司提交的《采购合同》中虽仅约定了合同金额，但根据《招标文件》、成交通知书及双方签订《采购合同》的目的，可知采购项目为钢材，数量为906.458吨，合同金额为3639429元，故物资公司与县教育局所签订的《采购合同》已成立。县教育局作为发包人，将相关工程分包给了某建筑公司，且约定其不提供材料、设备，导致物资公司与县教育局所签订的《采购合同》事实上不能履行，县教育局应承担不履行合同的违约责任。根据《中华人民共和国合同法》第九十七条关于"合同解除后，尚未履行的，终止履行；已经履行的，根据履行情况和合同性质，当事人可以要求恢复原状、采取其他补救措施、并有权要求赔偿损失"之规定，判决：一、解除物资公司与县教育局签订的《采购合同》；二、县教育局于判决生效后十日内支付物资公司相关损失39000元；三、驳回物资公司的其他诉讼请求。县教育局上诉后，邯郸市中级人民法院判决驳回上诉、维持原判。

（三）典型意义

本案是规范政府机关不履行《采购合同》的典型案例。合同是当事人之间设立、变更、终止民事权利义务的协议，各方当事人都应当按照合同的约定全面履行自己的义务。一方当事人未按照合同约定履行合同，将侵害另一方当事人的合法权益。因此，对于未按照约定履行合同的当事人，应严格依据合同法的规定，依法追究其违约责任。本案中，县教育局通过招投标程序与物资公司签订《采购合同》后，并未按照《采购合同》向物资公司采购钢材，反而以合同未对货物名称、数量等进行约定为由推脱责任，造成物资公司无法实现合同目的。人民法院受理本案后，准确分析本案所涉《采购合同》的效力，依法判决县教育局承担违约责任，有效地保护了作为守约方的物资公司的合法权益。

七、沈阳重型冶矿机械制造公司四厂与沈阳北重冶矿电站设备研制有限公司等股东出资纠纷案

（一）基本案情

2010年10月18日，国有企业沈阳重型冶矿机械制造公司四厂（以下简称沈重四厂）与民营企业沈阳北重冶矿电站设备研制有限公司（以下简称北重公司）签订了《合资合作协议书》，约定：沈重四厂将五座厂房、办公楼评估作价，以固定资产方式入股到北重公司，所占投资比例为45%；另有五个自然人以货币出资350万元，占北重公司股份的55%；各方按照投资比例进行利益分红；沈重四厂的五处出资房产，经评估入股后归属北重公司，待具备一定条件时，办理产权变更手续。因沈重四厂一直未将出资房产过户至北重公司名下，北重公司诉至法院，要求沈重四厂履行出资义务。

（二）裁判结果

辽宁省沈阳市皇姑区人民法院一审认为：本案争议焦点在于沈重四厂是否已履行出资义务。《中华人民共和国公司法》第二十八条第一款规定："股东应当按期足额缴纳公司章程中规定的各自所认缴的出资额。股东以货币出资的，应当将货币出资足额存入有限责任公司在银行开设的账户；以非货币财产出资的，应当依法办理其财产权的转移手续。"本案中，沈重四厂虽然将出资厂房交付北重公司使用，但未办理房产变更手续，沈重四厂未履行完出资义务，构成违约，应向北重公司履行出资义务。判决：沈重四厂于判决生效后十日内向北重公司履行股东出资义务，并协助办理房产的更名过户手续。沈重四厂上诉后，沈阳市中级人民法院判决驳回上诉、维持原判。

（三）典型意义

本案是规范国有企业依法履行出资义务的典型案例。沈重四厂与其他

五个自然人股东共同出资设立北重公司，但没有按照出资协议履行出资义务，北重公司与其他股东通过诉讼寻求救济。人民法院受理该案后，认真审查沈重四厂出资义务的履行情况，根据公司法以及相关司法解释关于实物出资的规定，驳回沈重四厂关于已经履行出资义务的主张，依法支持北重公司与其他五个自然人股东要求沈重四厂履行出资义务的请求，体现了对不同所有制股东平等保护的法律原则，有效地维护了非公有制股东的合法权益。

国有资本、集体资本、非国有资本等交叉持股、相互融合的混合所有制经济，是我国基本经济制度的重要实现形式。发展混合所有制经济，必须平等保护国有资本与非国有资本。从公司出资来看，不管是公有制股东还是非公有制股东，都应依法履行出资义务，任何一方未履行出资义务的，另一方均可以依法要求其承担补足出资的违约责任。本案的审理，体现了不同所有制主体出资义务平等的理念，有效保护了混合所有制企业各类股东的合法权益。

八、中静实业（集团）有限公司与上海电力实业有限公司、中国水利电力物资有限公司、上海新能源环保工程有限公司、上海联合产权交易所股权转让纠纷案

（一）基本案情

民营企业中静实业（集团）有限公司（以下简称中静公司）、国有企业上海电力实业有限公司（以下简称电力公司）系上海新能源环保工程有限公司（以下简称新能源公司）的股东，分别持股38.2%、61.8%。2012年2月15日，新能源公司通过股东大会决议：同意电力公司转让其所持股份，转让价以评估价为依据；中静公司不放弃优先购买权。5月25日，新能源公司将股权公开转让材料报送某产权交易所。6月1日，产权交易所公告新能源公司61.8%股权转让的信息。7月2日，中静公司向产权交易所发函称，根据框架协议及补充协议，系争转让股权信息披露遗漏、权属存在争议，中静公司享有优先购买权，请求产权交易所暂停挂牌交易，重新披露信息。7月3日，中国水利电力物资有限公司（以下简称水利公司）与电力公司通过产权交易所签订产权交易合同。9月11日，新能源公司向水利公司出具出资证明书，并将其列入公司股东名册，但未能办理工商变

更登记。中静公司诉至法院，认为电力公司擅自转让股份侵害了其优先购买权，请求判令中静公司对电力公司转让给水利公司的新能源公司61.8%股权享有优先购买权，并以转让价48691000元行使优先购买权。

（二）裁判结果

上海市黄浦区人民法院一审认为：股东优先购买权是公司法赋予股东的法定权利。《中华人民共和国公司法》第七十一条规定：“有限责任公司的股东之间可以相互转让其全部或者部分股权。股东向股东以外的人转让股权，应当经其他股东过半数同意。股东应就其股权转让事项书面通知其他股东征求同意，其他股东自接到书面通知之日起满三十日未答复的，视为同意转让。其他股东半数以上不同意转让的，不同意的股东应当购买该转让的股权；不购买的，视为同意转让。经股东同意转让的股权，在同等条件下，其他股东有优先购买权。两个以上股东主张行使优先购买权的，协商确定各自的购买比例；协商不成的，按照转让时各自的出资比例行使优先购买权。公司章程对股权转让另有规定的，从其规定。”本案中，中静公司未明示放弃优先购买权，且在股权交易前向产权交易所提出了异议，产权交易所在对中静公司提出的异议未予答复，且未告知交易是否如期进行的情况下，直接将电力公司股权拍卖给水利公司，侵害了中静公司的优先购买权，电力公司与水利公司的股权转让合同不发生效力。判决：中静公司对电力公司转让给水利公司的61.8%新能源公司的股权享有优先购买权。电力公司、水利公司上诉后，上海市第二中级人民法院判决驳回上诉，维持原判。

（三）典型意义

本案是保护民营企业在有限责任公司股权转让时享有优先购买权的典型案例。电力公司作为国有企业，转让其股权时必须进场交易，但进场交易不能侵害其他股东的权利。产权交易所在中静公司提出异议却未告知是否如期交易的情况下，将电力公司的股权转让给水利公司，侵害了中静公司的优先购买权。人民法院审理本案时，平等对待不同所有制股东，依法保护非公有制企业中静公司的优先购买权。

混合所有制经济中，应当平等保护公有制经济主体与非公有制经济主体。由于混合所有制企业中，不同所有制经济主体的权利体现为对混合所有制企业的股权，故保护非公有制经济主体的权利就体现为对其股东权利的保障。有限责任公司中，股东对外转让股权时，其他股东的优先购买权是股权的重要内容之一，应依法予以保护。人民法院支持中静公司要求行使优先购买权的主张，体现了对混合所有制企业中非公有制股东的平等保护。

九、上海中邦机有限公司与上海第三机床厂、上海三机液压成套有限公司买卖合同纠纷案

（一）基本案情

民营企业上海中邦机有限公司（以下简称中邦公司）诉称，全民所有制企业上海第三机床厂（以下简称第三机床厂）出于转移亏损的车床生产线的目的，拟将普通磨床、普通车床系列整机生产线移转至中邦公司，中邦公司同意接受上述两条生产线的移转，并接受第三机床厂分离的职工。双方于2009年12月签订了转让协议，约定：如遇原材料价格变动，造成生产成本降低或升高时，任何一方均有权提供数据和证明材料，说明理由要求对方调整收购价格。合同签订后，原材料大幅上涨，但是第三机床厂未能按照合同的约定调整价格，也未支付货款。中邦公司先后提起（2011）松民二（商）初字第2077号案及（2013）松民二（商）初字第2435号案诉讼，要求第三机床厂支付货款及违约金。

第三机床厂提起反诉，认为中邦公司没有按约定的期限交付机床，同时还违反合同约定，将本应销售给第三机床厂的机床销售给了案外人进行谋利，并且交付给第三机床厂的部分机床不合格。故请求法院判令：（1）中邦公司支付未按合同订单欠交155台车床及违约金2421000元；（2）中邦公司支付擅自销售车床违约金3230000元；（3）退回中邦公司不合格车床55台，中邦公司退货款总价3690275元；（4）中邦公司支付退回车床造成的其他损失70150元，车床售后服务费80972.85元；（5）中邦公司支付场地租赁及设备租赁费283000元，车床模具费472768元。

（二）裁判结果

上海市松江区人民法院受理两起案件后，依据《中华人民共和国民事诉讼法》第九十三条规定：“人民法院审理民事案件，根据当事人自愿的

原则，在事实清楚的基础上，分清是非，进行调解”之规定，组织双方调解。对于货款部分，双方当事人在法院主持下，自愿达成调解协议：（1）解除中邦公司与第三机床厂签订的框架协议及定点收购协议；（2）中邦公司于2012年12月30日前返还第三机床厂167台加工租赁设备及配套专用工具、图纸技术文件等（详见租赁设备清单）；（3）第三机床厂于2012年12月30日前偿付中邦公司货款2429661.97元；（4）双方之间的违约责任另行协商处理，或可另案诉讼。关于违约金部分的处理，双方之间后来和解撤诉，互不追究违约责任。法院根据《中华人民共和国民事诉讼法》第九十七条第一款关于“调解达成协议，人民法院应当制作调解书”之规定，制作了（2011）松民二（商）初字第2077号民事调解书。对于违约金部分，双方和解，撤回（2013）松民二（商）初字第2435号案的本诉和反诉，互不追究违约责任。

（三）典型意义

本案是人民法院运用调解方式处理企业改制纠纷的典型案例。企业改制是我国特定历史时期的经济现象，具有较强的政策性，经常涉及职工安置问题。对于企业改制纠纷，应当在坚持依法审理的前提下，充分考虑企业改制具有政策性强的特点，善于运用调解手段，有效化解纠纷，确保各种所有制主体的合法权益不受侵害。本案的买卖合同实际是第三机床厂的改制内容之一：第三机床厂希望通过买卖合同剥离业务，将利润率较低的业务承包给中邦公司，并让中邦公司帮助安置职工；中邦公司则希望第三机床厂给其带来订单与潜在的市场机会。如市场不出现波动，确实会出现双赢的结果。但在实际生产经营过程中，原材料价格节节攀升，致使中邦公司的生产成本大幅增加，造成经营困难，中邦公司与第三机床厂沟通涨价后如何调整收购价格未果，产生纠纷。法院在当事人自愿的前提下，将案件分案处理，先调解解决了双方争议不大的货款问题，让中邦公司及时拿到应得的货款，维护了民营企业正常的生产经营。对于双方争议较大的违约金及反诉部分，法院经庭审审查和现场查看，发现双方互有违约，对双方晓以利害，最终双方经权衡利弊，达成案外和解，互不追究责任，并双双撤回了诉讼请求。本案所涉纠纷双方矛盾较大，还涉及职工安置问题，处理不好容易引发社会矛盾，最终案件以一个调解、一个撤诉结案，并得到顺利执行，真正做到了案结事了，取得了较好的法律效果和社会效果。

十、海门市海永农机经营部与中国石油天然气股份有限公司上海销售分公司租赁合同纠纷案

（一）基本案情

2010年8月19日，民营企业海门市海永农机经营部（以下简称海永农机部）与中国石油天然气股份有限公司上海销售分公司（以下简称中石油上海分公司）签订《加油站资产及经营权租赁合同》，由中石油上海分公司向海永农机部租赁某加油站资产及整体经营权；租赁期限为15年，自加油站交接之日起计算租期，前两年租金为每年23万元，第三年起每年18万元。合同签订后，双方于2010年9月1日办理交接手续，加油站由中石油上海分公司管理经营，但因相应证照无法变更，中石油上海分公司没有按期给付租金。海永农机部诉至法院，请求判令中石油上海分公司支付租金和违约金。中石油上海分公司反诉称，由于海永农机部未改制为公司制企业，不同意变更营业执照，导致中石油上海分公司不能正常合法经营加油站，合同目的无法实现，中石油上海分公司有权要求解除合同，请求判令解除《加油站资产及经营权租赁合同》，并要求海永农机部赔偿损失35403803元。

（二）裁判结果

上海市浦东新区人民法院一审认为，海永农机部与中石油上海分公司签订的《加油站资产及经营权租赁合同》合法有效。中石油上海分公司作为业内知名企业的分公司，其有能力亦有条件对商业风险作出合理判断，对商业决策失误可能造成的损失应有充分认知。合同订立时，双方进行了沟通与协商，对合同履行期间可能出现的证照无法变更情形及解决方案亦有过考量与约定。合同签订后，双方办理了交接手续，海永农机部亦履行了协助义务，在证照无法变更的情况下，双方未达成补充协议，由此引发的合同目的无法实现之风险，不应归责于海永农机部。根据《中华人民共和国合同法》第九十七条关于“合同解除后，尚未履行的，终止履行；已经履行的，根据履行情况和合同性质，当事人可以要求恢复原状、采取其他补救措施、并有权要求赔偿损失”之规定，判决：一、解除《加油站资

产及经营权租赁合同》；二、中石油上海分公司应于判决生效之日起十日内支付海永农机部租金；三、中石油上海分公司应于判决生效之日起十日内支付海永农机部迟延付款违约金；四、中石油上海分公司应于判决生效之日起十日内支付海永农机部合同解除违约金56万元；五、驳回中石油上海分公司其余反诉请求。中石油上海分公司上诉后，上海市第一中级人民法院判决驳回上诉、维持原判。

（三）典型意义

本案是人民法院依法审理大型国有企业与非公有制企业之间租赁合同纠纷的典型案例。本案争议焦点在于如何认定加油站相应证照无法变更时海永农机部与中石油上海分公司各自应承担的责任。中石油上海分公司作为大型国有企业，有能力亦有条件对加油站证照可能无法变更的商业风险做出合理判断与认知。因此，在合同仅对海永农机部课以协助办理并提供必要材料的义务时，中石油上海分公司不能将证照未能变更导致的合同目的无法实现归责于海永农机部，而应自行承担这一商业风险所带来的后果。本案双方当事人不仅所有制性质不同，而且市场地位、经济实力悬殊。人民法院严格遵循平等保护原则，综合考虑合同双方缔约能力和行业经验，依法准确区分商业风险和主观过错，确定了合同目的不能实现的原因和后果，依法公正保护了不同规模、不同区域、不同所有制主体的合法权益。

【执行异议之诉专题】

执行异议之诉案件的裁判思路

王毓莹*

近年来，执行异议之诉这一新制度，在我国逐步建立并不断发展。2007年修改的民事诉讼法首次就执行救济问题设立了专门的诉讼①，增加了执行复议和执行异议之诉等执行救济手段，确定了我国的执行异议之诉制度。根据《最高人民法院关于适用〈中华人民共和国民事诉讼法〉执行程序若干问题的解释》（以下简称《关于执行程序的解释》）和《民事案件案由规定》，将执行异议之诉明确区分为案外人执行异议之诉，申请执行人执行异议之诉和执行分配方案异议之诉三种类型，2015年《最高人民法院关于适用〈中华人民共和国民事诉讼法〉的解释》（以下简称《民事诉讼法司法解释》）中对执行异议之诉作出了进一步的规定。执行异议之诉作为一种新型诉讼，体现了我国司法理念的更新与司法制度的进步，但由于该项诉讼制度设立时间较短，法律规定过于简单笼统，基于不同的理解与认识，出现了裁判尺度不统一的问题。

在执行异议之诉案件的法律适用上存在诸多难点。执行异议之诉案件本身具有两栖性，其法律适用横跨实体法与程序法两大领域，在程序法方面，其存在诸多不同于普通民事诉讼程序的地方，在实体法领域，涉及的部门法广泛，比如物权法、合同法、婚姻法、公司法等，这是任何案件都

* 最高人民法院民一庭法官。

① 民事诉讼法第二百零四条规定：执行过程中，案外人对执行标的提出书面异议的，人民法院应当自收到书面异议之日起十五日内审查，理由成立的，裁定中止对该标的的执行；理由不成立的，裁定驳回。案外人、当事人对裁定不服，认为原判决、裁定错误的，依照审判监督程序办理；与原判决、裁定无关的，可以自裁定送达之日起十五日内向人民法院提起诉讼。

无法比拟的。执行异议之诉案件的审理过程中，判断案外人是否对执行标的享有足以排除强制执行的民事权益时，往往同时涉及多部民商事实体法、程序法，需要交叉适用多种法律法规、司法解释，以便对当事人主张的民事权益进行优先性比较，这就需要综合分析当事人各自权益的性质和权益的效力边界，这无疑对民商事法官的法律适用能力提出了更高的要求。

执行异议之诉案件由于是新类型案件，审理难度比较大。法官对此类案件的审判经验相对不足。在较长的时期内，可援引或参考的法律规定、司法解释及案例也比较欠缺，加之对于执行异议之诉的性质与定位缺乏系统的研究，对于执行异议之诉案件的产生原因缺乏深入的思考，导致法官在审理这类案件时往往无从下手。对于执行异议案件的裁判理念、审理思路更无准确的把握。大到如何区分执行异议之诉与执行异议、执行异议之诉与审判监督、执行异议之诉与第三人撤销之诉，小到如何确定执行异议之诉案由、如何审查当事人诉讼请求、如何确认执行异议之诉审理范围、如何裁判、判决主文如何表述以及诉讼费用如何收取等问题，在司法实践中均存在不一致的观点。为解决这些问题，最高人民法院近期加大了对于这类案件的调研力度，拟适时出台司法解释，以统一裁判尺度。目前，我们应当加强对于执行异议之诉案件的理论研究，以指导审判实践。

一、执行异议之诉的性质、特点与分类

我国民事诉讼法第二百二十七条规定："执行过程中，案外人对执行标的提出书面异议的，人民法院应当自收到书面异议之日起十五日内审查，理由成立的，裁定中止对该标的的执行；理由不成立的，裁定驳回。案外人、当事人对人民法院所作出的裁定不服，认为原判决、裁定错误的，依照审判监督程序处理；与原判决、裁定无关的，可以自裁定送达之日起十五日内向人民法院提起诉讼。"案外人、当事人依据该条款提起的与原判决、裁定无关的诉讼就是"执行异议之诉"。

（一）执行异议之诉的性质

传统民事诉讼将诉的种类划分为确认之诉、变更之诉、形成之诉三类，而对执行异议之诉属于上述何种诉的类型，理论与实务界中存在不同认识，关于执行异议之诉的性质，理论上主要有以下几种观点：

1. 形成之诉说

该学说认为，案外人提起执行异议之诉的诉权在性质上属于形成权，其目的是要求撤销执行机构的不当执行行为，变更现有的执行法律关系。该说是大陆法系国家的通说。其认为案外人提起执行异议之诉的目的是阻却对特定标的物的强制执行，变更现有的执行法律关系，其诉讼标的是诉讼法上的异议权。按照这种认识，执行异议之诉案件的审理范围只包括案外人是否有阻却执行的正当理由，而对案外人是否对执行标的享有实体权利不予裁判，故案外人是否享有阻却执行的实体权利只是判决的事实理由，因而不具有既判力。

2. 确认之诉说

指的是当事人（案外人）请求法院确认与被执行人就执行标的法律关系存在或不存在。该学说又分为两种观点，一种是诉讼法上的确认之诉，即请求确认执行标的物不是被执行人的责任财产；另一种是实体法上的确认之诉，即通常所说的确权之诉，要求确认案外人对执行标的具有所有权或其他足以阻却执行的实体权利，依此说，判决主文仅作确认判决，不涉及执行行为，故执行异议之诉判决不具有执行力，案外人需依照该判决向执行机构另行提出执行异议，方可达到其阻却执行之目的。

3. 给付之诉说

该学说又可分为消极的给付之诉说与积极的给付之诉说。前者认为，案外人异议之诉是案外人一方面请求其对执行标的物有所有权或其他足以排除强制执行标的物的权利，另一方面请求债权人不得对执行标的物为强制执行，其诉讼标的是执行申请人不作为的给付请求权。后者认为，案外人异议之诉是要求执行机关停止、解除或撤销已经实施的执行行为，其诉讼标的是案外人对于执行标的物有实体法上的权利。

4. 救济之诉说

该学说认为案外人异议之诉是确认之诉与形成之诉的合成，不属于其中单一的某种诉，即一方面具有确认的法律效果，另一方面也具有排除执行的形成效果，这既克服了单一的形成之诉的既判力难题，又克服了确认之诉无执行力的问题。

5. 命令之诉说

该学说认为案外人异议之诉是确定案外人主张的实体法上的权利义务关系，并就确认结果命令执行机构不得执行。

上述观点从不同的角度阐述了执行异议之诉的特点，各有一定的道理。我们倾向于采纳救济之诉说。执行异议之诉应当是一种兼具确认之诉和形成之诉特点的一类新型诉讼形态。在执行异议之诉案件审理过程中，既要对案外人对执行标的是否具有某种实体权利作出审查判断，又应对该实体权利能否阻却执行以及是否阻却执行进行审查判断，并据此作出判决，唯此才能真正发挥其不同于一般确认之诉尤其是确权之诉的功能。执行异议之诉所涉及的纠纷当事人通常均具有双重诉讼目的，这也决定了该类诉讼所涉及的纠纷具有双重性质。在执行异议之诉中，一方面存在案外人与执行债权人就案外人对执行标的物是否具有足以阻却执行的实体权利的争议，另一方面存在着案外人与执行债权人之间就是否停止执行问题的争议。与此相对应，执行异议之诉同时具有确认当事人之间就执行标的物的实体法律关系和停止执行的双重作用。通过该诉讼，同时解决当事人之间的实体争议和对执行标的物能否执行的问题。案外人所主张的实体法律关系是执行异议之诉的先决问题，案外人异议之诉中往往须对此问题先行解决，否则通常难以作出是否排除执行的判决。故案外人异议之诉同时具有确认第三人所主张的实体权利的功能，从而兼具确认之诉的性质。

（二）执行异议之诉的特点

执行异议之诉与普通民事诉讼相比，具有以下特点：

1. 诉讼目的的特殊性

执行异议之诉的诉讼目的是通过诉讼达到阻却或恢复对特定标的物执行的目的，而普通民事诉讼的目的是实现当事人的某项民事权益，不能直接产生对抗执行行为的法律效力。

2. 起诉依据的特别性

执行异议之诉起诉所依据的程序法律是民事诉讼法第二百二十七条、《民事诉讼法司法解释》第三百零四至第三百零九条及其他可以阻却执行的法律、法规、司法解释等。普通民事诉讼当事人则依据一般民事诉讼规则提起诉讼。

3. 当事人的特定性

执行异议之诉的当事人是执行程序的案外人、申请执行人和被申请人，其中的“案外人”并不是泛指除当事人以外的其他一切人，而是专指除当事人以外、其法律上的权益因执行行为而受侵害的人，亦即主张自己与执行标的享有有一定物权的人；他们对执行标的主张权利，该权利“足以阻止执行标的转让、交付”。因此，有权提起实体上的执行异议之诉的“案外人”主体范围，主要包括：所有权人、共有物之共有人、抵押权人、典权人、占有人，以及其他于裁判的特定标的物有合法权利的人。① 而普通民事诉讼的当事人是民事法律关系中的权利人和义务人。

4. 诉讼请求的限定性

执行异议之诉当事人的诉讼请求是请求法院停止或者许可对执行标的物的执行，这是执行异议之诉不同于普通民事诉讼的最明显之处。即执行异议之诉当事人在提起诉讼请求时，不仅有就执行标的提起主张实体权利方面的诉讼请求，而且还要有针对该执行标的提起请求人民法院对执行标的停止执行或者许可执行的程序性方面的诉讼请求。如果当事人诉讼请求不明确的，人民法院应当予以释明，诉讼请求可以根据案件具体情况予以细化。当事人对于执行标的享有所有权或者其他足以排除强制执行的实体权利外，要求对方承担违约、侵权责任等其他诉讼请求的，执行异议之诉不予处理，应告知当事人另行解决。

5. 诉讼类型的固定性

执行异议之诉根据提起当事人身份的不同以及诉讼请求类型的不同可分为：案外人执行异议之诉和申请执行人执行异议之诉。此外，还包括执行分配方案异议之诉。

6. 管辖法院的专属性

案外人或者申请执行人依照民事诉讼法第二百二十七条的规定所提起的执行异议之诉，只能由执行法院管辖。执行异议之诉由执行法院管辖，既避免了因其他法院管辖造成案外人奔走于执行法院与受诉法院之间，有利于减轻讼累，也便于执行法院对事实的查明。

7. 受理程序的前置性

执行异议之诉必须以执行法院的异议审查为前置程序，有较为严格的程序和实体要求。案外人须在执行程序开始后、终结前对执行标的主张权利，须在收到执行法院对执行异议成立与否做出的裁定后提出，须在收到人民法院针对执行异议所作出的裁定书之日起十五日内提出，须与原判决、裁定无关。

---

① 马登科：《执行案外人异议之诉的法理基础和司法适用》，载《广西社会科学》2011 年第 6 期。

8. 诉讼结果的影响性

执行异议之诉起诉的诉讼结果有直接影响执行之法律效果。案外人执行异议之诉有阻却执行之法律后果，申请执行人执行异议之诉有回复执行之法律后果，都是以民事判决的形式来影响执行程序。普通民事诉讼的审理结果不能直接影响其他案件的执行程序。

（三）执行异议之诉的分类

根据民事诉讼法第二百二十七条，《关于执行程序的解释》第十五条至第二十六条，以及《民事诉讼法司法解释》第三百零四条至第三百一十六条的规定，执行异议之诉可分为三类，即案外人执行异议之诉、申请执行人执行异议之诉和执行分配方案异议之诉。设定前两类执行异议之诉的法律依据是民事诉讼法第二百二十七条，二者在审判程序和裁判依据上极具相似性，也是在审判实践中最常遇见的两类执行异议之诉案件。而设定执行分配方案异议之诉的司法解释依据是《关于执行程序的解释》第二十六条，此类执行异议之诉案件与前两类之间存在根本性区别。最高人民法院拟出台的关于审理执行异议之诉案件的司法解释，也是针对案外人执行异议之诉、申请执行人执行异议之诉作出的，其适用范围并不包括执行异议分配之诉

二、执行异议之诉与其他制度的区别

司法实践中，执行异议之诉与第三人撤销之诉以及案外人申请均属于第三人的权利救济制度，它们之间有许多相似之处，但也存在着根本性的区别。

（一）执行异议之诉与第三人撤销之诉

民事诉讼法第五十六条第三款规定：前两款规定的第三人，因不能归责于本人的事由未参加诉讼，但有证据证明发生法律效力的判决、裁定、调解书的部分或者全部内容错误，损害其民事权益的，可以自知道或者应当知道其民事权益受到损害之日起六个月内，向作出该判决、裁定、调解书的人民法院提起诉讼。人民法院经审理，诉讼请求成立的，应当改变或者撤销原判决、裁定、调解书；诉讼请求不成立的，驳回诉讼请求。这是民事诉讼法关于第三人撤销之诉的规定。

从上述规定看，执行异议之诉与第三人撤销之诉存在以下区别：（1）性质不同。执行异议之诉是一种特殊的执行救济制度；第三人撤销之诉则属于普通的民事诉讼程序制度。（2）功能不同。执行异议之诉的目的在于阻止、排除或者许可对特定标的的执行；第三人撤销之诉则是通过提起新诉改变生效判决、裁定或者调解书，维护第三人因此受到损害的民事权益。（3）程序不同。执行异议之诉是在执行程序开始后引发的诉讼，须经过执行机构审查和作出裁定的前置程序；第三人撤销之诉可由第三人直接提起，无需前置程序。（4）主体范围不同。执行异议之诉中的主体有案外人、第三人，案外人可以是实体权利因执行受到损害的不特定第三人；第三人撤销之诉中的第三人，则是因不能归责于本人的事由未参加诉讼的有独立请求权的第三人或无独立请求权的第三人。（5）与原判决、裁定的关系不同。执行异议之诉与原判决、裁定无关；第三人撤销之诉与原判决、裁定相关，针对的仍然是生效法律文书的对错问题，且在诉讼终结后的一定期限内均可适用，而不限于执行阶段。

（二）执行异议之诉与案外人申请再审

民事诉讼法第二百二十七条规定：执行过程中，案外人对执行标的提出书面异议的，人民法院应当自收到书面异议之日起十五日内审查，理由成立的，裁定中止对该标的的执行；理由不成立的，裁定驳回。案外人、当事人对裁定不服，认为原判决、裁定错误的，依照审判监督程序办理；与原判决、裁定无关的，可以自裁定送达之日起十五日内向人民法院提起诉讼。

从上述规定看，执行异议之诉与案外人申请再审存在以下区别：（1）性质不同。执行异议之诉是执行救济制度；案外人申请再审是审判监督制度。（2）制度功能不同。执行异议之诉解决的是异议标的应否执行的问题，目的在于阻止、排除或者许可对特定标的的执行；案外人申请再审解决的是生效法律文书的对错问题，目的在于撤销、变更原生效法律文书。（3）适用范围不同。执行异议之诉针对的是法院在执行中审查认定属于被执行人的标的，而非执行依据中确定执行的标的，不涉及执行依据本身的对错问题；案外人申请再审针对的标的则是作为执行依据的生效判决、裁定、调解书中确定的标的。如果原判决、裁定、调解书仅涉及确权之诉，应当通过审判监督程序申请再审。只有原判决、裁定、涉及给付的，才有启动执行异议之诉的可能。

三、执行异议之诉的定位

长期以来，有部分法官对于执行异议之诉的定位缺乏正确的认识，从而导致审判实践中出现许多误区。目前，在司法实践中，对执行异议之诉制度的性质和定位存在的误区主要表现在三个方面，一是将执行异议之诉案件与执行异议程序混为一谈，由执行局对于该类案件进行审理与裁判，适用的仍然是执行异议审查的标准；二是将审理执行异议之诉案件与执行案件分割看待，不能引导当事人提出正确的诉讼请求，仅将案件的审理重点放在“确权”上。在案件证据收集、事实认定、裁判说理等方面，忽视与执行案件中相关内容的对接，忽视兼顾执行效率；三是僵化地将执行异议之诉案件视为适用特殊程序审理的案件，实行一审终审，剥夺当事人的诉讼权利。为避免上述误区，必须对于执行异议之诉案件进行准确的定位。

执行异议之诉是从执行程序中衍生出的一种兼有实体利益目的的特殊类型诉讼，具有确定当事人之间实体法律关系和排除法院强制执行的双重作用，民事诉讼法将其规定在执行救济制度之中，其不同于既有的普通民事诉讼类型。在此，仅以案外人执行异议之诉为例进行分析。第一，从案外人异议之诉的功能角度分析，案外人异议之诉是案外人以执行债权人为被告向法院提起并要求法院做出不得强制执行的诉讼，其起诉目的在于阻止法院对执行标的的执行，这使其区别于普通的确权之诉或给付之诉。第二，从德国、日本、我国台湾等相关国家和地区关于案外人异议之诉的立法例来看，案外人异议之诉的诉讼标的均以主张“拥有所有权及其他妨碍标的物转让或者移交的权利”等实体性质的权利为前提，并同时指向排除法院强制执行的异议权。第三，从案外人异议之诉的实现角度分析，尽管案外人起诉的最终目标是在强制执行程序中排除法院的执行，但其执行异议能否得到支持，显然必须先行解决案外人与执行债权人就执行标的物的实体权利关系的争议，即实体法律关系是案外人异议之诉的必要先决问题。因此，案外人异议之诉可一并对实体法律关系作出有既判力的判决，避免案外人或被执行人在判决生效后另行诉讼，既可能造成当事人讼累，又容易导致判决前后的矛盾。从执行异议之诉的上述特性看，应当对其作以下定性：

（一）执行异议之诉应当适用审判程序，而非执行程序

执行异议之诉虽然是执行救济手段，但是从本质上看，其是民事诉讼，应当适用审判程序，由审判业务庭作出审理，不应适用执行程序，由执行部门进行审理。一直以来，司法实践中，部分法官对于执行异议之诉的定性不准。实际上，从执行异议之诉在法律条文的变化，以及其在法律与司法解释中所处的位置中，可以看到，对其定性司法理念是有一个逐步变化的过程的。执行异议之诉是我国民事诉讼法（2012 年修正）第二百二十七条规定的一种新类型的诉讼。较之修正前民事诉讼法第二百零八条的规定，该规定更有助于保护案外人的合法权益，实现“审执分离”。最初的执行异议之诉制度是通过《关于执行程序的解释》这部解释确立的，其第十五条至第二十四条对执行异议之诉纠纷中的当事人、管辖及诉讼请求等问题作出了较为详细的规定。应当看到这是关于执行程序的解释，更着眼于将其定性为执行救济制度。2012 年修订的民事诉讼法的第二百二十七条的位置是在第三编执行程序中对于执行异议之诉作出的规定，而 2015 年《民事诉讼法司法解释》则在第十五部分在第二审程序前作出规定，可见，《民事诉讼法司法解释》更倾向于将其定性为一种诉讼，定位为审判程序。我们认为，执行异议之诉的主要定位，应将其定位为审判程序。民事审判程序不同于执行程序，执行程序的理念是效率优先，兼顾公平；而审判程序的理念是公平优先，兼顾效率。涉及到实体权利义务的争议应当适用审判程序，由审判部门进行审理。具体理由如下：第一，如果由执行部门进行审理，违背审执分离原则。审执分离是司法公正的必然要求。若法院执行部门既是异议审查部门，又是执行部门，审执合一，无法保障司法公正。第二，执行异议审查是程序性事项，以执行程序对涉实体权利纠纷作出判断不尽科学。第三，前置异议审查程序对执行异议之诉的裁判结果不能产生影响。执行异议审查部门对案外人异议的审查主要属于程序性和阶段性审查，而对于认定案外人是否享有阻却执行的实体权利则属于实体救济，应当经诉讼程序予以审查并最终确定，两者的审查标准和程序均存在明显不同，因此，法院审理执行异议之诉案件时，应当对案外人是否享有实体权利，并能否阻却执行作出最终的实体判决。

（二）执行异议之诉是执行救济制度

执行异议之诉是民事强制执行救济制度的重要组成部分，而所谓民事

强制执行救济一般是指执行当事人或者案外人因执行机构的违法或失当执行而致其程序权利或实体权益受到侵害时，法律上给予其救济的制度。民事强制执行救济主要分为两类，一是程序性执行救济，二是实体性执行救济[①]，二者的法律依据分别是民事诉讼法第二百二十五条和第二百二十七条。执行异议之诉作为实体性执行救济的重要环节，规定于民事诉讼法第二百二十七条。正是因为执行异议之诉的价值就在于对违法和不当执行的救济，并且是将这种救济由执行程序延伸到审判程序，所以执行异议之诉的诉讼主体、诉讼请求和裁判上均不同于普通民事诉讼，都具有一定的特殊性。也正因如此，最高人民法院在《民事案件案由规定》中，将执行异议之诉作为一类特殊案件，规定于第十部分，即适用特殊程序案件案由部分[②]。故对执行异议之诉案件的审理，要同时从审判和执行两个角度进行考量。

（三）执行异议之诉不适用特殊程序审理

执行异议之诉虽然属于适用特殊程序案件案由，但执行异议之诉案件与适用特殊程序案件又有本质上的不同，执行异议之诉案件当事人存在着民事权利义务的争执，需要通过起诉来启动程序，而不像适用特殊程序案件往往由利害关系人提出申请而启动。故执行异议之诉案件应当通过普通程序来审理，当事人享有上诉权等诉讼权利。

五、执行异议之诉案件的特点与产生的原因

（一）执行异议之诉案件特点

司法实践中，执行异议之诉案件与普通民事案件相比较，体现出如下特点：

1. 审理难度较大，审理周期较长

执行异议之诉案件是一类新型民事案件，在程序构造、法律适用、处理结果等方面，均与普通民事诉讼有较大差别，审判实践中没有成熟的审

① 参见江必新：《民事执行新制度理解与适用》，人民法院出版社2010年版，第316～318页。

② 参见最高人民法院民事案件案由规定课题组：《最高人民法院民事案件案由规定理解与适用（2011年修订版）》，人民法院出版社2011年版，第583页。

判经验可以借鉴，争议问题较多。加之该类诉讼，往往涉及房地产纠纷、合同纠纷，甚至票据、知识产权纠纷等基础法律关系，尤其又与查封、执行程序相互交错，造成案中法律关系错综复杂，法律适用难度大等问题。另外，由于受民间借贷案件增多的影响，部分被执行人为躲避债务往往一走了之，下落不明，需公告送达，因而造成审理周期较普通民事案件较长。执行异议之诉案件中的法律关系比较复杂，处理起来难度较大，在一些一般执行异议之诉案件中，由于案外人与被执行人存在朋友亲戚关系，可能会涉嫌恶意串通、规避法律，通过虚构买卖协议或抵押协议等证据材料提起执行异议，由于申请执行人与案外人通常不存在法律关系，在案外人与被执行人互相自认的情形下，申请执行人多数只能对自认的事实提出合理怀疑，很难提供证据证明案外人与被执行人之间自认的事实是否客观真实，此时，往往需要法院启动依职权调查的途径，一方面要求案外人承担主要的举证责任，另一方面主动调查有关事实，执行异议之诉案件审理时查明事实的难度将增大，一些案件甚至需要经过鉴定程序，导致案件周期延长，法院案件的结案率和审限要求将面临一定的压力。

2. 矛盾纠纷大，调撤率低

执行异议之诉案件均由有现实财产标的可供执行的执行程序所引起，涉及的几乎都是距离真正实现权利的最后一步，执行异议之诉案件作出裁决后，往往直接决定执行程序的走向，执行标的的归属也一锤定音，当事人在案件中表现的利益争执更为激烈，因此一审判决后总有一方不服提起上诉，案件上诉率普遍较高。且案件的各方当事人中除了申请执行人与被执行人外，还有案外人，而案外人与申请执行人之间不存在直接的实体法律关系，甚至多数都是在执行程序中才知晓对方的存在，这类案件也缺乏调解基础，很少能调解结案。

3. 受案数量增幅较大

分析近三年来的执行异议之诉案件的受案情况我们发现，该类案件起初数量均比较少，但随着当事人法律意识的增强，尤其是对执行异议之诉制度的熟悉程度增强，该类诉讼的数量也呈明显上升趋势。

4. 防范虚假诉讼的任务重

执行异议之诉因为涉及执行标的能否执行的问题，在执行过程中，被执行人与案外人恶意串通，通过虚构买卖事实等方式，恶意拖延或对抗执行的情况时有发生。审判实践中，也经常出现对案外人主张的法律关系真假难辨别的情况。所以说，在审理执行异议之诉案件过程中，更应注意防范虚假诉讼，防范被执行人假借提起执行异议之诉而侵犯债权人或申请执行人合法权益的现象发生。

5. 切关当事人现实利益，争议较大，对抗情绪强烈、信访率高

如不动产买卖过程中，开发商一房二卖、抵押后卖房等行为的受众群体广泛，一旦标的房产被查封，提起执行异议的案外人就是众多购房者，形成群体性矛盾，民事审判法官面临的信访压力陡增，此时法官既要考虑民事案件和执行案件的协调处理，又要考虑群体性矛盾化解工作。诉讼是权利救济的最后渠道，执行异议之诉更是处于这最后救济渠道的末端，该类案件的审理结果直接决定了特定标的物能否执行，相关权益能否得到实现，因此，当事人都是拼尽全力投入诉讼，举证、质证、辩论的对抗性很强，对法官的审判经验和水平提出较高要求。

（二）执行异议之诉案件的产生原因

执行异议之诉纠纷是2007年民事诉讼法修改后确立的新类型诉讼，在司法实践中，该类案件的起因往往是基于各类复杂多变的社会关系，形成了多重多样的法律关系，其产生与增长不仅有经济层面、监管层面、法律层面，还有社会层面的原因，是多方合力的结果。

1. 经济层面：市场经济的不完善发展

市场经济的不完善发展成为执行异议之诉案件产生的根本原因。执行异议之诉案件的引爆点是案外人和被执行人针对同一执行标的物的实体权利冲突。而之所以在同一标的物上同时可能附着相冲突的实体权利，根本原因系市场经济发展不完善。

在现实生活中，市场经济发展尚未达到交易双方在平等、诚信的环境中达成交易的程度，在出现诸如房产开发资金链条断裂、拖欠农民工工资、银行贷款等情形时，为了多方套现，一房二卖、抵押、查封后买卖等多种违规现象频发，进而导致同一标的物上负载多个实体权利，在法院执行部门凭借生效法律文书查封执行标的物后，其他实体权利人必然提出执行异议，进而形成执行异议之诉。

又如，因市场运行的不完善、不公开，或为达到规避法律、行政法规及相关政策的目的，或为规避限购限贷政策，或为意图逃避债务，实体权利人和名义权利人不一致的情况屡见不鲜，如隐名股东、借名买房、借名

买车等情形下，一旦出现被执行人作为债务人而被法院查封了标的物的情形，必然会引起实际权利人和名义权利人对标的物的归属之争，人为因素造成权利对抗局面。

2. 监管层面：登记备案制度发育不良

登记备案具有公示公信效力，其目的是为了保护当事人基于对登记备案的内容的信赖而为的法律行为。在现实生活中，一方面，我国法律上明确规定登记备案后才能发生法律效力的，如商品房等不动产和船舶、航空器、机动车等特殊动产的设立、变更、转让；抵押合同、质押合同的生效；公司股权的购买、转让等，经常出现登记备案记载权利人与实际权利人不一致的情况。另一方面，法律没有强行性规定进行登记备案的行为，如商品房预告登记、租赁合同等，采用登记备案方法公示权利的做法更是寥寥无几。

透过现象看本质，登记备案制度之所以形成发育不良的现状，有其自身制度设计原因导致的限制，如登记备案的手续繁琐、流程费时费力，有一定的时间精力和费用支出，变更登记有滞后性等；也有相关部门的监管责任履行不到位造成的漏洞，如刻意规避国家政策的借名买房、借名买车、借名持股等现象的大量存在。在司法实践中，法院依据登记备案形式上记载的权利人对执行标的物进行查封保全，第三人呈讼主张其为实际权利人的现象较为普遍。在法院受理的涉及执行标的物为不动产的案件中，几乎全部都是在执行部门依据登记备案的记载对标的物进行保全后，登记备案上没有记载的案外人主张应享有实际权利，这些案外人因未办理或未能及时办理登记手续导致权益受损，在一定程度上，也可以看作是轻视登记备案制度的代价。

3. 法律层面：执行异议之诉制度不完善

立法方面，如上所述，执行异议之诉作为新类型诉讼，是2007年新修改的民事诉讼法确立的，之后实施的执行解释对该类案件程序性问题进一步做了明确，但缺少明确的指导性意见。对于民事审判部门而言，执行异议之诉虽然作为一种独立的诉讼类型，但是并没有任何一部法律、司法解释可以作为明确具体的案件审理依据，对于执行异议之诉的提出主体、诉讼请求、管辖法院、审理程序、裁判结果等没有可操作性的法律法规指引，这一方面导致大量的执行异议之诉案件形成，只要案外人认为自己对执行标的物享有权利，就向人民法院提出执行异议之诉；另一方面，也导致法官对于执行异议之诉的实体裁判无法可依，造成了执行异议之诉司法混乱的局面。

司法实践中，部分基层法院甚至在该类案件的立案之初，甚至不以执行异议之诉作为案由立案，而是根据案外人或申请执行人主张的权利类型或标的物性质，分散立案为确权、侵权等案件，因案由的不同，执行异议之诉案件被分散到各个审判业务庭进行审理，规则上也完全依据普通民事案件的标准进行裁判，此时执行异议之诉民事案件面临着普通民事案件的各类疑难问题之外，还基于其自身特点极易形成群体性纠纷，信访压力大，审执程序衔接不畅，逐渐成为审判实践中的热点难点问题。

4. 社会层面：执行异议之诉作为廉价的救济手段被滥用

一方面，客观上很多普通百姓缺乏必要的法律常识，交易惯例上还处于“一手交钱、一手交货”的简单思维方式，而并没有过多考虑权属是否真正的转移，特别是在熟人交易情况下，甚至会出于“面子”，而不保留交易证据，及时通过银行转账方式，也很少保存打款明细，交易痕迹很难得到妥善保存。上升到法律层面，普通百姓对过户、备案、预告登记等法律行为的性质、定义并不十分清晰，难以及时运用法律的武器保护自己。这种现象在商品房买卖过程中体现尤为明显，因房地产卖房市场强势，开发商进行不规范操作的现象普遍存在，导致普通百姓只能选择接受，或者离开，难以平等主体的身份参与到交易行为中，对交款、交房、预告登记、过户等行为不掌握主动权，只能听从于开发商的摆布。通过分析近几年法院受理的涉及商品房的执行异议之诉案件，几乎都是开发商经营出现问题，房产因仍在开发商名下而被查封，普通百姓只能通过执行异议之诉案件主张房屋所有权。

另一方面，近几年受理的执行异议之诉案件中也不乏其例，即因执行异议之诉案件启动没有门槛限制，只要案外人认为其享有足以对抗执行的权利即能提起，案件的诉讼成本低，部分当事人为了达到个人目的，滥用诉权，任意提起执行异议之诉案件，甚至在执行异议之诉案件中，案外人与被执行人串通伪造证据，意图达到转移被执行财产的非法目的。此种情况的发生，使民事审判的地位和作用面临进退两难的尴尬局面，就是最终拆穿案外人和被执行人的骗局，也使得执行程序的周期变长，极易造成执行标的物的损失风险。[①]

六、执行异议之诉案件审理困境

经调研发现，执行异议之诉案件审理的困境及疑难问题主要包括以下几方面：

（一）执行异议之诉制度的程序性规范缺失

执行异议之诉是一种新类型的诉讼，与普通民事诉讼不同，民事诉讼法只有第二百二十七条一个概括性条文，《关于执行程序的解释》和《民事诉讼法司法解释》也远不足以解决实践中发生的各种程序问题。具体包括：执行异议之诉案件的管辖、诉讼当事人的确定、诉讼请求的确定、当事人的异议事由、提起执行异议之诉的期间、案外人另行提起诉讼的处理、案外人同时主张实体权利的处理、诉讼期间的执行、判决主文的表述等。

（二）执行异议之诉案件处理中法院不同部门之间的衔接和分工不明确

执行异议之诉案件的处理经常涉及法院民事庭、商事庭、执行办、执行庭、审监庭等不同部门之间的分工与衔接，在程序上还涉及审判程序与执行程序、审判监督程序之间的协调等诸多问题。具体包括：民事诉讼法第二百二十七条规定执行异议之诉程序与第二百二十五条执行行为复议程序的区分、执行异议之诉程序与审判监督程序的区分、执行部门异议审查的前置程序与执行异议之诉程序的衔接等。

（三）多个生效法律文书之间的冲突与竞合，影响了执行异议之诉案件的审理，损害了司法的权威

执行异议之诉案件审理中，经常出现案外人、申请执行人都依据法院的生效法律文书主张权利，各法律文书之间存在矛盾和冲突，干扰了案件的正常审理。具体包括：案外人另行提起诉讼的处理、案外人依据另案确权判决、形成判决或给付判决主张权利阻却执行等。

---

① 天津市高级人民法院：《关于执行异议之诉案件的调研报告》，第6页。

（四）在实体权利发生冲突时，缺乏明确的裁判标准

执行异议之诉案件中，涉及的问题是在同一执行标的上负载多项权利。对于实体权利能否阻却执行，是审理这类案件的核心，此时涉及对于权利性质的判断，与权利冲突时的处理规则，但是，对于这一核心问题，缺乏明确的裁判标准。

七、审理执行异议之诉案件的指导思想与裁判思路

经调研，我们认为，审理执行异议之诉案件应遵循以下的指导思想与裁判思路：

1. 物权优于债权原则

同一执行标的物上存在的不同性质的权利发生冲突时，应当坚持物权优先于债权、法律规定的特殊债权优先于普通债权的原则。

2. 生存利益优先原则

生存利益与经营利益发生冲突需要权衡时应当正视我国现阶段房屋交易市场不完善和部分人民群众法律意识不高的现实，在依法的前提下坚持消费者的生存利益优先于银行、企业的经营利益的原则，在兼顾双方利益的前提下向相对弱势方适度倾斜。

3. 沟通协调原则

应加强民事审判庭在审理执行异议之诉案件中与执行局、审监庭、立案庭等相关庭局之间的分工、沟通与协调，一方面使各部门在处理涉及执行异议的纠纷时权责明确、各司其职，另一方面促成各部门之间建立相对稳定的沟通渠道，特别是在处理一些法律上疑难复杂、实践中影响较大的纠纷时应当事先沟通协调，形成最大合力妥善处理该类纠纷，力争实现案结事了。前端要注意和立案庭及时交流相关信息，尤其是对于当事人撤诉后又起诉的问题，立案庭要严格把关一般不予受理，因为根据民事诉讼法的规定，案外人提起案外人异议之诉的，应自裁定送达之日起十五日内向人民法院提起诉讼；案外人一旦撤诉后再起诉时，通常已不再符合前述起诉时限。同时，后端要注意和执行局及时沟通衔接，保证案件的顺利审理。

4. 证据审查从严原则

严格适用当事人自认制度在案外人执行异议之诉中，如案外人认为被

采取强制执行措施的执行标的物系其所有，案外人应当就其对执行标的物享有所有权或者其他足以阻却对执行标的物强制执行的事实承担举证责任。实践中，案外人与被执行人之间恶意串通规避执行，损害申请执行人利益的行为时有发生。因此，在证据审查上要从严把握，当事人的处分权也应受到一定的限制，特别是应当限制当事人自认原则的适用，即使被执行人对于案外人所主张的表示承认的，也不能免除案外人的举证责任，法院对于相关的证据进行全面核查，亦应依职权主动调查取证，对相关事实进行调查核实。

5. 慎用调解原则

在执行异议之诉案件审理中，对案件调解慎重适用。为防止案外人与被执行人恶意串通损害被执行人利益，要严格坚持当事人自愿原则和适用查明事实、分清是非的标准稳慎调解。

八、执行异议之诉案件审理中的实体性权利判断标准

执行异议之诉纠纷案件中实体权利冲突中，何种权利更为优先，应遵循何种判断标准，是执行异议之诉案件审理中的重点问题，也是难点问题。换言之，案外人对执行标的是否具有实体权利以及实体权利是否足以阻却执行，为该类诉讼审理和认定的核心问题。但是目前来讲，民事诉讼法、《关于执行的司法解释》《民事诉讼法司法解释》等对此均未作明确规定。在审判实践中，下列几类情况，因为法律规定较为模糊，审判实践中亦经常出现，争议较大：

（一）以不动产为执行标的执行异议之诉的实体权利认定

审判实践中，主要表现为以房屋为执行标的的执行案件。该类案件在执行异议之诉纠纷案件中所占比重是最大的，而因涉及房产纠纷，往往又具有很强的政策性、民生性，审理难度更大。主要在以下几个问题上存在争议：

1. 借名买房中借名人提起的执行异议之诉的处理

实践中，由于限购、限贷、逃避债务、规避税收或基于身份关系（如夫妻或父母子女）等原因，存在借名买房的情况。在案外人借用被执行人的名义购买房屋并办理登记的情形下，法院对登记在被执行人名下的房屋进行查封后，案外人提出执行异议之诉的，应当如何处理，存在争议。一

种意见认为，根据物权变动登记生效和公示公信原则，案外人与被执行人之间的借名登记约定不能对抗善意的申请执行人，因此，对案外人停止执行的请求应当不予支持。另一种意见认为，在借名买房的情况下，案外人对房屋享有事实上的所有权，其权利应当优先于申请执行人享有的一般债权，即使案外人对于因限购、逃避债务、规避税收、获取贷款等原因而借名登记具有过错，但其所应承担的只是行政管理上的责任，而不致在私法上丧失对房屋的所有权。因此，对案外人主张被执行人名下的房屋归其所有，并要求停止执行的，应予支持。

我们倾向于第一种意见。理由是：第一，在借名买房情形中，借名人与出名人通常会相互约定，借名人以出名人名义购买房屋并办理产权登记，该房屋的占有、使用、收益、处分权限仍归借名人享有。借名人与出名人之间的借名登记契约，只在其内部产生债权债务关系，而不发生物权变动的效果，不能据此认定借名人是不动产物权的所有权人。借名人可以请求将房屋过户至自己名下，其享有的是债权请求权，而非物权，其不能阻却执行。第二，基于物权公示原则，设立或转让物权，必须采用法律规定的公示方式，才能取得对抗第三人的效果。因此，在借名买房的情况下，借名人与出名人之间的借名登记约定不得对抗善意的申请执行人。第三，借名登记合同是借名人与出名人之间的合意，借名人对房屋登记在他人名下本身具有过错，而且借名协议通常是为了规避国家法律与政策，对由此产生的风险理应自行承担。综上，对借名人要求停止执行的诉讼请求，应不予支持。

2. 以房抵债的债权人提起的执行异议之诉的处理

双方当事人签订以房抵债协议，但未办理产权变更登记手续，以房抵债的权利人主张停止执行能否获得支持，在实践中存在争议。一种意见认为，只要以房抵债协议是真实的，且签订于人民法院采取强制执行措施之前，并已经实际占有的，就应当保护实际权利人的利益。另一种意见认为，物权以登记为公示公信要件，非经登记，不能对抗第三人。我们倾向于第一种意见，申请执行人享有的是普通债权，而以房抵债的权利人对于涉案房屋进行了实际占有，具备准物权的性质，其应优先于普通债权。

3. 被拆迁人提起的执行异议之诉的处理

案外人系被拆迁人，其针对登记在被执行人（拆迁人）名下的房屋提起执行异议之诉的，如何处理，是司法实践中经常遇到的问题。根据《最高人民法院关于审理商品房买卖合同纠纷案件适用法律若干问题的解释》第七条的规定，在拆迁人作为被执行人的案件中，对尚未办理房屋产权登记手续的拆迁安置房进行强制执行的，已经签订了拆迁补偿安置协议的被拆迁人（案外人）在执行异议被驳回后，可以提起执行异议之诉。经审理确认拆迁人与被拆迁人在人民法院查封之前已经签订合法有效的拆迁补偿安置协议，并且在拆迁补偿安置协议中明确约定了拆迁用房的具体位置、用途，能够明确指向执行标的的，因其已享有足以对抗第三人的特殊债权，对被拆迁人停止执行的诉讼请求应当予以支持。

4. 房地产挂靠人提起的执行异议之诉的处理

不具有房地产开发资质的当事人以具备房地产开发资质的房地产开发企业的名义开发房地产，并将建设用地使用权、房屋所有权登记在后者名下，当后者负担债务，申请人申请执行时，实际权利人主张停止执行并确权的，应当不予支持。建设用地使用权与房屋所有权作为物权，均应当以登记为公示要件。挂靠协议不能对抗第三人，且双方签订的挂靠协议本身是违法的，应由挂靠人承担不利后果。

5. 共有权人提起的执行异议之诉的处理

在司法实践中，部分共有人因负担外部债务，需要分割共有财产偿还债务，履行法院生效法律文书明确的法定义务，其他共有人提起的执行异议之诉，能否阻却执行，存在争议。一种意见认为，其他共有人对此不得拒绝分割共有财产，但其可请求对于涉案共有财产行使优先购买权，或者向作为被执行人的其他共有人求偿。另一种意见认为，单独所有与共同所有仅是所有权的形态不同，但本质上都是物权，根据物权优于债权的原则，共有人请求阻却执行共有物的，人民法院应予支持。我们倾向于第一种意见。履行法院生效文书确定的义务可以分割共有物，此时，其他共有人可以主张优先购买权，并不损害其他共有人的利益。

6. 房屋预告登记人提起的执行异议之诉的处理

案外人以其系房屋的预告登记权利人提起执行异议之诉，其在涉案房屋实行强制执行前，已经预告登记为权利人的，人民法院应当支持其诉讼请求。根据物权法第二十条第一款关于“当事人签订买卖房屋或者其他不动产物权的协议，为保障将来实现物权，按照约定可以向登记机构申请预告登记。预告登记后，未经预告登记的权利人同意，处分该不动产的，不发生物权效力”的规定，房屋或其他不动产买受人进行预告登记的，其对房屋或其他不动产的请求权就具有了物权效力，即具有了排他效力，可以对抗第三人，故预告登记人提出执行异议之诉请求阻却执行的，应予支持。

（二）以动产为执行标的的执行异议之诉实体权利的认定

1. 以特殊动产为执行标的的执行异议之诉实体权利的认定。特殊动产主要指的是物权法第二十四条规定的船舶、航空器和机动车。在审判实践中主要是以机动车为主。常见的情形是案外人与被执行人就机动车签订买卖协议，款项已交清，机动车亦已经转移了占有，仅未办理过户登记手续，此时，被执行人的债权人因金钱债务申请法院强制执行查封、扣押了该机动车。在此情形下案外人是否具有阻却执行的实体权利，实践中争议较大。

根据物权法第二十三条、第二十四条的规定，机动车、船舶等属于特殊动产，其物权变动适用双重形式要件：交付是物权发生变动的生效要件，而登记是物权具有对抗善意第三人效力的要件。因此，在被执行人与买受人之间，只要被执行人已经将该特殊动产交付给买受人，即使买受人未办理过户登记，其亦已取得该特殊动产的所有权，但是基于特殊动产的登记对抗原则，但其所有权在未办理过户登记前，尚不能获得完全的物权保护，即不能对抗善意第三人。问题是物权法第二十四条规定的“善意第三人”的范围存在争议。学理上存在两种观点，一种观点持无限制说，即认为第三人系指所有具有利害关系的第三人，既包括依赖登记而与被执行人从事物权交易的相对人，也包括被执行人的一般债务人。另一种观点是限制说，认为第三人仅指与被执行人从事物权交易的相对人，不包括一般债权人。

我们认为，单纯的一般债权人不能直接支配债务人（即被执行人）的特定动产，只不过有支配的可能性，因此，一般债权人不能与取得物权的买受人争夺对物的支配权，不属于第三人的范围。但是，如果是经查封或者加入分配的债权人，则因查封，债权人取得对该特殊动产的直接排他性支配权，形成与取得物权的当事人争夺对物支配的关系，因而可以属于“第三人”的范围，在此情形下，案外人要求停止执行的，应不予支持。

2. 机动车买卖挂靠人提起执行异议之诉的处理

基于我国特殊的车辆、船舶经营管理规定，车辆、船舶往往要挂靠在有经营资格的运输公司名下方能投入营运，由此导致车辆、船舶的实际所有人与登记所有人相脱离。我们认为，法院针对登记在被执行人名下的机动车、船舶等特殊动产标的物实施强制执行，案外人以其与被执行人之间存在挂靠关系，其是标的物实际所有权人为由，要求对该标的物停止执行，经审理查明案外人确系执行标的物的所有权人的，对其停止执行的请求一般应予支持。

3. 账户借用人提起的执行异议之诉的处理

被执行人与案外人之间关于借用账户的协议，能否作为资金归属的依据，在司法实践中存在争议。一种意见认为，应当按照银行账户记载的情况确认资金的归属。另一种意见认为，借用账户虽然违反了国家相关管理规定，但并不影响对账户内资金归属的确认。我们认为，第一种意见比较合理。物权法第二十三条规定："动产物权的设立和转让，自交付时发生效力，但法律另有规定的除外。"货币作为一种特殊动产，其本身存在无法辨别的困难，同时又是一种价值符号，流通性系其生命。被执行人银行账户是行使货币流通手段的一种方式，在银行账户发挥其流通功能的情形下，账户内货币的占有与所有高度一致，只要货币合法转入即属于法律规定的合法交付行为，所有权自交付时发生转移。

（三）承租人提起的执行异议之诉的处理

我们认为，根据"买卖不破租赁"的原则，承租人租赁的标的物被人民法院执行拍卖时，并不必然导致租赁权消灭，因此，承租人并不当然有权提起执行异议之诉。如果法院在执行过程中并不否定承租人享有的租赁权，承租人只是对执行法院要求其腾退房屋的执行行为有异议的，属于民事诉讼法第二百二十五条规定的执行行为异议，应当通过执行复议程序解决，承租人提起执行异议之诉的，应当不予受理；已经受理的，应当裁定驳回起诉。但如果执行法院否定承租人租赁权的成立或存续的，因涉及实体权利的争议，承租人主张其享有足以排除执行的租赁权的，在执行异议被驳回后，可以提起执行异议之诉。在该执行异议之诉案件的审理中，对承租人租赁权的认定应当区分不同情形进行处理：

1. 关于租赁与查封的问题

承租人在人民法院采取查封等保全或执行措施之前已经与被执行人签订了合法有效的房屋租赁合同，且已按约支付租金，并实际占有使用租赁物的，应当认定为“先租赁后查封”。此时，承租人享有的租赁权适用“买卖不破租赁”的原则，执行法院在对该租赁物采取拍卖等执行措施时，如果影响到承租人租赁权的行使，对承租人要求停止执行的诉讼请求应当予以支持。

承租人在人民法院采取查封等保全或执行措施之后，与被执行人签订房屋租赁合同的，应当认定为“查封后租赁”。根据《查封、扣押、冻结规定》第二十六条第一款规定，被执行人就已经查封、扣押、冻结的财产所作的移转、设定权利负担或者其他有碍执行的行为，不得对抗申请执行。因此，承租人在法院采取诉讼保全或执行措施之后取得租赁权的，不得以其租赁权对抗申请执行人，其主张停止执行的，不予支持。

2. 关于租赁与抵押的问题

承租人在债权人设立抵押权之前已经与被执行人签订了合法有效的房屋租赁合同，且已按约支付租金，并实际占有使用租赁物的，应当认定为“先租赁后抵押”。根据物权法第一百九十条规定，订立抵押合同前抵押财产已出租的，原租赁关系不受该抵押权的影响，执行法院根据抵押权人的申请，在对该租赁物采取拍卖等执行措施时，如果影响到承租人租赁权的行使，对承租人要求停止执行的诉讼请求应当予以支持。

承租人在债权人设立抵押权之后，与被执行人签订房屋租赁合同的，应当认定为“先抵押后租赁”。抵押权设立后抵押财产出租的，承租人不得以其租赁权对抗申请执行人（即抵押权人），其要求停止执行的，不予支持。

（四）建设工程施工合同中执行异议之诉的处理

1. 案外人基于建设工程优先权提起执行异议之诉的处理

案外人以其享有建设工程优先权为由提起执行异议之诉的，如何处理，在司法实践中存在争议，亟需规范。一种意见认为，建设工程优先受偿权作为一种特殊的权利应当予以特别保护，如果不赋予施工人提出执行异议之诉的权利，其优先受偿权将落空。因此，人民法院经审理，案外人的建设工程价款优先受偿权确实存在，则应在确认案外人对建设工程享有优先受偿权的同时，判决不得对案外人所享有的优先受偿范围的工程款进行强制执行。另一种意见认为建设工程优先受偿权的本质是以建设工程的交换价值担保工程款债权的实现，即使人民法院对建设工程采取强制执行措施，该执行措施一般并不影响承包人优先受偿权的实现，此时，承包人可以声明参与分配或由执行法院依职权列入分配。如果执行法院对建设工程不当执行，有可能毁损标的物的担保价值的，承包人也应当提起执行行为异议而不是执行异议之诉。因此，人民法院针对特定建筑物强制执行，案外人依据合同法第二百八十六条的规定对该标的物享有建设工程优先受偿权，并据此要求对该标的物停止执行的，应当不予支持，并告知其应当依据民事诉讼法第二百二十五条的规定主张权利，或者通过执行分配异议之诉程序处理。当然，实践中往往出现双方当事人对承包人是否享有优先受偿权发生争议，由于这涉及到实体争议，执行机构不能就此进行实体权利的终局判断，而应由承包人另行向法院诉讼请求确认优先受偿权。我们倾向于第一种意见。

2. 实际施工人以其系工程款债权所有人为由针对承包人的到期债权提起执行异议之诉的处理

人民法院针对建设工程发包人应给付承包人的工程款到期债权实施强制执行，实际施工人以其与承包人之间存在挂靠关系，其应享有工程款债权为由提起案外人异议之诉的，是否应当支持？实务中有两种观点：一种观点认为，在建设工程存在违法分包、转包和挂靠的情形下，仍应坚持合同相对性的原则，实际施工人不能突破合同相对性直接向发包人主张债权，因此，这类案件应不予受理。另一种观点认为，根据《最高人民法院关于审理建设工程施工合同纠纷案件适用法律问题的解释》第二十六条的规定，实际施工人有权对发包人直接主张工程款，因此，实际施工人以其与承包人之间存在挂靠关系，其应享有工程款债权为由提起案外人异议之诉，经审理属实的，应当予以支持。我们倾向于第一种观点。

（五）离婚协议对于房屋产权的约定能否对抗申请执行人

离婚协议中已约定了房屋产权归属，在未进行产权变更的情况下，是否具有对抗外界债权主张的法律效力，目前有两种不同观点：一种意见认为，婚姻法对于不动产的处分区别于一般的物权变动，虽然房屋的产权变更未作登记，但如果双方对于房屋权属的约定是明确的，双方也非假离婚而逃避债务，则应当支持案外人停止执行的诉讼请求。另一种意见认为，物权具有公示公信力，对于房屋产权的认定应以登记为准。我们倾向于第一种意见。在司法实践中，双方离婚，往往约定将房屋归属于负责抚养子女的一方，为防止对方再婚，通常不变更房屋的产权归属。此时，若允许执行，则其基本生活将无保障。因此，只要不是双方串通恶意逃债，应当支持其停止执行的诉讼请求。

（六）案外人依据另案人民法院确权法律文书，请求停止执行的认定与处理

物权法第二十八条规定，因人民法院、仲裁委员会的法律文书或者人民政府的征收决定等导致物权设立、变更、转让或者消灭的，自法律文书或者人民政府的征收决定等生效时发生效力。审判实践中经常出现的是，案外人持有另案人民法院确权的法律文书，向执行机构提出执行异议进而提起执行异议之诉，要求确认所有权并停止执行，该种情形下应如何处理。对于物权法第二十八条规定的人民法院生效法律文书的范围问题，是解决该类案件的核心，现在审判实务中已基本达成共识的是，该“生效法律文书”一般指的是人民法院依法作出的形成判决以及执行程序中对不动产和有登记的特定动产拍卖时所作的拍卖成交裁定和以物抵债裁定，而对于调解书，应否属于该“法律文书”范畴之内，争议较大。我们认为，调解书应当属于能够引起物权变动的法律文书。第一，根据全国人大法工委在《物权法释义》中对该条的解读来看，其解释“导致物权变动的人民法院判决或者仲裁委员会的裁判等法律文书，指直接为当事人创设或者变动物权的判决书、裁决书、调解书等”，调解书明确列在其中。第二，应依据案件性质来确定该案件的判决或调解结果是否属于能导致物权变动的法律文书，而不是仅仅依照法律文书的样式。即若案件本身为形成之诉，则人民法院对该案作出的形成判决或调解书，效力应具有一致性。

《民事诉讼法解释》第三百一十二条规定，案外人可以在提起执行异议之诉的同时，提出确认其权利的诉讼请求。但是，案外人能否不通过执行异议之诉，另行提起确权之诉，然后再依据确权之诉案件的裁判结果主张排除强制执行，实践中存在很大争议。北京、浙江等大多数法院对此持否定的态度，江苏对此持肯定的态度。因此，为统一裁判尺度，有必要对此问题予以规范。在理论界亦存在对立的两种观点。一种意见则认为，进行执行程序后，案外人只能向执行法院提起执行异议之诉，不能单独提起确权之诉，其提起确权之诉的，应当不予受理或裁定驳回起诉。另一种意见认为，案外人就执行标的要求确认其享有实体权利，符合民事诉讼法第

一百一十九条的条件，其有权单独提起确权之诉，与是否进入执行程序无关。我们倾向于第一种意见。因为如果允许案外人在非执行法院提起确权之诉，由于申请执行人并非该案的当事人，也无法作为第三人参加确权诉讼，极易出现案外人与被执行人恶意串通，就执行标的权属达成一致来对抗执行的情况。因此，根据《最高人民法院关于依法制裁规避执行行为的若干意见》第九条和第十一条、《关于执行权合理配置和科学运行的若干意见》第二十六条的规定，案外人对已经被法院查封、扣押、冻结的财产主张确权，只能依照民事诉讼法第二百二十七条的规定提起执行异议之诉，而不能另行提起确权之诉。司法实践中，案外人有时会在执行异议之诉中同时提出要求被执行人继续履行合同、交付标的物或支付违约金等给付之诉的诉讼请求，这些诉讼请求因其与排除执行的诉讼目的无关，不属于执行异议之诉案件的审理范围，在执行异议之诉案件审理中应当不予理涉。

论执行异议之诉中的夫妻隐名共有问题

杨海超[*]　陈昶屹[**]

一、问题的提出

本文讨论的问题源自于司法实践中出现的案例：为执行被执行人对申请执行人的金钱债务，法院裁定拍卖被执行人名下的房屋。被执行人的配偶向法院提出执行异议，主张被执行人名下的房屋是夫妻两人的共有财产，要求法院中止执行。执行局审查认为房屋登记在被执行人名下，被执行人配偶主张的共有权未经过登记，故根据《最高人民法院关于人民法院办理执行异议和复议案件若干问题的规定》第二十五条第一款第（一）项的规定，裁定驳回异议。被执行人配偶提起执行异议之诉，继续主张其共有权，要求判决停止对房屋的执行。审判庭查明房屋虽登记在被执行人名下，但该房确实是被执行人夫妻在婚姻关系存续期间共同出资购买。

此类执行异议之诉①案件目前已不断出现，而本文发现实践中出现了两种不同的裁判思路与结果。一种裁判思路是根据《中华人民共和国婚姻法》第十七条的规定，认定房屋属于被执行人夫妻共有，故判决停止对房屋的执行。另一种裁判思路是认为虽然按照《中华人民共和国婚姻法》第

---

* 北京市海淀区人民法院法官，执行三庭副庭长。

** 北京市海淀区人民法院法官，中关村法庭副庭长。

① 根据提出执行异议之诉的主体和诉讼请求，执行异议之诉可以分为申请执行人提出的许可执行之诉和案外人提出的排除执行之诉。就本文所搜集到的案例而言，执行异议阶段都是适用《最高人民法院关于人民法院办理执行异议和复议案件若干问题的规定》第二十五条第一款第（一）项的规定裁定驳回异议，因此之后都是案外人提出执行异议之诉。而且《最高人民法院关于适用〈中华人民共和国民事诉讼法〉的解释》执行异议之诉一章也没有规定这两种分类，而是统一称之为执行异议之诉。所以本文也没有区分，还是统一使用执行异议之诉的名称。

十七条的规定，房屋属于被执行人夫妻共有，但被执行人配偶没有登记为房屋的共有权人，其共有权未经登记不能排除法院的执行措施，故判决驳回被执行人配偶的诉讼请求，继续执行。上述案例是对金钱债权的执行，在非金钱债权的执行案件中，类似的情况也同样存在。例如，在继续执行房屋买卖合同的案例中，申请执行人要求变更房屋所有权至自己名下，但被执行人的配偶以对房屋享有共有权为由提出异议和执行异议之诉，要求排除执行，而执行异议之诉的裁判结果也不统一。

如无特殊约定或者法定情形，一般而言夫妻在婚姻关系存续期间购买的房屋应属于夫妻共有财产。但由于种种原因，房屋并不一定会登记为夫妻共同所有，而是只登记在夫或妻一人名下。这一状况可称为夫或妻一方对房屋的“隐名共有”。从夫妻关系外部，根据房屋所有权登记来看，房屋只属于夫或妻一人所有，另一方对房屋的共有权没有通过登记进行公示。但从夫妻关系内部来看，房屋确实属于两人共有，房屋的物权登记与实际共有状况不一致。房屋物权登记具有公示效力，夫妻之外的第三人往往是根据物权登记来判断房屋权属的，所以当房屋涉及夫妻以外的第三人利益时，夫妻隐名共有就可能对第三人的利益产生影响，前述案例便是典型。

执行异议之诉要通过对被执行人配偶是否对执行标的房屋享有足以阻止执行的实体权利的判断，来决定是否排除对房屋的强制执行[①]。申请执行人的利益与被执行人配偶的利益肯定会在执行异议之诉程序中发生冲突，司法必须在申请执行人利益与被执行人配偶利益之间作出取舍，对是否能够执行房屋作出回应。而目前的法律和司法解释对于这种案件应如何裁判并没有具体规定，因此出现两种不同裁判思路并存的局面。本文即以执行异议之诉中的夫妻隐名共有为题展开探讨，总结夫妻隐名共有涉及的各种冲突和执行异议之诉面对的问题，分析出现问题和冲突的原因，提出以司法解释进行利益衡量，统一裁判结果的必要性，并就裁判中需要考虑的几个细节问题提出见解，希望引出更为深入的讨论。

二、夫妻隐名共有引出的冲突执行异议之诉与面对的问题

夫妻对执行标的房屋的隐名共有至少会在执行异议之诉中引出三个层

① 唐力：《案外人执行异议之诉的完善》，载《法学》2014 年第 7 期。

次的冲突：

第一是当事人之间的利益冲突。是否执行房屋事关申请执行人的债权能否实现，又会影响到被执行人配偶对房屋的共有权能够否得到保护。所以申请执行人的利益显然会与被执行人配偶的利益发生冲突。而由于被执行人夫妻的婚姻关系，利益冲突的双方实际是申请执行人与被执行人夫妻。

第二是执行程序与审判程序的价值冲突。相比而言，审判程序更强调公正，而执行程序更追求效率。由于执行异议之诉是通过审判程序来决定是否执行特定标的物的问题，夫妻隐名共有就会引出审判程序与执行程序的价值冲突。如果判决不得执行，意味着申请执行人虽然已经等待很长时间，但其债权一时仍难以实现，申请执行人可能还要另寻他法来获得救济，例如分割共有房屋后继续执行，追加被执行人配偶为被执行人，确认债务属于共同夫妻债务后继续执行等。而无论哪种方法，申请执行人都要与被执行人夫妻重新进入耗时很长的诉讼程序，而且最终结果、执行情况仍有很大不确定性。因隐名共有而判决不得执行显然对执行程序的效率有很大影响。但另一方面，对被执行人夫妻而言，不得执行就意味着房屋能够得到保全，否则，被执行人名下的房屋被执行后，被执行人配偶对房屋享有的利益也很难再挽回。追求效率的执行程序需要尽快实现申请执行人的债权，而强调公正的审判程序又有可能会保护被执行人配偶的利益，因为夫妻隐名共有这一特殊现象，审判与执行由此出现冲突。

第三是法律制度之间的冲突。以夫妻共有为由判决不得执行，维护了根据婚姻法夫妻共有财产制度，被执行人配偶对执行标的房屋享有的共有权。根据房屋所有权登记判决驳回被执行人配偶的诉讼请求，维护了物权法所确定的物权登记的公示力。两种不同的裁判是各取其一，所以夫妻共有财产制与物权登记公示力也因为夫妻隐名共有在异议之诉程序中出现了冲突。本文认为，这是三种冲突中最为根本的冲突。因为夫妻共有财产制与物权登记公示力就分别承载了被执行人夫妻与申请执行人的不同利益，而如何解决冲突又直接影响审判与执行不同程序价值的实现。

以当事人的利益冲突为基础，夫妻隐名共有在执行异议之诉中引出的多层次冲突见下表所示：

表 1　夫妻隐名共有在执行异议之诉中引出的多层次冲突

	继续执行的裁判思路	不得执行的裁判思路
当事人利益	申请执行人利益	被执行人夫妻利益
程序价值	执行程序的效率价值	执行异议之诉审判程序的公正价值
法律制度	物权登记公示力	夫妻共有财产制

当然，任何法律纠纷都是当事人之间利益冲突的表现，也有可能会涉及不同程序价值、法律制度的冲突，司法裁判正是平衡冲突的过程。司法裁判要发挥出这样的作用，必须适用明确和统一的法律规则作为裁判依据。如果缺乏这样的规则，那么在面对复杂冲突时，不同个案中的判断就可能彼此矛盾，司法裁判的作用就无从发挥。就此而言，夫妻隐名共有造成的真正问题是由于目前没有明确和统一的裁判规则，实践中执行异议之诉的裁判结果不统一，不能最终解决上述冲突。这不仅会造成当事人的困惑，使得法律对当事人的行为指引作用发生偏差，也会影响司法的公正、效率和权威。因此，有必要分析夫妻隐名共有现象出现和引出各种冲突的原因，以便提炼出执行异议之诉的统一裁判标准。

三、法律之间理解、适用的空隙与司法解释的必要性

夫妻隐名共有现象的出现与我国房屋登记制度的发展有关。典型地，20 世纪 90 年代实行住房改革时，在职工购买单位出售的房改房时，很多单位都要求所售房改房只能登记在本单位职工的名下，而登记部门并未考虑夫妻共有的因素，也仍然予以登记。这些房屋中显然有很多房屋是属于夫妻共有的，这就造成夫妻隐名共有的现象十分普遍①。而物权法开始实施之后，也并不是所有夫妻共有房屋都进行了共有权登记。目前登记机关在登记时对是否夫妻共有房屋进行审查的做法并不一致②，这也是出现夫妻隐名共有的一大原因。

除去社会现实因素，本文认为夫妻隐名共有执行异议之诉案件裁判结

① 孙若军：《论我国不动产善意取得制度的完善》，载《浙江工商大学学报》2013 年第 3 期。

② 刘守君：《也谈夫妻共有房屋登记》，载《中国房地产》2014 年第 11 期。

果的不同，最主要原因还是在于物权法与婚姻法之间存在理解、适用的空隙。一方面，我国物权法第九条确定了不动产登记的公示原则，第十六条确定了不动产登记簿的登记公示推定力。判断房屋所有权归属显然要适用物权法的规定。另一方面，婚姻法第十七条采用列举的方法对应属于夫妻共有的财产进行了规定。虽然房屋并没有被该条明文列举，但房屋显然可以成为夫妻共有财产，判断房屋是否属于共有财产也要适用婚姻法的规定。物权法第九条中有这样的但书规定："未经登记，不发生效力，但法律另有规定的除外"。这一但书中的"法律"是否包括婚姻法第十七条的规定，目前没有明确、统一的解释，留下了法律空隙。概言之，物权法虽然确立了物权登记的公示力，但是没有明确第九条但书的范围，没有对夫妻共有房屋的登记、现实情况作出特别的回应。而婚姻法规定了夫妻共有财产制，但对夫妻共有财产制的对外效力没有涉及。这正是前述三种冲突中最为根本的物权登记公示力与夫妻共有财产制冲突背后的法律原因。在这种情况下，对于只登记在夫或妻一方名下，但是符合夫妻共有财产条件的房屋，适用法律时物权法与婚姻法孰先孰后，或者说如何协调适用两部法律以判断房屋最终权属没有定论①，是否能够执行只登记在被执行人一人名下房屋也不确定，实践中就出现执行异议之诉的两种不同裁判结果。

要解决上述问题，必须作出权威的解释来明确执行异议之诉的裁判规则，统一裁判结果。这种解释要对物权法与婚姻法的不同规定进行合理解读，适当考虑社会现实因素，对当事人的不同利益、执行程序与审判程序的不同价值作出取舍。显然，由最高人民法院就执行异议之诉作出专门的司法解释是最为合适的。一方面，最高人民法院的解释可以在全国范围内统一适用，从而保证裁判标准和结果的统一。另一方面，从解释的权威性而言，由于涉及物权法和婚姻法的理解和适用，填补两部法律之间的空白，最高人民法院作为我国的最高裁判机关来作出解释也是最合适的。

四、可以先行讨论的细节问题

要作出关于执行异议之诉裁判规则的统一司法解释，应当明确如何填

---

① 这方面也有学者进行探讨，并且提出了很有见地的意见。例如肖立梅：《我国〈物权法〉与〈婚姻法〉在调整婚姻家庭财产关系中的适用》，载《法学杂志》2014年第8期。赵敏：《谦抑语境下家庭财产关系的物权法适用——以〈物权法〉与〈婚姻法〉的对接为切入点》，载《西北大学学报：哲学社会科学版》2011年第4期。但目前并无定论。

补物权法与婚姻法之间的法律空隙，如何在当事人的不同利益之间进行衡量等基本问题，这些问题需要考虑多种因素的影响，可能需要长时间的充分论证。本文认为，在最基本的问题有明确结论之前，有必要，也可以对一些夫妻隐名共有问题的裁判细节先行展开分析，从而为最终利益衡量和法律解释做好铺垫。

（一）被执行人夫妻是否存在恶意串通

以夫妻隐名共有为由提出执行异议、执行异议之诉对执行程序效率影响很大，因此有必要对被执行人夫妻是否存在恶意串通规避执行的可能性予以考虑。可以通过举证责任设置，考察被执行人夫妻进行共有登记是否存在客观障碍、是否怠于行使权利等方法来甄别被执行人夫妻是否具有恶意。如果认定存在恶意，就不应保护被执行人配偶主张的共有权，如果不存在恶意，再结合其他规则进行判断。即存在恶意是判决驳回被执行人配偶诉讼请求，继续执行的情形之一。本文认为，即便是在利益冲突如何协调不甚明确的情况下，这也是一个可以先行确定的问题。

（二）申请执行人是否属于善意

与考虑被执行人夫妻是否存在恶意相似，本文也认为有必要根据不同情况对申请执行人是否属于善意进行考察，具体可以分为两种情况：

1. 申请执行人与被执行人之间不存在房屋交易关系

如果申请执行人与被执行人之间没有以房屋为标的的交易关系，通过执行来实现申请执行人的债权，执行标的是指向被执行人所有可供执行的财产，并不是特定地指向被执行人的房屋。一般而言，只有在被执行人除了房屋没有其他可供执行财产的情况下，法院才会执行被执行人的房屋。而法院执行被执行人房屋是一种公法上的行为，因此不必考虑申请执行人是否善意。

2. 申请执行人与被执行人之间存在房屋交易关系

如果申请执行人是基于其与被执行人之间以房屋为标的的交易关系（例如买卖、抵押）而有明确指向性地要求法院执行房屋，执行异议之诉裁判时应当考虑申请执行人是否属于善意，即是否知晓房屋实际是属于被执行人夫妻共有。由于被执行人配偶之前不一定知晓申请执行人与被执行人之间的交易关系，不一定参加申请执行人取得执行依据的程序，所以申请执行人是否善意的问题可能是在被执行人配偶提出的执行异议之诉程序中才浮现出来的。这种考虑一是源于《最高人民法院关于适用〈中华人民共和国婚姻法〉若干问题的解释（三）》第十一条第一款的规定，在夫妻一方主张另一方未经其同意出售共有房屋时，善意是第三人获得保护的必要因素。二是源于《物权法》第一百零六条及《最高人民法院关于适用〈中华人民共和国物权法〉若干问题的解释（一）》第十五条、第十六条的规定，善意也是不动产受让人在转让人无权处分场合获得保护的关键因素。因此，面对登记情况与实际情况不一致的夫妻隐名共有，为了平衡申请执行人与被执行人夫妻的利益冲突，申请执行人的善意应当成为裁判要点之一。与甄别被执行人夫妻是否存在恶意一样，也可以通过举证责任设置，考察申请执行人具体行为的方式来判断申请执行人是否构成善意。如果认定申请执行人当初在已经明知房屋属于夫妻共有财产的情况下，仍然与被执行人单方进行交易，就应考虑保护被执行人配偶的利益。如果认定属于善意，再结合其他规则，例如申请执行人是否支付对价等进行判断。

关于被执行人配偶是否存在恶意串通，申请执行人是否属于善意的不同裁判规则见表2所示：

表2　考虑当事人主观情况时的不同裁判规则

是否存在房屋交易关系	申请执行人	被执行人	裁判规则
不存在	—	恶意串通	继续执行
		无恶意串通	结合其他规则再判断
存在	善意	—	结合其他规则再判断
	不构成善意		不得执行

（三）应保护被执行人配偶利益时的裁判方法

按照《最高人民法院关于人民法院民事执行中查封、扣押、冻结财产的规定》第十四条的规定，对被执行人与他人共有的财产，法院可以查封、扣押、冻结，之后共有人可以自己提起析产诉讼，申请执行人可以代位提起析产诉讼。经过析产诉讼后，应该可对共有财产变价分割，将被执行人享有份额的变价款清偿债务，其他共有人可以行使优先购买权或者直接取得其享有份额的变价款。如此来看，倘若执行异议之诉经过审理认为应当保护被执行人配偶的利益，那么执行异议之诉应当如何裁判？如果判决不得执行房屋，那申请执行人依然可以再提出代位析产诉讼，之后还是执行共有房屋，分割变价。即判决停止执行，也并一定改变共有房屋会被执行的结果，只是影响何时执行以及能否保护被执行人配偶的共有份额。因此，有必要探讨应保护被执行人配偶利益时执行异议之诉的裁判方法。本文认为，这也需要分类进行考察。

1. 金钱债权的执行

如果申请执行人的债权属于金钱债权，可以通过将房屋变价来获得清偿。那就可以考虑一方面直接确认被执行人配偶对房屋的共有份额，另一方面判决继续执行。此后执行时虽然将房屋变价，但实际只执行被执行人的份额，被执行人配偶可以优先购买或者直接获得相应变价款。即虽然认定共有关系，但不以共有来排除执行，而是直接对共有物进行变价分割①。提出这种裁判思路是因为就夫妻隐名共有而言，执行异议之诉与代位析产诉讼的诉讼结构是一致的，都是申请执行人与被执行人夫妻针对执行标的财产而进行的诉讼。在执行异议之诉中直接确认被执行人配偶的共有份额，并判决继续执行，其最终效果也和代位析产诉讼相同，都是对特定财产进行分割。因此，可以考虑在执行异议之诉中作出这种判决，这既能平衡申请执行人与被执行人配偶的利益，也能平衡审判程序与执行程序的不同价值。执行异议之诉不仅要解决关于执行标的物的实体权利关系争议，同时也要解决关于执行标的物的执行关系争议②，这种思路是将执行异议之诉裁判的核心从是否属于共有而应该停止执行转为是否属于共有而应当如何执行，在解决执行关系争议上更进了一步。

2. 非金钱债权的执行

如果申请执行人的债权属于非金钱债权，例如要求按照判决将房屋所有权变更至自己名下，此时就不能采用上述裁判思路。因为申请执行人此时想获得的不是金钱，而是执行标的房屋的单独所有权等，显然不能通过

---

① 要采用这种裁判思路，也需要对现行法律规定作出进一步的解释。《最高人民法院关于适用〈中华人民共和国民事诉讼法〉的解释》第三百一十二条只是规定案外人可以在执行异议之诉中同时提出确认其权利的诉讼请求。如果作为案外人的被执行人配偶不提出确认其共有份额的诉讼请求，法院是否可以释明，是否可以在释明之后作出确认份额、分割共有物的裁判需要另行作出解释。

② 张卫平：《案外人异议之诉》，载《法学研究》2009年第1期。

变价分割房屋来实现。

上述三个细节问题实际上已经在对申请执行人与被执行人夫妻的利益进行一定程度的衡量、取舍，也会影响审判程序与执行程序价值的协调问题。对这三个问题的讨论可以作为对制定整体性司法解释规则进行更深入探讨的起点。

本文梳理了夫妻隐名共有现象在执行异议之诉程序中引出的多层次冲突和此类案件裁判思路不统一的问题，本文认为由最高人民法院作出专门的司法解释，制定此类案件明确统一的裁判规则是法院工作的当务之急。虽然本文目前没有提出协调价值、利益冲突的系统解释方案，但本文认为可以在明确问题实质内容的基础上，从一些裁判细节问题入手来逐步展开讨论，为制定整体的解释规则奠定基础。而这些细节问题的讨论实际上也在一定程度上涉及了利益衡量的问题，所以，关于这些问题的讨论肯定还会有，也必需更多的观点争鸣，这正是本文希望发挥的抛砖引玉作用。

隐名股权的强制执行

张　元*

一、隐名股权执行概述

本文所研究的隐名股权执行，是指在显名股东或是隐名股东为被执行人时，人民法院的处理标准与程序问题。

（一）隐名股权的含义

市场实践中，隐名持股情况较为普遍，自然人或者法人出于特定目的，选择藏身幕后，而委托他人代持股权，在公司相关文件中记载他人为股东并进行工商登记，就是所谓的“名实不符”现象。[①] 在法律关系上，隐名股东（实际投资人）与显名股东（名义股东）达成委托持股协议，由隐名股东实际认缴公司资本、承担公司盈亏风险，但是，在公司章程、股东名册、出资证明书和工商登记等均不加记载，而由显名股东代持股权。

关于隐名股权是否可以作为执行标的，曾有过争议。本文认为，执行标的是指人民法院的执行行为指向的、能够用于债权人实体权利请求的对象；系债务人所有或者支配的并能够用于满足债权人实现债权的财产、权利或者行为。[②] 隐名股权虽有异于一般股权，但是，仍系被执行人出资而形成的财产性权利，具备交换价值，自然能够成为执行标的。[③]

* 最高人民法院执行局申诉审查室副主任。

① 甘培忠、周淳：《隐名出资纠纷司法审裁若干问题探讨》，载《法律适用》2013 年第 5 期。

② 江必新主编：《民事执行新制度理解与适用》，人民法院出版社 2010 年版，第 142 页。

③ 杨明婕、高娜：《论强制执行中隐名股权的权属识别》，载《执行工作指导》2013 年第 1 辑，人民法院出版社 2013 年版。

（二）隐名持股的现实情况

按照隐名持股的目的看，大致有两类情况：其一，规避法律强制性规范的需要。公司法以及其他投资主体类法律、行政法规对投资领域、投资比例等方面具有限制，典型如外商投资公司的主体限制、外资限制准入行业的主体限制、有限责任公司50人的股东数量限制等。其二，法律允许范围内的隐私保密、规避风险需要。这类隐名持股并非出于规避法律的原因，而只是由于隐名股东出于各种个人考虑而不愿意公开自身经济状况，或者自然人出资方出于合理规避投资风险而由另一公司作为显名股东。其三，未按规定进行股权变更登记。有些情况下，股权转让方与受让方签订股权转让协议后，双方未及时在股东名册和工商机关办理变更登记手续，导致股东名称、工商登记之股东与实际行使权利之股东不一致，这类情形下，实际行使权利之股东为隐名股东。粗略估计，后两种情形要更为普遍。

按照隐名股东与显名股东之间所约定权利义务关系，也大致有两种情况：其一，约定隐名股东仅享有投资收益，股东的其他权利义务均由显名股东享有和承担，即“完全隐名持股”；其二，约定隐名股东委托显名股东持有股权，但所有股东权利、义务均由隐名股东享有并承担，显名股东仅起挂名作用，即“不完全隐名持股”。粗略估计，完全隐名持股的比例较小，不完全隐名持股占多数。

（三）执行程序与审判程序所研究隐名股权问题的差异

审判程序中所研究的隐名股权问题，大致有两个研究内容，一是公司隐名股东投资权益与股东资格取得问题，二是显名股东对其名下股权处分的效力问题。

关于第一个问题的研究，一般属于股权确认之诉的研究范畴。股权确认之诉，是指股东与股东之间或者股东与公司之间，就股权是否存在即当事人是否具有股东资格而发生争议，一方当事人请求人民法院确认其股东资格的诉讼。在股权确认纠纷中，显名股东与隐名股东的股东资格确认纠纷属于主要类型。按照《公司法司法解释三》第二十五条，隐名股权确认纠纷的处理大致有如下要点：其一，代持股权协议有效。隐名股东与显名股东订立合同，约定由隐名股东出资并享有投资权益，隐名股东与显名股东对该合同效力发生争议的，如无合同法第五十二条规定的情形，人民法院应当认定该合同有效。其二，确认隐名股东为股权实际权利人。隐名股东与显名股东因投资权益的归属发生争议，隐名股东以其实际履行了出资义务为由向显名股东主张权利的，人民法院应予支持。显名股东以公司股东名册记载、公司登记机关登记为由否认隐名股东权利的，人民法院不予支持。其三，隐名股东行使股权须经其他股东过半数同意。隐名股东未经公司其他股东半数以上同意，请求公司变更股东、签发出资证明书、记载于股东名册、记载于公司章程并办理公司登记机关登记的，人民法院不予支持。①

关于第二个问题的研究，关键在于显名股东擅自处分股权后善意第三人的保护。按照《公司法司法解释三》第二十六条，该问题的处理参照物权法第一百零六条的善意取得制度。显名股东将登记于其名下的股权转让、质押或者以其他方式处分，隐名股东以其对于股权享有实际权利为由，请求认定处分股权行为无效的，如果股权处分行为符合受让人善意、合理价格、履行登记三项要件，第三人即可取得案涉股权。显名股东处分股权造成隐名股东损失，应当承担赔偿责任。

执行程序中研究的隐名股权问题，与审判程序中的着眼点和主攻问题方向不相一致。执行程序中主要研究的是，在显名股东或是隐名股东对外负有生效法律文书确定的债务即已决债务时，人民法院能否冻结并处分显名股东或是隐名股东名下股权。这又可分两类情形：其一，在冻结并处分显名股东名下股权时，隐名股东如何救济，人民法院如何对隐名股东的诉请主张进行处理。其二，能否将隐名股东所具有的未在外部信息中公示的股权作为其执行责任财产予以执行。

粗略看来，执行程序中研究的隐名股权问题，尤其是冻结并处分显名股东名下股权过程中申请执行人的保护问题，似乎与审判程序中所研究的显名股东将其名下股权无权处分后善意第三人的保护问题极为相似，其实，这其中具有较大差异。其一，隐名股权无权处分，显名股东须已经将股权转让、质押于第三人；强制执行隐名股权，执行法院冻结股权前，股权并未发生实际处分。其二，隐名股权无权处分，第三人必须进行权利登记方可适用善意取得制度进行保护，即物权法第一百零六条的“依照法律

① 最高人民法院民事审判第二庭编著：《最高人民法院关于公司法司法解释三、清算纪要理解与适用》，人民法院出版社2014年版，第406~407页。

规定应当登记的已经登记”；强制执行隐名股权，需以公权力对股权予以冻结，该项冻结登记不同于善意取得制度中的私权登记。其三，隐名股权无权处分，善意第三人通过交易而取得股权，所具有的系转让请求权、质押优先权等；强制执行隐名股权，绝大多数情况下，申请执行人所具有的系一般债权即金钱债权。

二、显名股东为被执行人

（一）概述

按照股权冻结前的权属识别规则，工商登记应当作为执行法院实施冻结措施前对股权识别的标志。显名股东系工商登记所公示的股东，按照公示登记，显名股东名下持有股权，执行法院可以予以冻结，如没有相关案外人提出异议，执行法院可以按照法定程序予以处分。但是，如显名股东名下股权被冻结，隐名股东在大多数情况下会向执行法院提出异议，这里的异议属于民事诉讼法第二百二十七条的案外人异议。那么，在显名股东为被执行人的情形下，一个最为重要的问题，就是隐名股东提出案外人异议及案外人异议之诉的处理。

执行实践中，执行法院以工商登记为权属识别标志对显名股东名下股权冻结后，隐名股东提出异议大致为如下情形：隐名股东甲实际出资，约定由显名股东乙代持股权30%，公司管理、股权收益等实际股东权利完全由甲行使，股东名册、工商登记、企业信用公示系统所显示股东均为乙，乙负有生效法律文书确定的债务，执行法院以公示信息对乙名下30%股权予以冻结，于是，隐名股东甲提出案外人异议，主张公示登记在显名股东乙名下的30%股权实际归其所有，请求执行法院解除冻结。

（二）隐名股东提出案外人异议的处理

即使案外人异议及案外人异议制度涉及的立法及司法解释如此庞杂，至今为止，该项制度仍属一个疑难问题。主要的症结在于，“案外人异议审查”阶段采取实质标准还是形式标准。对于隐名股东提出的案外人异议，这里的实质标准系指执行法院需要审查案外人是否实际出资以及能否对抗申请执行人；这里的形式标准是指执行法院无需审查案外人是否实际出资，只需审查已冻结股权的权利外观，如公司章程、股东名册、工商登记权利外观是否完整无误，执行法院在冻结股权前的权属识别是否具有事实依据。

采实质审查标准的观点认为：其一，执行程序中，对被执行人责任财产权属识别的规则就是物权公示原则和权利外观主义。如果案外人异议审查标准和执行过程中财产权属识别标准完全一致，则案外人异议制度没有意义。其二，从公平保护案外人合法权利的目的出发，执行部门对案外人异议应当进行实质审查，即根据权利的实际权属状况来确定权属。综上，案外人异议审查应采实质审查标准，对案外人主张实体权利的判断，不受登记、占有等物权公示方法和权利外观的限制，应当按照实际权属进行认定。如果案外人有充分证据证明，权利表象与真实权利不一致，其为执行标的实际权利人且该权利能够阻止执行的，执行法院对其异议应予支持。

采形式审查标准的观点认为：其一，民事诉讼法建立案外人异议审查程序前置的目的，目的是为了过滤掉一部分明显不成立的案外人异议，为执行程序的进行排除障碍。其二，执行部门进行案外人异议审查的主要目的在于迅速对案外人异议成立与否进行判断，程序上对各方当事人的权利保障并不周全，尤其是案外人异议审查期限只有 15 天，无法承担实质审查的任务。“强制执行奉行形式化原则，执行部门对案外人权利主张之存否的审查，仅限于形式审查，审查的程序、适用的法律、审查结论的效力均不同于审判程序。执行部门所作的案外人权利存否之判断，性质上仅仅针对执行标的物的形式物权而非实质物权，或者权利表象而非真实权利。”① 其三，案外人异议审查结论并非终局结论，当事人不服的，可依法提起案外人异议之诉、申请执行人执行异议之诉，甚至申请再审等法律途径救济。其四，如果采实质审查标准，案外人异议审查和案外人异议之诉的审理标准基本一致，案外人异议审查成了案外人异议之诉的“一审”或是“预审”，将存在“以执代审”“审执不分”，执行部门是否具有该项权能将受到质疑。综上，案外人异议审查应根据登记、占有等物权公示方法和权利外观主义来判断财产权属。

《异议复议司法解释》在起草过程中，上述争论极为激烈，最终，该司法解释第二十七条对于案外人异议采取了折中意见，即形式审查标准为主，在法律、司法解释另有明确规定的情况下，允许突破形式审查原则，

① 肖建国：《论执行标的实体权属的判断标准——以案外人异议的审查为中心的研究》，载《执行工作指导》2010 年第三辑，人民法院出版社 2010 年版。

进行一定程度的实质审查。对于隐名股东提出案外人异议问题，该司法解释（征求意见稿）第二十八条曾经设计一处条文："案外人对登记在被执行人名下的股权提出异议，能够提供证据证明其为真实权利人且其权利能够阻止执行的，人民法院应予支持。"这条规定专门针对隐名股东的案外人异议设计了实质审查标准。由于该司法解释第二十七条对案外人异议采取了形式审查标准为主的原则，该司法解释（征求意见稿）第二十八条也被删去。

按照目前已经确立的案外人异议审查标准所涉争议问题的定论，案外人异议将基本上采取形式审查原则。形式审查标准主要遵循物权公示原则和权利外观主义，即法律规定的物权公示方法和权利外观，以及特定情形下为实践广泛认可的非典型权利公示方式。案外人异议程序，并不解决实体问题，严格限制对案外人异议进行实质审查，最大限度区分强制执行中案外人异议审查与案外人异议之诉的职能定位，最终的实体判断，将留由案外人异议之诉解决。

对于隐名股东针对股权冻结而提出的异议，应当适用《异议复议司法解释》第二十七条第（四）项，该项规定："已登记的其他财产权，按照登记部门的登记判断；无登记的，按照合同等权利证明判断。"按照该规定，我们可以对隐名股东提出案外人异议进行判定，在显名股东负有生效法律文书确定的债务情形下，执行法院将公示登记在显名股东名下股权予以冻结，如隐名股东提出案外人异议，执行法院对争议问题只能进行形式审查，即以公司章程、股东名册及工商登记为准，即使隐名股东提出足够推翻公示登记的证据，案外人异议也不能成立。在上述假想案例中，隐名股东甲实际出资，约定由显名股东乙代持股权30%，公示信息所显示股东均为乙，执行法院以公示信息对乙名下30%股权予以冻结，对于案外人甲提出异议而请求解除股权冻结，执行法院将予以驳回处理。

（三）隐名股东提出案外人异议之诉抑或股权确认之诉的程序选择

按照现行立法及司法解释，对于执行法院冻结显名股东名下股权情形下，隐名股东应当提出案外人异议予以救济，在案外人异议被驳回情形下，可以进而提出案外人异议之诉进行救济。那么，隐名股东是否能够在案外人异议被驳回后，再提出股权确认之诉？或者不经案外人异议，直接提起股权确认之诉？这里就涉及程序选择问题。

本文认为，按照诉讼程序价值，隐名股东只能通过案外人异议程序予以救济。股权确认之诉，其目的在于确定诉争股权的实体权利归属，以明确相关当事人之间的权利义务状态，与执行程序并无直接关联，仅发生于隐名股东与显名股东之间。案外人异议之诉系执行程序进行当中，为充分保障各方当事人权利平等保护，而特殊设计的一种诉讼类型。该类诉讼的目的在于为隐名股东提供相应的救济途径以对执行标的主张实体权利并请求排除执行，属于制约、监督和矫治执行行为的执行救济制度。按照现行立法及司法解释的程序设计，申请执行人、被执行人均有机会参与到案外人异议之诉中来，充分行使程序权利，以其实体权利进行相应主张和抗辩。案外人异议之诉虽然具有股权确认的性质，但是更多的要审查实体权属能否对抗申请执行人问题，具有特殊的程序价值。因此，在股权强制执行程序中，对于隐名股东旨以对其实体权利予以救济，只能通过案外人异议之诉。此外，如果赋予隐名股东案外人异议之诉与股权确认之诉的选择权，隐名股东有可能在案外人异议之诉预期结果未达其主张情形下，同时提起股权确认之诉，有可能导致两份结论相左的判决，导致被执行人、案外人合理规避执行。[①]

综上，隐名股东在案外人异议被驳回后，由于已经选择通过案外人异议程序进行救济，按照现行立法与司法解释，隐名股东只能按照规则设计提出案外人异议之诉，而不能提出股权确认之诉。在执行程序进行中，隐名股东如对股权实体权属以及对抗申请执行人事项主张诉请，只能经由案外人异议程序，而不能直接提起股权确认之诉。《最高人民法院关于执行权合理配置和科学运行的若干意见》已经体现了上述规则，按照该文件第26条的规定，如果隐名股东提起了股权确认之诉，审判部门在审理确权诉讼时，应当查询所要确权的股权权属状况，发现已经被执行部门冻结的，应当中止审理；当事人诉请确权的股权被执行部门处分的，应当撤销股权确权案件；在执行部门冻结股权后确权的，应当撤销确权判决或者调解书。

---

① 袁楠：《隐名股权执行之探讨》，载《执行工作指导》2013年第1辑，人民法院出版社2013年版。

（四）隐名股东提出案外人异议之诉的处理

案外人异议形式审查原则的确立，使强制执行程序在多数情况下摆脱实质审查的职能，将对执行标的权属进行实质审查的任务，主要交由案外人异议之诉解决。案外人异议之诉作为案外人不服执行部门形式判断结论的后续救济手段，一定程度上，减少了案外人异议审查阶段完全按照物权公示原则和权利外观主义对隐名股东即实际权利人的不利影响。经过案外人异议之诉得出的审理结论，产生既判力，直接约束执行程序。“案外人就执行标的享有足以排除强制执行的民事权益的，判决不得执行该执行标的”[①]“对案外人执行异议之诉，人民法院判决不得对执行标的执行的，执行异议裁定失效。”[②] 至于案外人是否提起诉讼，则是另一问题。

案外人异议之诉是民事诉讼法基于大陆法系国家民事诉讼制度以及我国执行实践需要，于2007民事诉讼法中修订增加的一种特殊制度。案外人异议之诉制度具有特殊的功能价值。其一，是对案外人对执行标的所有权提出足以阻却处分的主张进行审查，重点审查案涉执行标的所有权实际归属于被执行人或是案外人，具有确认之诉的功能。其二，在对案涉执行标的所有权实际归属审查判断之后，如确属案外人，还要审查案外人对执行标的的所有权主张能否对抗申请执行人，这是案外人异议之诉区别于确认之诉最大的特征。按照审执分离原则，案外人异议之诉由审判部门负责审查，而审判部门往往仅将这种诉讼类型定位于确认之诉，审查所有权确认问题，而较少考虑或是没有相应的知识储备去考虑执行中的对抗问题。案外人异议之诉系执行程序中所具有的特殊程序，具有其实际的功能价值，因而规定于民事诉讼法“执行编”中，遗憾的是，《民事诉讼法司法解释》虽然明确对案外人异议之诉“是否足以阻却强制执行”进行了规定，但将其归类于审判程序中的“第三人撤销之诉”之后，这仍会引导审判部门侧重考虑确认问题而不易将思路优先置于对抗问题上。对于隐名股东不服执行法院按照形式审查原则所作出驳回裁定，而提出的案外人异议之诉，将采取实质审查标准。隐名股东案外人异议之诉的功能，不仅仅是确认股权权属即判定股权属于隐名股东还是属于显名股东，还要判定股权实际权利人能否对抗申请执行人。

---

① 《民事诉讼法司法解释》第三百一十二条。

② 《民事诉讼法司法解释》第三百一十四条。

1. 股权实际权属的判定

关于股权实际权属的判定，也可以粗略概括为将股东资格确认至隐名股东或是显名股东，已有广泛的深入的研究。股东资格的确认不是创设新的法律关系，而是对既有的股东资格在法律上加以审查、判断、确认。认可股东资格的法律事实和行为就比较复杂和多重，比如有投资协议、公司章程、履行出资义务、获得出资证明书、记载于股东名册、公司登记机关登记，此外还有参加股东会、行使股东投票权、在股东会会议记录上签署姓名、实际获得公司分配、其他股东的确认、接获股东会召集会议通知、曾经以股东名义参加诉讼并被法庭认可、转让股权或行使股东任一权利未遭受其他已知的利害关系人反对等。[①]《公司法司法解释三》第二十四条概括规定了“实际出资人以其实际履行了出资义务为由向名义股东主张权利的，人民法院应予支持”，对于如何判定隐名股东是否“实际履行了出资义务”，也即如何判定相关主体是否具有股东资格，目前通常认为应当采取综合标准，即以公司法规定的公司股东应具备的各式要件综合判断股东资格，“当事人对股东资格发生争议时，人民法院应结合公司章程、股东名册、工商登记、出资情况、出资证明书、是否实际行使股东权利等因素，充分考虑当事人实施民事行为的真实意思表示，综合对股东资格作出认定。”[②]

2. 隐名股东能否对抗申请执行人的判定

对于判定股权权属属于显名股东情形下，执行法院对案涉股权冻结并进而处分已无障碍，隐名股东的案外人异议之诉自然应当予以驳回。难题在于，如果判定股权权属属于隐名股东的情形下，对于隐名股东提起的案外人异议之诉，如何判定其能否对抗申请执行人？

这确实是一个疑难的问题。实际上，关于隐名股东案外人异议之诉有可能产生的审查结论，目前根本没有进行过深入的讨论。最高人民法院在制定《异议复议司法解释》时，试图对该问题设定统一规则，由于疑难多重、争议过大，再加上案外人异议阶段应当实质审查抑或形式审查方面的争议，就已使讨论几乎陷入僵局，于是，司法解释采取了讨巧的规则设计方式，仅仅将《异议复议司法解释》定位于执行阶段的程序法适用问题，

① 甘培忠、周淳：《隐名出资纠纷司法审裁若干问题探讨》，载《法律适用》2013 年第 5 期。

② 《山东省高级人民法院关于审理公司纠纷案件若干问题的意见》第 26 条。

也就是在执行程序中不考虑隐名股东能否对抗申请执行人问题，默示“将该问题交由诉讼程序解决”，没有再深入考虑隐名股东所提出案外人异议之诉的问题。

（1）各类观点之分析。

梳理目前现有观点，以及可能会提出的观点，对于现有证据能够确定隐名股东为股权实际权利人情形下的案外人异议之诉审查中，隐名股东能否对抗申请执行人主要有四类观点。

a基于股权权属的实质判断而保护隐名股东。该种观点认为，基于委托持股协议、出资流向等证据所证明的出资情况，如果能够证明隐名股东为股权实际权利人，股权已不是显名股东的执行责任财产，那么，就应当保护隐名股东对于股权的实际权属，执行部门应当解除对登记在显名股东名下股权的冻结。持该种观点的不在少数。

按照这种观点，对于隐名股东所提出案外人异议之诉，由审判部门予以实质审查，判定隐名股东是否系案涉股权实际出资人，审查标准基本与公司股东资格确认纠纷案件一致，即：“将公司股东名册作为确认股东资格的一般依据，但是，股东名册仅是法律从形式上对股东资格作出的推定，隐名股东可以通过委托持股协议等证据来证明自己的实质出资人身份，从而要求法院对自己的股东身份作出实质认定，推翻法律形式上的推定，行使股东权利。[①] 如果意思表示足以推翻形式表现，公司应当接受隐名股东作为公司的真正股东。[②]”根据上述确认股东资格的审查标准，对于隐名股东提出案外人异议之诉，如其所提交证据足以证明自己的股东身份的，审判部门应当按照实质审查标准判定其诉请成立，执行部门自然应当解除对案涉股权的冻结。

本文认为，该种观点将案外人异议之诉完全等同于股权确认之诉，没有考虑到两种诉讼类型的功能价值差异。如果隐名股东证明股权权属确系其实际所有，执行法院就应当解除冻结而不予执行，这种逻辑完全没有考虑隐名股东的股权权属主张能否对抗申请执行人问题，显为不妥。

b概括参照善意取得制度而保护申请执行人。该种观点认为，物权法第一百零六条规定了善意取得制度的三项要件，即受让人善意、合理价格、履行登记，《公司法司法解释三》第二十六条进而规定显名股东将登

---

① 赵旭东主编：《公司法学》，高等教育出版社2006年版，第313～314页。

② 蒋大兴：《公司股东资格取得之研究》，载《民商法论丛》2001年第3号，第427页。

记于其名下的股权转让、质押或者以其他方式处分的，参照物权法之善意取得制度处理。因此，执行法院对显名股东名下股权冻结，可以概括参照适用上述股权善意取得制度，即使隐名股东为实际权利人，亦不得对抗申请执行人。该种观点在各个讨论场合均有提及，取得了一定范围内的支持。

本文认为，该种观点虽然在大致逻辑上具有一定合理性，但是，将善意取得制度作为隐名股东不能对抗申请执行人的法理逻辑，不符合该项制度的精确含义，经不起严格推敲。关于善意取得制度中的受让人权利保护与股权强制执行程序中的申请执行人权利保护，之前已有一定论述，两者并不相同，不能完全参照适用，此处再加分析。其一，善意取得制度适用于股权已被显名股权实际处分即转让、质押等；执行程序中，在股权冻结之前，显名股东并未将案涉股权加以处分。其二，善意取得制度旨以保护交易安全，该制度的核心在于“交易”，主要适用情形为第三人与无权处分人发生了以款易物、以物易物的转让行为，因而，该制度中的第三人范围具有明确限制，必须是具有转让请求权、质押优先权等交易中的一方，即“限于处于相互争夺物的支配关系，且被认为是信赖登记而展开交易的人”①，而不能是一般债权人；但是，绝大多数情况下，执行程序中的申请执行人所具有的系一般债权即金钱债权。其三，善意取得制度中的第三人必须在交易完成后进行权利登记方可适用该项制度进行保护；执行程序中系以公权力对股权予以冻结，该项冻结登记不同于善意取得制度中的私权登记，强行将冻结登记等同于交易后的公示登记，在逻辑上存在硬伤。综上，适用善意取得制度，必须符合该项制度的精确含义，由于存在上述适用情境差异，执行程序难以直接参照。

c 基于权利外观对第三人所具有的信赖利益而保护申请执行人。有观点认为，按照公司法第三十二条所规定的股权变更不经登记不得对抗第三人规则，基于不特定第三人对公示登记所具有的信赖利益，应当保护申请执行人。这也是一种比较普遍的观点。

按照这种观点，第三人在与公司进行交易时，通常只能通过公司所公示的外在情况来了解公司，并作出相应的决策判断，如所公示的内容与公司实际情况不符，其风险不应当由第三人承担，“所有在商事登记簿中登

① ［日］铃木禄弥：《物权的变动与对抗》，渠涛译，社会科学文献出版社 1999 年版，第一章；［日］舟桥谆一：《物权法》，有斐阁 1960 年版，第 180～182 页。

记的事项推定为具有合法性和准确性”①。这是商法外观主义原则或者说保护善意第三人原则的要求。当各种利益发生冲突时，应当优先保护善意第三人利益，以维护市场交易秩序和交易安全。② 当隐名股东在案外人异议之诉中主张自己是股权真正所有人时，应当尊崇商法外观主义的理念，依据公司章程、股东名册与工商登记材料中记载的股权归属进行执行。关于隐名股东与显名股东的责任追究问题，当协商不成时，隐名股东可以诉请显名股东赔偿。如果有证据证明债权人明知或应当知道公示信息对股东的记载不实而恶意申请对显名股东股权的强制执行，工商登记便不可用来作为认定股东资格的依据。③

本文认为，该种观点确实具有相应的理论基础，也较为合理，在各类研究讨论中受到非常多的支持。该种观点的核心在于“外观记载为第三人产生信赖利益”，出于保护交易安全考虑，应当赋予善意第三人向隐名股东的对抗权利。但是，我们必须认识到，该种观点的法理根据在于商事权利外观原则，商事权利外观原则衍生于物权公示公信原则，与基于物权公示公信原则之善意取得制度的限缩保护范围一致，商事权利外观原则对于第三人的保护，并没有扩展到一般债权。现行立法与司法解释对于物权公示公信原则、商事权利外观原则，也是完全限缩性的设计了相应规则。物权法关于公示公信原则的具体规则，实际上仅仅限缩于第一百零六条的善意取得制度。公司法第三十二条系商事权利外观原则的主要体现，由于该条文在相关问题的处理上操作性并不是很强，《公司法司法解释三》对第三十二条加以理解适用，所设计的具体规则即第二十六条第一款“显名股东将登记于其名下的股权转让、质押或者以其他方式处分，隐名股东以其对于股权享有实际权利为由，请求认定处分股权行为无效的，人民法院可以参照物权法第一百零六条的规定处理”，该项具体规则也没有突破前述物权公示公信原则的限缩范畴即善意取得。

d严格按照善意取得制度所保护交易安全的主旨，而有区分的保护具有处分请求权的申请执行人。有观点进而提出，由于上述第三种观点概

---

① ［德］罗伯特·霍恩、海因·科茨、汉斯·G·莱塞：《德国民商法导论》，楚建译，中国大百科全书出版社1996年版，第246页。

② 刘俊海：《新公司法的制度创新：立法争点与解释难点》，法律出版社2006年版，第67页。

③ 最高人民法院民事审判第二庭编著：《最高人民法院关于公司法司法解释三、清算纪要理解与适用》，人民法院出版社2014年版，第406～407页。

括、粗略的参照善意取得制度保护申请执行人，不加考虑申请执行人所具有的系一般债权还是处分请求权，故而存在逻辑上的障碍。由于物权公示原则主旨在于保护交易安全，故物权法和公司法上的上述两项原则也只能限缩于善意取得制度。因此，在隐名股权的执行中，应当严格按照物权公示原则所确立善意取得制度的精确含义，区分申请执行人所持执行依据的给付内容，系赋予其一般债权还是处分请求权。在申请执行人所持执行依据给付内容赋予其处分请求权情形下，可以对其予以保护；在申请执行人所持执行依据给付内容赋予其一般债权情形下，不能对其予以保护。① 其一，申请执行人所持执行依据给付内容赋予其处分请求权。所谓处分请求权，是指能够改变股权归属或是设定物权负担的请求权，改变股权归属或是设定物权负担，不仅包含转让、质押等方式，也包含其他方式，例如信托持股等。这类执行依据所确定的给付内容，一般系判令被执行人因履行股权转让合同交付双方当事人所争议的股权。因该处分请求，申请执行人在法律地位上取得了与被执行人的交易相对人相同的法律地位，可以赋予其与善意第三人相同的优先权利。综上，如果申请执行人所持执行依据给付内容赋予其处分请求权，即使在案外人异议之诉判定隐名股东系案涉股权权属实际所有者，也不能对抗执行法院股权冻结，不能对抗申请执行人优先受偿的权利。其二，申请执行人所持执行依据给付内容赋予其一般债权。在金钱债权的执行案件中，执行依据赋予申请执行人一般债权，如存在隐名股权情况，因申请执行人对被执行人即显名股东所具有系一般金钱债权，那么，该申请执行人就不可以按照物权公示原则和权利外观原则，要求对案涉股权优先受偿，对抗股权实际所有者即隐名股东。综上，如果申请执行人为一般金钱债权，就应当保护隐名股东，执行法院应当在案外人异议之诉中判决隐名股东诉请成立，执行法院应当解除对案涉股权的冻结。《异议复议司法解释》对于隐名股东提出案外人异议问题在征求意见阶段所设计的条文“案外人对登记在被执行人名下的股权提出异议，能够提供证据证明其为真实权利人且其权利能够阻止执行的，人民法院应予支持”，正是基于上述思路。按照这种观点，可以针对不动产的善意取得与一般债权的强制执行分别举例说明：富商甲出于低调考虑，与外甥乙签订

① 参加丁亮华：《物权变动与强制执行——基于〈物权法〉确立的物权变动原则》，载《执行工作指导》2011 年第 4 辑，人民法院出版社 2011 年版。关于实际权利人可以对抗执行债权人的观点，在该文中略有论述。

合同，约定甲斥巨资购得一处别墅，但将该处别墅登记在乙名下，乙因投资失败拖欠债务，即将该处别墅出卖于不知情者丙，售价5000万元，双方共同赴房管局将该处别墅过户登记在丙名下，这时，丙即可按照物权公示公信对该处别墅善意取得，能够对抗该处别墅实际所有者甲；同样情境下，乙拖欠债务，故向丙借款5000万元，丙得知乙名下有处别墅而放心出借，乙到期未能还款，丙诉讼后向申请执行人，执行法院将该处别墅查封，此时，丙就不能按照物权公示主义向实际所有者甲主张对抗权利，要求对该处别墅优先受偿，如甲提出案外人异议之诉，人民法院只能保护实际所有者甲的权利。①

本文认为，该种观点可以认为是严格参照了善意取得制度的精确含义，具有比较严密的法理逻辑基础，但是，该种观点存在两方面不足：其一，虽然参照适用善意取得制度，仍然没有解决执行法院冻结行为与善意取得制度所要求的权利登记之间的关联；其二，股权执行实践中，绝大部分案件申请执行人所持执行依据的给付内容为一般金钱债权，该种观点仅仅保护具有处分请求权的申请执行人，实际上对隐名股东采取了最大限度的保护，似乎有悖于世俗社会对于该问题的一般理解，也有悖于强制执行优先保障申请执行人权益的程序价值。

（2）另寻法理逻辑，对申请执行人采取优先保护

本文认为，以上观点虽各有其一定程度的合理依据，但在个别逻辑环节上均存在难以说理透彻的障碍之处。实际上，强制执行制度虽然要符合实体法原理，但是，在绝大多数情况下，执行程序往往不能直接适用某项实体法规则。架构强制执行规则时，试图直接援用实体法，往往徒劳无功。强制执行具有独特的程序价值，我们无需机械地根据或是参照先有原则或制度，只需在实体法的框架或是原则下，制定独特的制度规则。

在显名股东为被执行人时，对于隐名股东提出案外人异议之诉，我们必须制定一项规则：如果执行法院已对案涉股权予以冻结，即使通过现有证据查明股权实际权属确实归属于隐名股东，无论该申请执行人所持执行依据赋予其一般债权还是处分请求权，隐名股东对于案涉股权的所有权主张，均不能对抗申请执行人，执行法院可以对案涉股权予以处分而偿付申请执行人或者将案涉股权强制交付于申请执行人。

---

① 需要说明的是，该种观点并非已有先者进行研究论述，而是本文作者在对该问题的研究中，最初所持的一种意见，但是，在反复斟酌后，作者舍弃了该种观点。

a优先对申请执行人予以债权人保护，系通过利益衡量得出的合理结论。

利益衡量最初作为一种法律解释方法纳入学界视野，它源自德国的自由法学，后来受到美国现实主义法学的影响，于20世纪60年代被日本学者加藤一郎与星野英一所完善。[①] 随着学界对利益衡量认识的不断深化，更重要的是司法审判对该理论的现实运用，该理论已从一种单纯的法律解释方法扩展到法官裁判的思维方法。“利益衡量实质上是一种法官判案的思考方法……利益衡量方法，实际上是先有结论后找法律条文依据，以便使结论正当化或合理化，追求的是让法律条文为结论服务而不是从法律条文中引出结论。”[②] “假如将法律条文用一个图形来表示，这是一个中心部分非常浓厚、愈接近周边愈益稀薄的圆形。在其中心部分，应严格按照条文的原意予以适用，不应变动。如果说中心部分通常可以直接依条文决定的话，则周边部分可能出现甲乙两种结论，难有定论的情形。因此，适用法律时当然要考虑各种各样实质的妥当性，即进行利益衡量。”[③] 综上论述，利益衡量不仅是一种法律解释方法，也是一种裁判方法，在我们讨论某项制度设计的时候，自然也难以避开利益衡量问题，需要对各种价值进行平衡比较，通过这种平衡比较得出的结论，再来按图索骥，确定最终的制度设计。

对于隐名股东与申请执行人的对抗，我们避开各类复杂的法理逻辑辨析，先来探讨一个利益衡量问题。民事主体之间发生交易，如果一方名下具有足以偿付债务的财产，另一方自然对其偿付债务能力产生信赖，愿意并乐于与其发生交易行为，即使该种交易无任何债权担保。举例而言，我们愿意把100万元借给某亿万富翁，因为他持有某上市公司的股份，即使其到期不能偿付这100万元，我们当然相信其名下的高价值股份足以偿付这100万元；我们不愿意把100万元借给一个月工资只有5000元、无任何房产车辆的普通公务员，因为如果他到期不能偿付这100万元，这个公务员没有任何财产能够变现还债。这也可以换言为一句法学名语即“市场主

① 参见梁慧星：《民法解释学》第十五章“利益衡量论”，中国政法大学出版社1995年版。

② 梁上上：《利益衡量的层次结构与利益衡量的展开—兼评加藤一郎的利益衡量论》，载《法学研究》2002年第1期。

③ ［日］加藤一郎：《民法的解释与利益衡量》，梁慧星译，载梁慧星主编：《民商法论丛（第2卷）》，法律出版社1994年版，第78页。

体的财产是其对外债务的一般担保”。我们试想，如果该富翁到期不能偿付这100万元债务，当我们持有生效法律文书而申请执行时，却发现该富翁名下的高价值股份系为他人代持，执行法院判定不能将该股份变价偿付债权人。这绝对超出了社会公众对于承诺、信赖、安全的一般理解。在这种情况下，我们是要按照社会公众的一般理解来保护不知情的善意债权人，还是保护藏身幕后、违背一般诚信的债务人？

隐名股东敢于藏身幕后，就应当承担一种“可能丢失财富的风险”①，我们没有必要对其采取过多的保护。摈弃对善意债权人尤其是执行债权人的保护，将导致社会诚信缺失，交易秩序混乱。“社会再生产过程是一种有机的关系，它由无数的交易连锁所构成，如果一部分发生故障，与此相关的诸多交易也会因此而覆灭，全体循环将大受影响。即使各个交易当事人的损失可能通过损害赔偿而获得事后救济，但再生产的混乱与停滞将会给社会总资本带来难以回复的损失。”②

法律不仅确认和保障社会生活的存在状态，也塑造着人们对特定行为后果的期待，从而引导人们的生活方式。隐名出资现象不可避免地带有规避法律、逃避管制、贪占法律优惠等不法或不当目的。股东设立公司，原是正大光明的投资行为，却刻意遮掩，以致公司、债权人、外部受让人均得多加小心验明正身，否则难免被拖入纠纷。立法、司法机关也须格外打点精神应对，无疑是对社会资源的一大浪费。股东之间恣意创造的外观，给公司的法律关系带来混乱，增加了商业风险和交易成本。③

在上述利益衡量的基础上，我们要清醒地认识到，无论采取何种法律逻辑，最终得出的结论必须是对债权人予以最大限度的保护。这是一种合理的结论，也能得到社会公众的普遍认可。对于躲避真实出资身份的隐名股东，无论出于何种目的考虑，其本身就已经违背了社会诚信，绝不能对这种情形在立法和司法上予以侧面的鼓励和支持。

实际上，早有意见指出，股权登记“名实不符”比较普遍，工商登记的公信力强度要弱于不动产登记，这是一种尴尬的境地。我们在股权强制

---

① 甘培忠、周淳：《隐名出资纠纷司法审裁若干问题探讨》，载《法律适用》2013年第5期。

② ［日］川岛武宜：《所有权法的理论》，岩波书店1987年版，第275页，转引自肖厚国：《物权变动研究》，法律出版社2002年版，第368页。

③ 甘培忠、周淳：《隐名出资纠纷司法审裁若干问题探讨》，载《法律适用》2013年第5期。

执行程序中建立隐名股东不能对抗申请执行人的规则，能够倒逼隐名股权显名化，以制度督促社会诚实信用的巩固，或者督促建立英美法的信托持股制度等，将代持股权需求纳入法律公开指引的渠道。

b 申请执行人所持执行债权具有不同于一般债权的优先权利，可以对抗实际权利人。

我们这里讨论的执行债权，是指已经经过生效法律文书确认的，由人民法院以强制执行力予以保障实现的债权。按照我国大陆与台湾地区的理解，所谓一般债权，一是系指相对于附有担保物权的债权而言，特指无担保债权；[①] 二是强调对系争标的物上不存在买卖契约或者其他任何形式的特定债权，仅仅是对债务人的一般责任财产享有债权。[②] 按照上述两种理解，可以将一般债权概括为不具有处分请求权性质或是对物请求权性质的金钱债权。我们在这里讨论执行程序中的权利冲突问题，需要给“一般债权”增加一项强制执行法意义上的限定：一般债权应当系指尚未经过生效法律文书确认而尚未取得国家强制力保障的债权，与之相对的则是执行债权或是已决债权。

按照之前所进行的深入分析，物权公示主义与商事权利外观主义推导出的实际权利人与善意第三人对抗规则，只能具有处分请求权的善意第三人方能对抗实际权利人，而具有一般债权即金钱债权的善意第三人则不能对抗实际权利人。因而，物权法第一百零六条的善意取得规则与《公司法司法解释三》第二十六条的显名股东处分股权规则，仅仅对具有处分请求权的善意第三人进行保护，而没有扩展到一般债权。如果我们对一般债权人不能采取对抗实际权利人的价值取向与法律规则。那么，我们为什么要设定执行债权有异于一般债权，而必须赋予执行债权人优先对抗实际权利人的原则？

从公权力的角度来分析，执行债权由人民法院耗费司法资源，经过审慎判定，最终通过生效法律文书加以确认，并由执行部门采取查封、扣押、冻结措施，由国家强制力加以保障，这类债权显然有别于未经诉讼确

① 此用法最为广泛，首见于王泽鉴教授的《动产担保交易法上登记之对抗力、公信力与善意取得》一文，参见王泽鉴：《民法学说与判例研究（第一册）》，中国政法大学出版社 2005 年版，第 228 页。

② 龙俊：《公示对抗下“一般债权”在比较法中的重大误读》，载《甘肃政法学院学报》2014 年 04 期。

认的一般债权，应当加以优先保护。如果将执行债权的保护等同于一般债权的保护，诉讼将毫无效益与价值可言。强制执行法上多项制度都体现了上述原理，典型如参与分配制度，已经取得执行依据的执行债权可以申请参与分配，而未取得执行依据的一般债权，即使证据确凿、事由充分，亦不能采取与执行债权一般的平等保护，即不能参与分配。从私权利的角度来分析，申请强制执行的债权人，由于已取得生效法律文书与国家强制力保障，应当具有优先保护的信赖利益①，即“那种在正常情况下由法律行为而发生的有效地拘束或授权的发生或存续的信赖，这种信赖的根据并不是或不仅仅是某项可归责的意思表示，其所根据的只是由其他方式产生的、存在某种相应的权利状态的表象。”②

申请执行人所持执行债权具有不同于一般债权的优先权利，可以对抗实际权利人。按照该项原则，我们还需要明确重点说明：其一，已经申请强制执行的债权人，如果明知或者应当明知显名股东名下股权另有实际权利人，而申请执行法院予以冻结，则不具有应当优先保护的信赖利益，亦不能对抗实际权利人即隐名股东。其二，对于尚未取得执行依据的一般债权人以及虽然已经取得执行依据但未申请强制执行的债权人，不能对抗实际权利人即隐名股东。在本文作者参与承办的某个案件中，甲申请执行乙，乙与丙共同书面确认，登记在丙名下的一处土地使用权实际权利归属于乙，即乙为执行标的之实际权利人，执行法院即将土地使用权拍卖拟偿付于甲，此时，对丙具有一般金钱债权但尚未向人民法院起诉的丁，向执行法院提出异议，主张土地使用权登记在丙名下，应当由丁对该处土地使用权优先受偿，执行法院即裁定继续查封土地使用权，拟待丁取得生效判决后即向丁支付土地使用权的拍卖款。这种处理结论实为不妥，且不论执行程序是否能够进行该类判定，执行法院对尚未取得生效法律文书确认的一般债权进行保护，系判定一般债权可以对抗实际权利人，已违反本文上述强制执行法规则。

综上，执行法院股权冻结行为具有特殊效力，一旦执行法院依据公示信息对显名股东名下股权予以冻结，即使案外人异议之诉中经过实质审查确认股权实际由隐名股东所有，但是，隐名股东对案涉股权的所有权主张

① 尹田、尹伊：《论对未经登记及登记不实财产的强制执行》，载《法律适用》2014年第10期。

② ［德］卡尔·拉伦茨：《德国民法通论》，王晓晔等译，法律出版社2003年版，第886页。

不能对抗执行法院对股权的冻结，也即不能对抗执行债权，执行法院进而可以对案涉股权予以处分，清偿申请执行人债权。在这种情形下，由于显名股东并无恶意处分股权情形，隐名股东不能诉请显名股东赔偿。

c 域外关于执行债权于在实体法上的优先性，已有多个立法例可供借鉴。

在执行法院对显名股东名下股权冻结情形下，这里所指的赋予执行债权在实体法上的优先性，是指一旦执行法院对股权冻结，无论是否存在隐名股东，申请执行人仍然可以依该冻结行为，对抗隐名股东，对抗其他一般债权人。各国和地区关于查封、扣押、冻结行为赋予执行债权实体法上优先权问题，已有多个先行立法例。

德国为典型代表，德国民事诉讼法赋予申请执行人因查封行为而取得优先权，即查封质权。按照《德国民事诉讼法》第 804 条的规定，查封后债权人在查封物上取得质权；在与其他债权人的关系上，查封质权使债权人得到与因契约取得动产质权时同样的权利；查封在先所生的质权优先于查封在后所生的质权。[①] 查封质权具有和担保物权相同的效力，例如在被执行人破产时，动产查封质权享有别除权。关于各优先权的受偿顺序，根据该规定，凡对债务人的某项动产具有担保物权或其他优先权的债权人，无论其权利是依约定、法定或依实施扣押而取得的，各优先权的受偿顺序以优先权取得的时间先后为准。例如，甲为某动产的质押权人，之后，乙对该动产取得留置权，再之后，申请执行人丙依强制执行取得动产查封质权。于此情形，各债权人受偿依优先权取得的先后顺序，依次为甲、乙、丙。

法国也有类似规定，按照学者对法国立法例的研究，就同一财产已申请并由法院采取强制执行措施的普通债权人，取得无对抗力的所有权的权利人，不得以其所有权对抗已申请法院对同一财产采取强制执行措施的普通债权人。例如，乙取得甲的小汽车的所有权但未经登记，后甲的债权人丙申请法院扣押了该小汽车，此时，乙不得以其所有权对抗法院对该小汽车的强制执行。[②]

《日本民法典》在其第 177 条规定物权“不登记就不得对抗第三人”，

① 江伟：《中国民事诉讼法专论》，中国政法大学出版社 1998 年版，第 259 页。

② 参见尹田：《法国不动产公示制度》，载梁慧星主编：《民商法论丛》第 16 卷，金桥文化出版有限公司 2000 年版。

类似于我国公司法第三十二条，该"第三人"未加任何限定语，按照目前日本已有的判例和一般学说，执行债权人因为属于就系争标的物取得了直接支配关系的债权人[①]，和未公示的物权取得人就物的支配形成了相争关系（即执行债权人必须通过否认未公示物权取得人的权利才能实现自己的权利），故没有争议地认为执行债权人属于未经登记而不得对抗的第三人。[②][③]

在美国法律体系中，执行债权等均属于lien[④]，lien的内涵大致相当于我国法上的担保物权加诉讼保全等强制措施[⑤]，除一些例外情况外，未公示的担保物权不能对抗执行债权。[⑥]

需要说明的是，我国现行立法和司法解释没有确立执行债权在实体法上的优先权，但是赋予了申请执行人在程序法上的优先权。该类优先权也就是我们通常理解的强制执行对债务人的效力，即查封措施实施后，债务人不得处分执行标的（受偿），只能由债权人申请执行法院处分（优先受偿），因此，也可以将其定义为强制执行优先权。这就与上述各国赋予执行债权在实体法上的优先性具有很大不同。如果被执行人破产，这种优先权并不能取得与抵押权人相同的别除权。部分英美法系国家就专门立法规定了查封程序优先规则。如美国法规定，在法院判决以前，为预防债务人处分其财产，债权人申请法院对债务人财产进行扣押的，债权人就债务人的该项财产取得优先受偿权。[⑦] 我国现行立法与司法解释实际上采取的就是这类查封程序优先原则。只是，我们又另行规定，针对同一执行标的上采取的多个查封行为，由查封在先的申请执行人取得在先受偿的权利，即多个债权人按查封前后顺序受偿的规则，即《执行规定》第八十八条的规定："多份生效法律文书确定金钱给付内容的多个债权人分别对同一被执

① ［日］舟桥谆一、德本正编辑：《新版注释民法6》，有斐阁平成9年版，第579页以下。

② ［日］舟桥纯一：《物权法》，有斐文阁昭和35年版，第190页。

③ 关于上述日本立法以及解读，本文缩略转引自龙俊：《公示对抗下"一般债权"在比较法中的重大误读》，载《甘肃政法学院学报》2014年04期。

④ 孙新强：《大陆法对英美法上lien制度的误解及lien的本意探源》，载《比较法研究》2009年第1期。

⑤ 孙新强：《我国法律移植中的败笔——优先权》，载《中国法学》2011年第1期

⑥ 龙俊：《公示对抗下"一般债权"在比较法中的重大误读》，载《甘肃政法学院学报》2014年04期。

⑦ 黄金龙：《关于人民法院执行工作若干问题的规定实用解析》，中国法制出版社2000年版，第271页。

行人申请执行，各债权人对执行标的物均无担保物权的，按照执行法院采取执行措施的先后顺序受偿。”需要说明的是，我国上述关于多个债权人按查封前后顺序受偿的优先原则，实际上是不彻底的，其适用的前提是债务人对所有债权人具有完全的清偿能力。在确认上述优先权原则的情况下，《执行规定》又同时规定了参与分配制度，该制度规定若被执行人全部财产被查封，而其他财产不足清偿全部债务的，其他债权人可以申请对该被执行人的财产参与分配，在此种情况下，在先查封的债权人就丧失了强制执行优先权。

三、隐名股东为被执行人

隐名股东参与公司管理、获取股权收益，虽然在公司章程、股东名册、工商登记未加记载，但是，在一部分情况下，隐名股东对外并未隐瞒自己实际持股情况，包括申请执行人在内的相关民事主体对此均清楚知晓，相关民事主体也并不去审查公示信息中是否记载隐名股东持股情况。在隐名股东负有已决债务情形下，申请执行人将会向执行法院披露隐名股东在某公司实际持有股权情况，那么，执行法院能否对隐名股东名下股权予以冻结并进而处分？这种案件可以分两类情况处理。

（一）显名股东对申请执行人所主张股权实际权属予以认可

在隐名股东作为被执行人的情形下，如果显名股东对隐名股东为股权实际权利人并无异议，这类情形就显得较为容易处理。按照民事诉讼法理论中的“自认原则”，如果一方当事人对对方当事人所主张事实予以认可，人民法院无需对该事项进行审查，即可将该自认事实作为查明事实予以确认。“自认原则”扩展到强制执行法领域，如果财产占有人对该财产系被执行人实际所有，双方对该项财产权属已无争议，执行法院自然可以将该财产作为被执行人执行责任财产予以查封、扣押、冻结。因而，《查封规定》第二条第三款规定，对于第三人占有的动产或者登记在第三人名下的不动产、特定动产及其他的产权，第三人书面确认财产属于被执行人的，人民法院可以查封、扣押、冻结。

按照以上理论及司法解释，对于股权登记在显名股东名下，隐名股东作为被执行人的情形，如果显名股东对隐名股东为股权实际权利人并无异议，显名股东需出具书面文件对股权实际权利状况予以说明，确认案涉股权实际属于隐名股东即被执行人所有，执行法院即可以对登记在显名股东名下的股权予以冻结。按照目前对《查封规定》第二条第三款的一般理解，在没有相关权利主体提出异议的情况下，执行法院进而可以对案涉股权予以处分，清偿申请执行人债权。

（二）显名股东对申请执行人所主张股权实际权属予以否认

在隐名股东作为被执行人的情形下，申请执行人向执行法院提出登记在显名股东名下股权为隐名股东实际所有，向执行法院申请对该股权予以处分而偿付债权，如果显名股东对于申请执行人所主张股权实际属于隐名股东所有而提出异议，这类情形就比较复杂。

1. 相关观点之分析

一种观点认为，从执行权运行原理、债权人与债务人利益平衡来看，应当赋予执行法官识别隐名股权的权力，这不仅是反规避执行的权宜之策，也具有法律逻辑的正当性和必要性。因此，申请执行人可以在执行过程中直接向执行法官提供能够推翻公司章程、股东名册、工商登记等外观判断的证据材料，执行法官可以判定股权的实际权属，如能判定股权为隐名股东实际所有，则可以将登记在显名股东名下的股权，作为隐名股东财产予以强制执行。显名股东与被执行人即隐名股东可以通过案外人异议程序予以救济。[①] 该种观点不妥。其一，本文已在前述，执行法院对于股权冻结前的权属识别以工商登记为准，于此情形，如果执行法院按照申请执行人提交的委托持股协议、出资流向等证据认定股权为隐名股东财产，即是另行以其他标志识别权属，违反了工商登记系执行程序中股权权属识别唯一标志的规则。其二，执行法院按照申请执行人提交的证据认定股权为隐名股东财产，并进而对案涉股权予以冻结并处分，实际上是在执行程序中进行了股权权属的实质审查，直接确认股权为隐名股东实际所有，按之前所深入论述，该类执行行为系以执代审，在执行程序中超越权限行使审判程序的职能，违反审执分离原则。

另一种观点认为，申请执行人可以提起股权确认之诉，请求执行法院将股权确认为隐名股东所有，如申请执行人能够按其主张取得判决，该确认判决将产生权属变动效力，案涉股权将归属于隐名股东所有。执行法院

---

① 杨明婕、高娜：《论强制执行中隐名股权的权属识别》，载《执行工作指导》2013年第1辑，人民法院出版社2013年版。

则完全可以按照该确认判决载明的权属，将案涉股权作为隐名股东财产予以执行。该种观点具有一定的合理性，但是，不符合现行民事诉讼制度关于股权确认之诉的要件特征。股权确认之诉，无论隐名股东与显名股东之间的股东资格确认，还是瑕疵出资股东提起的股东资格确认，诉讼主体或是股东与股东，或是股东与公司。按照现行民事诉讼制度，第三人并不是确认之诉适格起诉主体，申请执行人提出将显名股东名下股权确认至隐名股东的诉讼请求，人民法院将作不予受理或驳回起诉处理。

需要指出的是，现行民事诉讼制度总是难以适应实际问题的解决。除上述申请执行人难以在现行立法框架下寻找合适诉讼或其他救济途径之外，一个典型的待解决问题是第三人申请撤销、不予执行仲裁裁决的问题。仲裁制度没有设计第三人制度，因而民事诉讼法、仲裁法均未赋予第三人申请撤销、不予执行仲裁裁决的诉讼途径，在仲裁裁决或者仲裁裁决的执行侵害第三人权益时，第三人没有任何诉讼途径可供救济。在本文作者曾经参与承办的一个案件中，仲裁裁决判定被执行人即公司股东应当将其名下股权，按转让合同约定变更登记至申请执行人即股权受让人名下，公司及公司其他股东认为该项转让侵犯其优先购买权，向执行法院申请不予执行该仲裁裁决，包括最高人民法院在内的三级法院，最终只能以作为第三人的公司及公司其他股东不是适格的申请不予执行主体，而相继驳回第三人诉请。通过这个案例可以看到，诉讼程序不能保证实体权利的实现，这确实是一种尴尬。纠纷争端纷繁复杂，纵使不断更新理论与规则，亦难以适应现实需要，实体法如此，程序法亦不能幸免。

2. 建立申请执行人代位变更诉讼制度解决此类问题

我们必须承认，执行实践中，对于该类问题的处理，相当一部分执行法院违反审执分离原则，直接对显名股东名下股权予以执行，或者追加显名股东为被执行人，这确属滥用职权，系错误执行行为。但是，按照前述分析，执行法院不能判定权属而直接执行，申请执行人亦不能提起股权确认之诉，我们如果以现行立法未设定相关程序为由，放弃对隐名股东实际持有之股权予以执行，申请执行人将极大可能丧失债权，这确实违背了社会公平正义和一般人群的正常理解。对于该类情况，我们必须对申请执行人设计一项单独的救济途径。本文认为，在现行民事诉讼法或者司法解释的立法框架内，应当建立一项新的诉讼类型即“申请执行人代位变更诉讼”。[①] 按照该种诉讼类型，申请执行人可以提起诉讼，请求人民法院将本属于隐名股东但登记在显名股东名下的股权，变更由隐名股东所有，执行法院进而可以根据该代位变更判决所判定权属，对案涉股权予以执行。

诉讼类型划分上，申请执行人代位变更诉讼应当属于债权人代位权诉讼。所谓代位权，是指如果债务人对债权人的权利已负延迟责任，而债务人又怠于行使其对第三人的权利时，权利人为保全自身债权，可以以自己的名义，行使债务人权利的权利。所谓债权人代位权诉讼，是指债权人为行使此种债权代位权，以自己为原告，以第三债务人为被告，提起诉讼，请求法院判决第三债务人应对债务人为一定的给付。[②] 债权人代位权诉讼最早为法国民法典所确立，《法国民法典》第1166条规定，“债权人得行使其债务人的一切权利和诉权，惟权利和诉权专属于债务人个人者，不在此限。”后为德、日等大陆法系国家引入，逐渐成为保障债权人权益的主要方式。[③] 我国民事诉讼法并没有直接规定债权人代位权诉讼，该项诉讼类型由合同法第七十三条予以确立，即“债务人怠于行使其债权，对债权人造成损害的，债权人可以向人民法院请求以自己的名义代位行使债务人的债权，但该债权专属于债务人自身的除外。”随后，最高人民法院在《关于适用〈中华人民共和国合同法〉若干问题的解释（一）》（以下简称《合同法解释一》）中规定债权人可以依照合同法第73条提起代位权诉讼，并就代位权诉讼的管辖、主体地位等一系列问题做出了规定。

我们这里需要讨论两个问题，一是代位行使的权利内容能否适用于财产权的变更，二是该种新的诉讼类型是否具有先例可循，三是建立该种新类型诉讼是否具有普遍价值。

（1）权利内容问题

根据《合同法解释一》第十三条的规定，代位权诉讼中债权人所主张代位行使的债务人之“到期债权”，系指“具有金钱给付内容的到期债权”。按照对我国现行立法与司法解释所确立的债权人代位权诉讼规则，

---

① 这里没有采用“代位确认诉讼”，原因在于，按照大陆法系关于诉讼三类型划分原则，该类诉讼并不是创始一个新的法律关系，而是将原本既有的法律关系予以恢复，故为变更诉讼。

② 陈荣宗：《代为诉讼既判力研究》，载《民事诉讼法之探讨》（二），台湾地区三民书局1996年版，第3页。

③ 王峰：《我国债权人代位诉讼的理论依据》，载《长春理工大学学报（社会科学版）》2012年第11期。

债务人对第三人具有的权利内容仅限于金钱债权。

对此，学术界早有不同意见，认为我国代位权诉讼的权利内容应当加以扩展：从各国的立法例来看，我国代位权诉讼保护的对象范围过于狭窄，当前各国立法中概括的可代位行使的权力包括：一是物权及物上请求权，如物权返还请求权、土地妨害除去请求权、债务人对第三人财产上存在的担保物权等；二是形成权，合同解除权、选择之债的选择权、买回权、抵消权以及对因重大误解或显失公平而成立的民事行为的撤销权和变更权；三是债权人代位权和撤销权；四是诉讼法上的权利或公法上的权利，如中断诉讼时效的权利、代位提起诉讼的权利、申请强制执行的权利和各种登记请求权等。[①] 按照上述观点及各国先行立法例，变更请求权属于形成权范畴，完全可以归于代位权诉讼的权利内容范畴。

（2）可循先例问题

建立一项新的制度，往往需要寻找先例，以便于更大程度上取得支持。我们要建立的申请执行人代位变更诉讼，实际上已有成功先例可循，即申请执行人代位析产诉讼。申请执行人代位析产诉讼由《查封规定》第十四条第三款所确立，即“共有人提起析产诉讼或者申请执行人提起析产诉讼的，人民法院应当准许，诉讼期间中止对该财产的执行”。申请执行人代位析产诉讼是指人民法院民事执行程序中，被执行人无其他财产可供执行却与他人有共有财产，而被执行人及其他共有人拒绝析产以供被执行人履行债务的情形下，申请执行人有权以自己的名义代被执行人之位向人民法院起诉，请求共有人对共有财产进行析产。申请执行人提起代位析产诉讼的目的是以被执行人析产分割所得的财产实现其债权。[②]

可以看到，我们要建立的申请执行人代位变更诉讼与已经建立的申请执行人代位析产诉讼，在模式和要件上极为类似，均系被执行人本应对原属于其的财产权利予以变更而未主动变更，致使申请执行人明知被执行人名下具有可供执行财产而不能以此受偿，故而由申请执行人提起代位权诉讼请求人民法院强行对被执行人与第三人之间的法律关系予以变更。当然，申请执行人代位变更诉讼系将第三人名下财产完全变更至被执行人，而申请执行人代位析产诉讼系将第三人与被执行人共有之财产加以分割。

① 崔建远、韩世远：《合同法中的债权人代位权制度》，载《中国法学》1999年第3期。

② 张磊：《申请执行人代位析产诉讼相关问题》，载《人民司法》（应用版）2013年第3期。

（3）普遍价值问题

如果建立申请执行人代位变更诉讼制度，仅仅解决隐名股东为被执行人情形下的执行案件处理，这项制度的价值似乎显得比较单薄。实际上，该项制度不仅仅针对股权的强制执行，实践中，财产权利“名实不符”的情况非常普遍，典型如商品房限购政策的房产隐名购买、车辆号牌限制政策下的机动车隐名登记，在隐身背后之实际权利人作为被执行人时，申请执行人如需寻求救济，只能通过我们要建立的申请执行人代位变更诉讼。基于这种多见的纠纷争端解决需要，建立申请执行人代位变更诉讼制度显得比较迫切，具有普遍价值。

这里再以之前已提及的本文作者曾参与承办的案件为例，即甲申请执行乙，乙与丙共同书面确认，登记在丙名下的一处土地使用权实际权利归属于乙，而对丙具有债权的丁提出异议，对该土地使用权主张受偿。在这件案件研究中，有观点认为乙与丙共同书面确认的文件，由于存在异议人丁，故甲不能直接根据《查封规定》将该土地使用权作为乙的财产予以受偿，甲如主张对该土地使用权受偿，应当另诉解决。这里的“另诉解决”，目前尚没有直接诉讼程序，只有建立申请执行人代位变更诉讼，方能为申请执行人甲提供救济途径。

综上，我们可以在代位权诉讼的框架下，建立单独的申请执行人代位变更诉讼制度。在隐名股东为被执行人时，隐名股东实际上对显名股东名下股权具有变更登记请求权①，隐名股东随时可以要求显名股东配合变更或是请求人民法院予以变更，但是，隐名股东没有行使该种请求权，就属于怠于行使该项债权，申请执行人作为债权人，可以按照代位行使隐名股东所具有向显名股东的变更登记请求权。按照《合同法司法解释一》的相关规定，在当事人地位上，申请执行人作为原告，显名股东作为被告，隐名股东即被执行人作为诉讼第三人。人民法院可以根据申请执行人提交的相关证据，判决显名股东名下股权实际上由隐名股东所有。由于该类判决属于形成（变更）判决，依通说，形成判决当然发生物权变动效力，按照该判决，案涉股权即已归属于隐名股东。于是，执行法院可以对案涉股权进行冻结并予以处分，进而清偿申请执行人债权。

---

① 这里没有采用“物权返还请求权”的表示，因该类请求权特指物权被非法占有后的保护方式，属于物权请求权范畴，容易被反对意见指出不属于债权请求权而不能行使代位权。

【民事审判前沿】

民事诉讼证据司法解释修改中的若干问题

宋春雨[*]　潘华明[**]

《最高人民法院关于民事诉讼证据的若干规定》（以下简称《证据规定》）自公布实施以来，迄今已十五年，审判实践中有关民事诉讼证据问题积累了十分丰富的经验。其间经历了2007、2012年两次民事诉讼法的修改和2015年《最高人民法院关于适用〈中华人民共和国民事诉讼法〉的解释》（以下简称民事诉讼法司法解释）的公布实施，社会生活、民事诉讼实践和法律制度都已发生很大变化，修改《证据规定》的必要性已经具备、条件已经成熟。我们认为，在民事诉讼证据司法解释修改过程中，就下列问题进行探讨，对于完善我国民事诉讼证据制度具有积极意义。

一、关于调查令问题

我国民事诉讼法中没有调查令的规定，调查令是地方法院在民事审判实践中，为帮助当事人克服收集证据能力的不足、扩展当事人收集证据的手段而进行的探索。从各地法院施行调查令的实践情况来看，可以将调查令归纳为当事人及其诉讼代理人在民事诉讼中因客观原因无法取得自己需要的证据，经申请并获受诉人民法院批准，由法院签发给当事人的诉讼代理律师向有关单位或个人收集涉案所需证据材料的法律性文件。①

---

* 最高人民法院民一庭审判长。

** 江苏省无锡市中级人民法院民一庭副庭长。

① 王建平：《关于建立调查令制度若干问题研究》，载《政治与法律》2002年第6期第88页；汤啸天、张进德、江晨、梁玉超：《调查令制度的法律属性与完善建议》，载《法律适用》2008年第7期，第74页。

（一）审判实践中调查令的基本情况

调查令在审判实践中的探索始于1998年的上海，其后逐渐在全国多个地区陆续施行。据不完全统计，目前全国至少15个省、自治区、直辖市高级人民法院在辖区内制定了有关民事诉讼调查令的指导性文件，另有多个省份的部分中、基层人民法院也在试行调查令。[①] 另有一些地方法院会同相关部门联合发布有关调查令的规范性意见，如2009年2月北京市高级人民法院会同北京市人民检察院、市公安局及市司法局联合发布了《关于加强协作配合推动法院执行工作顺利进行的通知》，2016年4月陕西省高级人民法院会同陕西省人民检察院、省公安厅等部门发布了《关于依法保障律师执业权利的若干规定》，均对调查令作出明确规定。此外，一些地方人大通过地方立法形式对调查令制度予以肯定，如2008年4月深圳市人大常委会颁布的《深圳经济特区加强知识产权保护工作若干规定》中明确规定律师可以向人民法院申请调查令搜集证据，2013年3月安徽省人大常委会颁布《安徽省关于律师执业的若干规定》中也规定了律师自行调查取证难以获得相关证据时可以向人民法院申请调查令。

表一　我国部分地区律师调查令的实践一览表

制定时间	制定机构	文件名称
2000.4	上海高院	上海法院调查令实施细则（试行）
2001.6		上海法院在民事诉讼中正式实施调查令的函
2004.3		关于在执行程序中使用调查令的若干规定（试行）
2012.7		关于民事诉讼立案审查阶段适用调查令的意见
2001.7	山东高院	民事诉讼证据规则（试行）
2004.8	北京高院	关于委托调查制度的若干意见（试行）

① 上海市长宁区人民法院于1998年首推试点民事诉讼证据调查令制度，上海市高级人民法院于2000年1月1日正式颁布《上海法院调查令实施细则（试行）》。根据试点开展先后顺序，该15各省市分别为：上海、山东、北京、湖南、江苏、新疆、河南、海南、重庆、甘肃、安徽、福建、浙江、陕西、天津等。

制定时间	制定机构	文件名称
2009.2	北京高院、检察院、公安局、司法局	关于加强协作配合推动法院执行工作顺利进行的通知
2006.9	北京高院、建委	关于规范房产执行和协助执行有关问题的通知
2005	湖南高院	关于在案件执行中委托债权人进行财产调查的规定（试行）
2006.1	江苏高院	关于规范民事案件庭前程序的意见（一）（试行）
2008.12	新疆高院、司法厅等	关于民事诉讼证据调查令的若干规定（试行）
2009.9	河南高院	关于在执行程序中使用调查令的若干规定（试行）
2011	海南高院	关于认定和处理规避执行行为若干问题的暂行规定
2011.4	重庆一中院	关于执行案件委托调查的暂行规定
2016.6	重庆高院	关于在民事诉讼中试行律师调查令的意见
2012.4	甘肃高院	执行案件流程管理办法
2013.3	安徽人大	关于律师执业的若干规定
2013.8	安徽高院	关于民事诉讼调查令的实施办法（试行）
2013.12	福建高院、司法厅	关于执行实施案件委托律师财产调查制度的意见（试行）
2013.12	福建高院	关于民事诉讼调查令的实施办法
2014.1	浙江高院	关于执行实施案件委托律师财产调查制度的意见（试行）
2015.4	浙江高院	关于贯彻立案登记制的实施意见
2015.8	陕西高院	关于民事诉讼调查令实施办法（试行）
2016.4	陕西高院、检察院、公安厅等	关于依法保障律师执业权利的若干规定
2015.9	天津高院、司法局	关于保障律师依法履职的若干意见

1. 调查令的形式和适用范围

审判实践中的调查令制度最初限于诉讼过程中调查收集证据的范围。随着实践的发展，调查令的适用范围逐步扩展，形式逐渐丰富。目前，审判实践中的调查令主要有三种：

一是立案调查令。上海、浙江等高级人民法院为解决当事人由于“取证难”而导致的“立案难”情形，自2012年起在辖区内推行立案审查阶段调查令，主要针对与诉讼主体资格相关资料的调查收集。作为诉讼代理人的律师持法院立案调查令，既可调查“与本案有直接利害关系”的原告资格证据等材料，也可调查“有明确的被告”的相关证据材料。[①]

二是诉讼调查令。这种调查令针对诉讼过程中与案件事实相关证据的调查收集，是实践中调查令的主要形式。如上海市高级人民法院于2000年4月、2001年6月分别制定发布的《上海法院调查令实施细则（试行）》《上海法院在民事诉讼中正式实施调查令的函》，2001年7月山东省高级人民法院制定发布的《民事诉讼证据规则（试行）》，2004年8月北京市高级人民法院制定发布的《关于委托调查制度的若干意见（试行）》等文件中所指的调查令，均为诉讼调查令。

三是执行调查令。该种形式的调查令主要是为了解决申请人难以自行调查被执行人可供执行的财产线索设立，如2004年3月上海市高级人民法院制定发布的《关于在执行程序中使用调查令的若干规定（试行）》、2005年湖南高院制定发布的《关于在案件执行中委托债权人进行财产调查的规定（试行）》、2009年9月河南高院制定发布的《关于在执行程序中使用调查令的若干规定（试行）》等。

2. 调查令的实施效果

（1）调查令的社会接受程度逐步提高，有效缓解当事人收集证据困难的情形

根据上海市长宁区法院对调查令实施情况的统计，1998年12月至1999年4月签发的15份调查令中，9份遭到拒绝，仅6份得到回复，拒绝率高达60%；1999年至2000年间签发的调查令中随机抽取的60份分析结果显示，拒绝接受不予配合的29家，拒绝率为48%；2006年签发的调查令中随机抽取60份调查令使用情况的分析显示，拒绝接受不予配合的8家，拒绝率仅为13%。[②]浙江省金华市婺城区人民法院于2003年6月实行了调查令制度，经过四年的运行，共发出法院调查令4509份，律师持调查

①② 符向军：《立案调查令：提高司法效率》，载《人民法院报》2013年11月13日，第2版。高婷婷：《立案登记制度实施第一天，浙江全省法院收案量增20%》，原载《都市快报》2015年5月5日，转载于杭州网，于2016年9月12日访问，网址：http：//hznews. hangzhou. com. cn/chengshi/content/2015 -05/05content_ 5756040_ 2. htm。

令开展调查取证的成功率在80%以上。[①] 另据统计，2012年8月至2013年11月，上海法院共开具调查令1588份，其中成功调查1346件，占84.76%，调查后成功立案1268件，成功立案率为94.21%。[②]

（2）申请调查令的数量逐步增加，调查对象的范围逐步扩大

在调查令制度实施初期，调查取证的部门主要是银行、电信、工商、税务等部分公共事业单位或行政机关。随着调查令制度推行的不断深化，调查对象范围不断扩大，已扩展到政府机关（如乡政府、卫生监督检验检疫局、公安、税务等）、事业单位（如公积金管理中心、社保中心、医院、建筑科学院、学校）以及公司企业和自治组织等（如中国证券登记结算有限公司、证券公司、物业管理公司、业主委员会等）。从实际运作看，向银行、房产交易中心、房地局、公安局等单位开出的调查令数量位居前列。此外，随着各地调查令工作的持续开展，申请数量也呈持续上升趋势。[③]

（二）调查令制度的意义

调查令从1998年底开始实践以来，已经历经多个地区法院多年的经验积累。实践证明，调查令作为一项保障当事人行使诉讼权利的手段，对于

---

① 具体数据为：四年来，婺城法院共在立案时发出调查令1446份，根据调查内容保全1252次，成功率达86.58%。四年来，婺城法院庭前调解成功1167次，其中签发调查令的有629次，占庭前调解案件的53.9%。四年来，婺城法院在执行阶段共签发调查令629次，根据律师调查的情况及时实施执行强制措施，共查封、冻结、扣划执行款近千万元，结案517件，成功率达82.2%，调查令在执行中效果明显。四年来，婺城法院接受当事人的申请，签发针对金华以外地区的调查令641次，成功397次，成功率61.93%；而所签发的针对本地的调查令3775次，成功3165次，成功率83.84%。据统计，法院调查令被拒绝的案件四年来共有854件次，占所有调查令的19.34%，主要有以下三种情形：情形一：被调查人（单位）以调查令无法律依据为由，拒绝提供证据或要求法官亲自进行调查，此种情形在上述854件案件中共有303件，占了35.48%。情形二：一些机关、行业的内部规定，变相限制了律师调查权，此种情形有96件，占了11.24%。情形三：某些特定部门以为当事人保密为由拒绝接受调查，此种情形有397件，占了46.49%。参见余建华、金婺城：《四千份调查令发出之后——对金华市婺城区法院实施调查令制度的调查》，载《人民法院报》2007年8月14日，第8版。

② 符向军：《立案调查令：提高司法效率》，载《人民法院报》2013年11月13日，第2版。

③ 以上海市长宁区法院为例，该院从1998年12月创设施行调查令制度到1999年底，签发的调查令数量仅为38份，2000年至2003年签发的调查令总数为800余件，而2004年一年则大幅上升为607份，2005年则增为622份，同期增长2.4%，2006年高达740份，同期增长18.97%。摘自韦杨、曾俊怡、刘亚玲：《当事人调查取证权之程序保障的路径尝试——以调查令制度的检讨及其实证量化分析为研究视点》，载《法律适用》2008年第3期，第19页。

弥补当事人收集证据能力的不足、扩展当事人收集证据的手段、保障当事人的实体权利和诉讼权利具有十分积极的意义。同时，调查令也是人民法院贯彻落实中央全面深化改革领导小组第十六次会议关于“完善律师执业保障机制”“建立健全配套的工作制度和救济机制，依法保障律师在辩护、代理中所享有的各项执业权利”的有效措施。

1. 提高当事人收集证据的能力和手段，保障当事人的诉讼权利

自20世纪80年代末开始，我国的民事审判方式改革根据民事诉讼的特点和规律，遵循以强化当事人的举证责任、弱化人民法院调查收集证据的职权、实现由职权探知主义到职权进行主义的转变为基本线索推进。尽管《最高人民法院关于民事诉讼证据若干规定》第七十五条关于妨碍证明的规定、民事诉讼法司法解释第一百一十二条关于书证提出命令的规定能够在有效解决诉讼当事人之间隐匿重要证据的情形，但当事人收集证据的手段仍然有限，特别是社会对律师调查的配合度较低的情况下，当事人收集证据的能力和手段不够充分成为制约我国民事诉讼发展、当事人权利保障和民事审判方式改革效果的重要因素。而实践证明，调查令制度能够给当事人的取证活动提供必要的辅助，减少取证中的各种阻力，保障当事人收集诉讼所需证据的程序上的权利，从而充分而富有意义地参与到诉讼程序，契合程序正当性理论的内在要求。①

2. 有利于案件事实的查明

民事诉讼的规律决定人民法院应当以证据能够证明的事实即法律事实为基础依法作出裁判。但法律事实与客观真实并不矛盾，事实上，所有的诉讼证明活动都是以追求客观真实为目标，法律真实应当是在民事诉讼中追求客观真实的结果，对案件事实的查明应当尽最大可能接近客观真实。实践表明，诉讼中证据的数量和质量与案件事实的证明效果存在正相关关系，当事人收集证据的手段越充分，对于诉讼中发现真实的作用越积极。而调查令对于当事人收集证据手段和能力的扩展，无疑对保障案件事实的查明最大可能接近客观真实具有积极的促进作用。

3. 有利于保证法官的中立地位

法官在诉讼中保持中立是维护公正司法的必然要求。如果案件事实的查明过度依赖法官调查取证，就可能导致法官心证在当事人质证之前就过

① 韦杨、曾俊怡、刘亚玲：《当事人调查取证权之程序保障的路径尝试——以调查令制度的检讨及其实证量化分析为研究视点》，载《法律适用》2008年第3期，第18页。

早形成，进而影响法官的中立性。调查令既非法院直接向律师授权调查搜集证据，更不代表法院对律师通过调查令搜集获取证据的证明力直接予以认可，仅表明人民法院支持律师调查搜集本案有关证据的立场。因此，调查令制度有利于人民法院从职权主义中从容退出，防止法官在当事人提交的证据未进行交换和质证前形成预断，从而确保司法的中立和公正。

4. 有利于节约诉讼资源

众所周知，人民法院受理案件数量多年来呈一直呈现上涨趋势，人案矛盾较为突出。通过调查令的施行，支持当事人自行调查搜集证据，不仅可以有效地缓解司法资源供给不足的矛盾，还可以有效地促使权利主张人积极举证、督促证据持有人配合持令人依法收集证据。调查令的制度设计一方面赋予了当事人更多的主动权和程序参与权，由当事人各自负担己方的调查事宜，使得调查最大限度地趋于公平化；另一方面也使得人民法院有效缓解依当事人的取证负担，集中精力专注于审判，有效节省司法资源。

（三）在司法解释中确立调查令制度的基本设想

尽管地方法院对于调查令的实践积累了丰富的经验，但由于调查令制度缺乏统一的规范，各地法院对于调查令适用范围、适用对象、持调查令调查的主体、调查程序等问题的具体规定和做法不一致，导致社会各界对调查令的规范性、权威性也无法形成一致的认识，影响了调查令适用的效果。因此，有必要在全国范围内制定统一的规范，解决调查令制度长期无法可依的状态。在目前立法对调查令制度未作出各地的情况下，可以在民事诉讼证据司法解释中对调查令制度的基本规则作出规定。我们认为，司法解释中确立调查令制度，至少应当考虑以下几个方面问题：

1. 调查令适用的条件

调查令是人民法院为解决当事人收集证据困难而提供的手段，因此，调查令适用的条件应当包括持调查令调查收集证据的必要性、合理性及可能性。

对于当事人提出的签发调查令的申请，人民法院首先应当对申请的具体事由进行审查，包括：其一，持有调查令支持调查搜集的必要性、合理性，即当事人需要调查收集的证据是否符合民事诉讼法第六十四条第二款“当事人及其诉讼代理人因客观原因不能自行收集的证据”的情形。由于调查令的基本功能是帮助当事人克服证据收集过程中的障碍，只有当事人及其诉讼代理人因客观原因不能自行收集的证据，才有持调查令调查收集的必要性与合理性。这也是保证调查令使用效率，防止调查令的使用超出诉讼所需证明事实范围等滥用情形发生的要求。其二，当事人意图调查收集的证据的必要性、合理性。民事诉讼法司法解释第九十五条规定，当事人申请调查收集的证据，与待证事实无关联、对证明待证事实无意义或者其他无调查收集必要的，人民法院不予准许。同理，只有与待证的案件事实确有关联的证据，才被纳入到当事人的诉讼代理人可以持令调查搜集的范畴。其三，调查令对当事人调查搜集特定的证据是否确有帮助。如果被调查主体基于在本案中的诉讼地位、利害关系或出于自身的重大合法权益保护，或者基于法律、行政法规等规定不能直接向持令人提供的相应证据的，人民法院不应签发调查令。可以告知申请人通过申请法院调查或者根据法律、司法解释的规定申请法院向持有证据的对方当事人作出证据提出命令等方式获取证据。

持调查令收集的证据，应当限于书证及适用书证规则的证据，如电子数据、视听资料等。当事人的陈述、证人证言属于言词证据，原则上不能持调查令调查收集。有关能否申请调查令向对方当事人进行调查问题，实践中存有一定争议。我们认为，如果有证据证明本案主要事实的书证等证据在对方当事人控制之下，承担举证证明责任的当事人可以根据民事诉讼法司法解释第一百一十二条的规定，在举证期限届满前书面申请人民法院责令对方当事人提交，没有持调查令调查收集的必要。对于证据涉及国家秘密、商业秘密和个人隐私的情形，亦不适合持调查令调查收集。故当事人申请直接向对方当事人调查、申请调查证人证言以及调查对象为涉及秘密和隐私证据的，人民法院不应签发调查令。此外，关于持令调查搜集所得证据的地位。我们认为，律师持调查令调查收集的证据与人民法院依职权调查收集的证据不同，本质上仍属于当事人提供的证据，应当由申请调查令的当事人与对方当事人、第三人进行质证之后方能作为认定事实的根据。

2. 申请与持有调查令调查收集证据的主体

由于调查搜集的专业性以及调查对象的服从性差异，对持调查令调查搜集主体的要求相对较高，除了需要有法定的专业资质外，还需要有较好的执业操守。对此，各地方法院普遍要求申请人是本案的当事人或者其诉讼代理人，而持令收集证据的只能是其诉讼代理人，一般而言还必须要求是取得律师执业资格的在职律师。虽然也有扩大持令主体的声音，但为保障调查令制度施行的效果，平衡申请人与被调查人之间的权利和利益，我们认为，申请调查令及持令调查搜集证据的主体限定为律师更为妥当。

3. 申请调查令的时间

民事诉讼证据调查令对当事人调查收集证据的帮助主要是通过人民法院向特定主体宣示其有配合调查搜集诉讼证据的义务的方式实现的，因此，调查令应当依附于一定的诉讼程序。即向人民法院申请调查令应当在进入到诉讼程序之中方能进行，审理案件的法官也才能根据案件对相应事实查明的需要对申请调查令调查搜集的必要性、合理性即可能性进行审查。此外，出于举证时限的要求，向人民法院申请调查令同样不得迟于举证期限届满之日。对于一些法院进行的立案和执行调查令制度的探索，由于申请的目的系为了调查收集满足诉讼要件的资料或查找可供执行的财产线索，并非为证明案件基本事实或者法律要件事实的需要，因此并非民事诉讼证据司法解释着眼关注与解决的问题。

4. 调查令的使用要求

为防止调查令滥用，对调查令的使用应当进行必要的规范，对滥用调查令的情形应当进行必要的制裁。我们认为，应当从两个方面来进行规范：其一，对持调查令调查搜集证据的程序作出必要规范。持有令人调查收集证据时，应当将律师执业证书与调查令一同交由被调查人核对；调查令使用完毕的，持有调查令的律师应当将调查收集的证据及被调查人接受调查的回执及时提交给法院；调查令因故未使用的，持令人应当在调查令的有效期间届满时及时归还人民法院并说明相关情况。其二，对不按规定或违法使用调查令的法律后果作出明确规定。持有调查令的律师未按规定使用或归还调查令，或者伪造、变造调查令的，不得在本案中再次申请调查令，人民法院可以视情节予以训诫、罚款，情节严重构成犯罪的，依法追究刑事责任；基于伪造、变造的调查令调查收集的证据，人民法院应当明确不得作为认定案件事实的根据；对于滥用持调查令侵犯他人的隐私等合法权益的，持令人还应当承担相应的民事责任。

5. 拒不配合调查令调查搜集证据行为的处理

由于调查令并非民事诉讼法上的制度，而司法解释也不宜创设针对案外人的一般性义务，因此，司法解释对于被调查人拒不配合持调查令调查的行为不宜直接规定惩罚性后果。但是，为了确保调查令制度得以有效运行，需要作相应的制度衔接。对于拒不配合持调查令调查搜集的情形，可以由持调查令的律师对被调查人不能提供证据或者拒不协助调查收集的情况向人民法院进行说明。必要情况下，人民法院可以根据申请，依据民事诉讼法第六十四条第二款的规定进行调查。被调查人仍拒不配合的，人民法院应当严格依照民事诉讼法第一百一十四条、第一百一十五条的规定进行处罚。

二、关于电子数据规则

随着社会发展和信息化的深入，电子数据越来越多的出现在人们生活和经济活动之中。在民事诉讼中，电子数据也成为当事人证明案件事实的重要手段。为此，2012年民事诉讼法的修订决定将电子数据增加为一种独立的证据类型。但民事诉讼法没有对电子数据的规则作出具体规定，民事诉讼法司法解释也只在第一百一十六条对电子数据的概念作出原则性规定。有关电子数据的范围、审查规则等内容，需要在民事诉讼证据司法解释中进一步作出规定，以落实立法精神，满足审判实践的需要。

（一）电子数据的范围

民事诉讼法司法解释第一百一十六条将电子数据定义为“电子邮件、电子数据交换、网上聊天记录、博客、微博客、微信、手机短信、电子签名、域名等形成或者存储在电子介质中的信息”。虽然采取了概括加列举的方式，但“形成或者存储在电子介质中的信息”的概括对于审判实践而言仍然显得抽象，有必要作出进一步细化的规定，明确电子数据的范围。

对电子数据范围的界定依赖于对电子数据特征的认识。由于电子数据是以数字信息根据一定编程规律排列组合而成并以电子形式存储在特定介质之上，与传统的证据形式相比，有着以下显著的特征：一是虚拟无形。电子数据都是计算机程序能够识别和处理的以“0”“1”为代码组成的数字特殊排序集合，是以电子计算机及其他电子设备为基础的证据，没有专门的电子设备主件，没有相应的播放、检索、显示设备，电子证据只能停留在电子存储介质之中，无法被人们感知。二是真实客观。虽然电子证据不借助特定软件、硬件设施无法为人所知。但由于其数据排列的特殊性与稳定性，通过特定的系统软件环境，存储在电子介质上的信息便可以相同方式显示。对于电子证据的修改、复制或者删除能够通过技术手段分析认定和识别。[①] 三是复制、传播与储存形态的多样性。电子证据在本质上是一种电子信息，可以实现精确复制，可以在虚拟空间里无限快速传播，在传播方式上与传统证据只能在物理空间传递存在明显的差异。以电子数据形式存在的诉讼证据，其内容与其存储载体可以分离，并可多次复制到其他存储载体。[②] 四是电子证据的外在表现形态可以固定为其他多种类型的证据，其不但可以打印为文本，也可以转化为图形图像、音频、视频等，通过不同的固定媒介和证明作用，还可以表现为是书证、物证、视听资料等其他证据形态。

为了有效分析，在技术上通常将电子数据的分析内容分为以下四类：一是内容数据，指与案件有关的文档、图片、图像等电子数据；二是衍生数据，指对内容数据进行操作时，计算机自动生成的有关操作行为的数据；三是环境数据，指数据的生成、增加、删除、修改、传输所依赖的软硬件环境；四是通信数据，是指在利用网络传输数据时生成的关于通信信息的数据。基于上述认识，我们认为，电子数据应当包括下列信息、电子文件：（1）网页、博客、微博客、朋友圈、贴吧、网盘等网络平台发布的信息；（2）手机短信、电子邮件、即时通信、通讯群组等网络应用服务的通信信息；（3）用户注册信息、身份认证信息、电子交易记录、通信记录、登录日志等信息；（4）文档、图片、音频、视频、数字证书、计算机程序等电子文件；（5）其他以数字化形式存储、处理、传输的，能够证明案件事实的数据。

（二）电子证据的原件规则

与传统证据形式的原件不同，电子证据由于是存储于电子介质中的电子数据信息，其在证明案件事实时需要将数据编码转化为人们可以识别的形式，由此就引发了电子证据原件如何识别的问题。由于电子数据不同于物证、书证等其他证据种类，其可以完全同原始存储介质分离开来，因此电子数据并没有“原始电子数据”的概念，只有“原始存储介质”的概念。例如：存储于计算机中电子文档，可以同计算机这一存储介质分开而

① 何家弘主编：《电子证据法研究》，法律出版社2002年版，第14~16页。

② 邹本娜、张宝胜：《计算机和网络技术中的电子数据信息涉及的问题》，载《电脑编程技巧与维护》2015年第14期，第86页。

存储于移动硬盘、U盘等其他存储介质。特别是电子数据复制后可以确保与原数据完全一致，没有任何差异。因此，电子证据的原始载体本身对于案件事实的证明并无意义，发挥事实证明作用的是其转换形成的可识别形式。

这一问题，联合国国际贸易法委员会在《电子商务示范法》提出依照"功能等同法"，将具有最终完整性和可用性等功能的电子复本规定为原件，只要数据电文确实起到了在"功能上等同或基本等同"于书面原件的效果，便可视为一种合法有效的原件，就能满足证据法对原件的要求。美国采取将符合特定标准的电子副本视为原件的做法，《联邦证据规则》1001条规定："……如果数据被储存在计算机或类似装置里面，则任何可用肉眼阅读的、表明其能准确反映数据的打印物或其他的输出物，均为原件。"我国有学者在考察各国制度的基础上，提出电子证据原件是指最初生成的电子数据及其首先固定所在的各种存储介质，也包括如下电子复本：（1）准确反映原始数据内容的输出物或显示物；（2）具有最终完整性和可供随时调取查用的电子复本；（3）双方当事人均未提出原始性异议的电子复本；（4）经过公证机关有效公证、不利方当事人提供不出反证推翻的电子复本；（5）附加了可靠电子签名或其他安全程序保障的电子复本；（6）满足法律另行规定或当事人专门约定的其他标准的电子复本。①《最高人民法院关于民事诉讼证据的若干规定》第二十二条规定："调查人员调查收集计算机或者录音、录像等视听资料的，应当要求被调查人员提供有关资料的原始载体。提供原始载体确有困难的，可以提供复制件。"可以说，在大量的司法实践中，当事人可以将获取的电子数据转化为书面打印件、拷贝至U盘或者刻录成光盘后再向法庭提交已经成为共识。

由于电子数据存在形态、媒介、方式有着广泛性与多样性的特征，因此，对该项证据的搜集、调查及提交就有着特殊的要求。电子数据需要具备完整性、可靠性，从技术角度上需采取磁盘镜像（通过哈希校验或数字签名技术）来保证电子证据的完整性和可靠性，电子证据的采集、存储、传输、分析等过程要处于一个完整、可信的证据监督链中，才能说明证据从采集到提交中发生的任何变化。② 由此，我们认为，在电子数据取证的

---

① 刘品新：《论电子证据的原件理论》，载《法律科学》2009年第5期，第127页。

② 金波、杨涛、吴松洋、郭弘：《电子数据取证与鉴定发展概述》，载《中国司法鉴定》，2016年第1期，第66页。

过程中，要保证电子数据的完整性、可靠性需要遵循以下原则：

一是无损性原则，对电子数据应当及时收集并保证其未收到任何破坏；二是专业性原则，对电子数据的取证须由专业技术人员借助专门的技术措施和软硬件设备，对电子数据进行提取和固定，确保电子数据的信息不因取证而发生变化；三是完整性原则，即必须保证证据取得、存储、递交、质证过程的完整性，保证电子数据从最初获取状态到最终提交到法庭进行质证时的状态不发生任何变化。作为证据使用的电子数据的存储介质，应当记明案由、对象、内容、录取、复制的时间、地点、规格、类别和文件格式等，并要复制两个以上的电子数据备份，以备电子数据的分析、参照及检验只用。此外，对于电子数据的保存，不仅要强调对数据信息的完整保存，还要注意该数据所依托的物理介质、物理环境，远离高磁场、高温环境，避免静电、潮湿、灰尘、挤压和试剂的腐蚀。

值得注意的是，当电子数据作为提供给法庭用于诉讼的证据时，应当在外观上具有可知性。因此，虽然当事人应当提供相应证据原件，但这里的原件也只能指电子数据得以采集、保存的原始储存媒质。由于原始储存媒质往往无法直接展示案件信息，因此，电子数据的制作者制作的与原件一致的副本，或者直接来源于电子数据的打印或者其他可以显示、识别的输出介质，应当允许当事人进行提供，并确认可以视为电子数据的原件。

由此，我们认为，对电子数据这一证据类型，在不同的诉讼阶段也有不同侧重的要求。一是在证据的调查搜集阶段，应当要求被调查人提供形成、记录、储存、传输该电子数据的原始载体，如个人计算机、服务器、手机、行车记录仪等。如果提供原始载体确有困难的，譬如网络服务企业的大型服务器等，既不便于搬动，也很难有条件进行妥善保管，且如此的取证方式亦会给被调查人带来重大的损失，如此情况下，人民法院可以要求被调查人提供复制件，并应当在调查笔录中说明其来源和制作经过，必要时可以请有关专业人员进行协助。二是在法庭证据交换和质证阶段，此时应当要求当事人提供可为法官和对方当事人感知的客观、具体反映电子数据内容的打印件或者其他可以显示、识别的输出介质。对于电子数据的制作者制作的与原件一致的副本，或者直接来源于电子数据的打印或者其他可以显示、识别的输出介质应当视为电子数据的原件。

2. 电子证据的真实性规则

电子数据取证主要是针对处于虚拟空间中的电子信息，为防止被篡改、伪造，就需要通过特定的、安全的技术措施和设备设施提取与使用。科学的方法和合法的技术手段，对当事人提交的电子数据进行分析，识别电子数据中支持待证事实的信息显得尤为重要。

为了保证可靠性，一般都是对原始数据进行备份后利用备份的数据进行分析。[①] 对于电子证据的真实性考察有赖于技术手段，有赖于对电子数据形成、记录、存储、传输、解码等整个流程的考察。正因为如此，电子数据的完整性也成为电子数据是否真实、是否有证明力的一个特殊指标。电子数据的完整性包括两层意义，即电子数据本身的完整性和电子数据所依赖的计算机系统的完整性。[②] 电子数据本身的完整性是构成电子数据原件的一个要素，涉及形式上的完整性和内容上的完整性。形式上的完整性是指电子证据必须保持生成之时的原状，包括格式调整在内的任何更改都将视为完整性受到损害。而电子证据内容上的完整性是指电子证据自形成之时起，其内容保持完整、未遭到非必要的添加或删除。[③] 而计算机系统的完整性有三层含义：一是记录电子数据的系统必须处于正常的运行状态，如果系统曾处于不正常状态，则对数据的完整性构成了影响；二是数据记录必须在业务活动的当时或即后制作，而专为某项目的如诉讼而制作的电子记录无法确保其完整性；三是在正常运行状态下，系统对业务活动必须有完整的记录，完整的记录是指数据电文信息、附属信息和系统环境信息要统一。[④]

对电子数据内容真实性的认定，《最高人民法院关于办理死刑案件审查判断证据若干问题的规定》第二十九条作了如下规定：对于电子邮件、电子数据交换、网上聊天记录、网络博客、手机短信、电子签名、域名等电子数据的真实性，主要审查以下内容：（1）该电子数据存储光盘等可移动存储介质是否与打印件一并提交；（2）是否载明该电子数据形成的时间、地点、对象、制作人、制作过程及设备情况等；（3）制作、储存、传

---

① 刘蜜：《电子数据取证的法律规制》，《湖北警官学院学报》2014年第12期，第122～123页。

② 何家弘主编：《电子证据法研究》，法律出版社2002年版，第151页。

③ 非必要的添加或删除是指对电子证据进行了关键性的更改，但对在电子文件进行格式调整、加入页眉、页脚、注明来源、形成过程和取得日期等非关键性的更改，并不影响电子证据的完整性。摘自聂铄：《电子证据在民事诉讼中的运用》载《武汉大学学报》（哲学社会科学版）第59卷第4期，第527～528页。

④ 何家弘主编：《电子证据法研究》，法律出版社2002年版，第152页。

递、获得、收集、出示等程序和环节是否合法，取证人、制作人、持有人、见证人等是否签名或者盖章；（4）内容是否真实，有无明显剪裁、拼凑、篡改、添加等伪造、变造情形；（5）该电子数据与案件事实有无关联性。对电子数据真实性有疑问的，经当事人申请，由人民法院审查是否应当进行鉴定。对单一电子数据进行审查和判断，包括审查其生成环节、存储环节、传送环节、收集环节以及是否被删改过。通过对电子数据完整性的认定，审查数据内容保持是否完整和未被改动，同时还应当保证电子数据所依赖的计算机系统的完整性。

我们认为，民事诉讼中对电子数据真实性判断至少应当结合以下因素：（1）电子数据的生成、存储、传输所依赖的计算机系统的硬件、软件环境是否完整、可靠；（2）电子数据的生成、存储、传输所依赖的计算机系统的硬件、软件环境是否处于正常运行状态，或者不处于正常运行状态时对电子数据的生成、存储、传输是否有影响；（3）电子数据的生成、存储、传输所依赖的计算机系统的硬件、软件环境是否具备有效的防止出错的监测、核查手段；（4）电子数据是否被完整地保存、传输、提取，保存、传输、提取的方法是否可靠；（5）电子数据是否是在正常的往来活动中形成和存储的；（6）保存、传输、提取电子数据的主体是否适当；（7）影响电子数据完整性和可靠性的其他因素。此外，人民法院如果认为有必要的，还可以通过委托司法鉴定或者选定相关计算机专家进行勘验等方法或者技术手段，审查判断电子数据的真实性。

根据电子数据形成、保存、传输、提取的一般方式，结合上述真实性判断的因素，我们认为，对于以下电子数据，除有足以反驳的相反证据外，人民法院可以推定其为真实：（1）由当事人提交和保管的于己不利的电子数据；（2）由记录和保存电子数据的中立第三方平台提供或者确认的电子数据；（3）在正常业务活动中形成的电子数据；（4）以档案管理方式保管的电子数据；（5）以当事人约定的方式保存、传输、提取的电子数据；（6）经公证机关公证的电子数据。

3. 电子数据证据能力的排除

民事诉讼法司法解释第一百零六条规定，对以严重侵害他人合法权益、违反法律禁止性规定或者严重违背公序良俗的方法形成或者获取的证据，不得作为认定案件事实的根据。因此，通过非法手段、非法途径获取的电子数据，应当排除其作为证据的能力。实践中，通过黑客程序非法获取他人数据信息的事件屡见不鲜，由于此种采集获取证据的手段为法律所禁止，因此，所获取电子数据的证据能力应当予以排除，如通过植入木马病毒等黑客程序非法获取的电子数据；通过秘密窃取数据储存设备获取的电子数据；通过漏洞控制他人数据库设备等秘密获取的电子数据；其他违反法律禁止性规定或者违背公序良俗获取的电子数据等。

三、关于鉴定问题

鉴定意见是指具备资格的鉴定人对民事案件中出现的专门性问题，通过鉴别和判断后作出的书面意见，如医学鉴定、指纹鉴定，产品质量鉴定、文书鉴定、会计鉴定等。[①] 由于鉴定意见是运用专业知识、专门技术与方法对案件事实涉及的某一专门问题所作出的鉴别和判断，具有科学性，进而对相关专门问题有着较强的证明力，往往成为审查和鉴别其他证据的重要手段。因此，鉴定意见是民事诉讼中十分重要的证据类型，对于涉及专门性问题的案件事实的查明发挥着重要作用。

鉴定意见在理论上属于专家证据的一种形式。基于法律传统的差异，英美法系和大陆法系国家在对待专家证据上采取了截然不同的方式：英美法系国家一般不采取由法庭委托鉴定人出具鉴定意见的方式，而是通过专家证人向法庭提供有关专门性问题的证言，通过双方当事人各自聘请的专家证人陈述、质辩以及对专家证人的交叉询问，帮助法官形成对涉及专门性事实问题的心证。大陆法系国家一般是通过由法庭委托鉴定人就专门性问题形成鉴定意见为主要形式，此时鉴定人是法官的科学辅助人，这就强调并决定了鉴定人在当事人之间具有中立立场。我国民事诉讼法对专家证据的做法与大陆法系国家一致，对于涉及专门性问题的事实，法院主要通过委托具有专门鉴定资质的鉴定机构对委托鉴定的专门性问题得出鉴定意见作为对相关证据的搜集、调查的主要手段，同样，只有人民法院委托的鉴定人出具鉴定意见的诉讼活动，才是民事诉讼法上的鉴定。

（一）司法实践中存在的问题

1. 鉴定人专业能力层次不齐，趋利性特征明显

鉴定机构准入门槛放低之后，其专业能力层次不齐的问题日趋严重。

① 王胜明：《中华人民共和国民事诉讼法释义》，法律出版社2012年版，第147页。

据司法部司法鉴定管理局统计，依托教育、科研部门成立的鉴定机构所占比重仍然较小，两项合计仅有6.28%；57.1%的机构执业鉴定事项为1项；全国仅有11.8%的机构达到20人以上执业鉴定人的规模，而5人以下的小型机构则占近30%。结构失衡导致鉴定机构“小、散、乱”，技术能力低下，又缺乏投入和发展潜力，影响了鉴定行业的整体水平，加大了管理难度。[①] 司法鉴定人执业能力水平、职业道德素质良莠不齐。绝大多数鉴定机构自负盈亏，个别机构逐利性较强，盲目追求案件数量，机构内部管理不规范、鉴定程序不规范、违规收费、超范围执业以及不正当竞争等问题都不同程度存在。[②] 此外，部分鉴定机构在鉴定专家人数严重不足，或者部分鉴定机构的正式从业人员少，对很多专门性问题不具备鉴定条件或能力，但在如此情况下仍继续接受超过业务能力的鉴定委托。有的司法鉴定时间过长，已经严重影响了案件审理进程，妨碍了当事人权利的及时救济。[③]

2. 鉴定人出庭率较低，鉴定意见权威性易受到质疑

2012年修订的民事诉讼法首次明确了鉴定人出庭程序的启动主体及未出庭的法律后果，但在司法实践中鉴定人出庭作证的比例仍然偏低。[④] 一方面，因缺乏对当事人异议的审查标准，一些法院对当事人提出的鉴定出庭申请持谨慎态度，很多法院基于诉讼效率与成本的考虑，特别是在异议当事人未提出有效反驳证据的情况下，往往以经审查鉴定人没有必要出庭为由不同意当事人提出的鉴定人出庭作证申请。另一方面，鉴定机构出于

① 党凌云、郑振玉、宋丽娟：《2014年度全国司法鉴定情况统计分析》，载《中国司法鉴定》2015年第4期，第119页。

② 李天鸿：《甘肃省司法鉴定发展现状及存在问题研究》，载《中国司法》，2016年第5期，第61页。李瑛：《北京市司法鉴定实践运行状况研究》，载《未来与发展》2016年第4期，第104页。

③ 据浙江省高级人民法院课题组调查，鉴定期限最长为500天，为一损害股东利益责任纠纷，涉及股权审计。以纠纷类型而言，期限最长的市医疗损害责任纠纷中的医疗损害鉴定（主要为医学会在做），其次为建设工程施工合同纠纷中的造价鉴定。摘自浙江省高级人民法院课题组：《浙江省法院民事诉讼涉鉴定问题调研报告》。

④ 以浙江省为例，2013年浙江办理涉及诉讼的司法鉴定36832件，鉴定人出庭作证只有167次，出庭率仅为0.45%。摘自俞世裕、潘广俊、余晓辉：《构建司法鉴定管理与使用相衔接运行机制的实践与思考》，载《中国司法》2015年第12期，第45页。徐悦：《我国鉴定人出庭作证制度之完善——以证据裁判原则为视角》，载《中国司法鉴定》2015年第5期，第25~26页。俞世裕、潘广俊、林嘉栋、余晓辉：《鉴定人出庭作证制度实施现状及完善——以浙江省为视角》，载《中国司法鉴定》2014年第5期，第7页。

效益、安全等多方面因素的考虑，其出庭接受质询的意愿不高，特别是医疗损害等矛盾易激化案件，鉴定人出庭率就更难保障。此外，近年来安徽、北京、湖北、河北、浙江等地法院均有反映，一些鉴定机构仅因当事人投诉或闹访，在判决生效后不经审理法院同意，无正当理由擅自撤销鉴定意见，使得判决的主要依据发生重大变化，导致裁判的稳定性受到极大影响。上述种种原因，导致鉴定意见的法定性、科学性、权威性大大降低。

3. 当事人对鉴定意见的质证能力不足，实质性审查难以深入

由于鉴定意见针对的是专门性事实问题，鉴定方式和过程往往通过特殊的方法或者专业仪器，因此具有很强的专业技术性。诉讼当事人甚至审理案件的法官通常都缺乏对相关领域的专业知识，很难对鉴定意见进行有效的质证和认证，法官过度依赖鉴定意见、以鉴定意见替代法官心证的情形普遍存在。虽然《证据规定》中专家辅助协助质证的规定已经被2012年修订的民事诉讼法吸收，但是长期以来对专家辅助人的地位、作证方式、是否具有证据效力等问题认识不足，实践中采用此种方式对专门性问题事实进行查明的做法仍然较少。

（二）完善鉴定制度的基本设想

在民事诉讼中，鉴定人系接受人民法院的指派或委托，运用相关专业知识、方法协助法官就案件审理所必须的专门性事实进行查明的准司法活动的机构或者人员。鉴定意见的科学性、客观性、公正性是其存在和运作的法理基石和社会基础，它不仅体现在其所运用的技术、手段及所作专业性判断应当具备相应的高度专业要求，还体现在其具备鉴定的资格、其作为案件鉴定人的选定和委托过程的民主性，以及鉴定材料搜集的客观与全面、鉴定意见作出过程的合法性、科学性。

1. 明确鉴定人的职责

鉴定人作为人民法院委托的帮助查明专业问题的诉讼参与人，有着与之相适应的特殊的权利义务。第一，作为法官助手的鉴定人，必须具备法定性和专业性，不仅要有能力对相关需要鉴定的专门性问题进行鉴定，还要求具有相应资质。第二，鉴定人必须恪守中立，不得与当事人甚至委托法院存在利害关系，应当遵守回避规定，确保独立进行鉴定活动。第三，鉴定人必须保持专业性，不仅要对检材的真实性、完整性进行审核，还要

确保鉴定方法的科学性、鉴定设计及过程的合理性，以及最后形成鉴定意见的客观性并具备证明效果。第四，鉴定人必须保持勤勉，在接受人民法院委托后，应当积极履行职责，及时在人民法院指定的合理期限内完成委托鉴定的事项，并针对委托事项提交鉴定意见。

2. 完善鉴定人履职保障

为确保鉴定人权益，有必要进一步完善鉴定人履职保障，促使其依法独立行使司法鉴定职责。具体而言，其一，明确禁止当事人私自会见鉴定人并通过不正当手段影响鉴定，对以危及鉴定人人身财产安全等方式影响鉴定的当事人及其他人，应当依法追究扰乱诉讼秩序的法律责任。其二，明确鉴定人对检材的搜集调查权利，人民法院对此应当予以必要的协助与配合，同时及时组织当事人对相关检材进行质证。其三，对鉴定意见存在异议的，应当提前将争议问题告知鉴定人，并允许其首先以书面方式进行回复，对特殊情况下鉴定人难以出庭的，可以尝试通过远程视听传输方式作证。其四，确保当事人申请或人民法院认为需要情况下鉴定人到庭接受质询，以恰当方式依法组织质证，引导当事人围绕异议问题进行质询，严禁对鉴定人人身攻击，及时阻止提出与鉴定意见无关的问题。

3. 构建鉴定人的责任体系

随着民事诉讼案件的急剧增长，越来越多涉及专门性问题的事实亟需通过鉴定意见来查明，因此有必要进一步明确鉴定人接受人民法院委托的要求，完善其权利保障，构建其完整的责任形式，特别是在鉴定意见的质证、鉴定人出庭以及对鉴定人妨碍做证的惩处等配套措施中采取有效措施，推动鉴定人依法履职，确保鉴定意见的合法性、客观性、科学性。对此，我们认为：

其一，明确鉴定人的具结义务。鉴于鉴定人的特殊地位，要求其像普通证人出庭作证前进行具结并不妥当，但并不免除其在进行鉴定活动之前以恰当方式向人民法院作出依法、独立、客观、勤勉进行鉴定，提供鉴定意见的保证。审判实践中，鉴定人滥用其特殊地位作虚假鉴定等情形，与民事诉讼中缺乏对其必要的制度约束密切相关。因此，在接受鉴定委托并正式进行鉴定之前，人民法院应当要求鉴定人签署保证书，保证书中应当载明鉴定人保证公正、诚实地进行鉴定，如作虚假鉴定应当接受处罚等内容。在个案中明确鉴定人的职责及不履行职责的法律后果，对于促使其依法独立、公正完成委托事项，具有积极意义。

其二，进一步明确鉴定要求及相应法律后果。人民法院在审理案件中发现确有涉及专业问题的事实需要通过司法鉴定予以查明的，应当在委托书中明确鉴定事项、鉴定范围、鉴定期限和鉴定目的。从而确定接受委托的鉴定人具体的参与诉讼的目的，进而可以进一步确定相应的法律责任。其中，应当以鉴定意见的真实性、科学性作为委托鉴定的核心要求，并应当明确鉴定人作虚假鉴定的，人民法院不仅应当责令其退回鉴定费用，还应当根据情节，依照民事诉讼法第一百一十一条第一款第（一）项、第一百一十五条的规定处理。同时对于案件审理过程中发现的问题向其主管部门反馈，增强行政管理的针对性。必要时可以建立司法鉴定机构和司法鉴定人诚信档案，并建议其主管部门依法采取停业整顿、吊销鉴定资质等行政处罚措施。其次，还应当对鉴定人的勤勉义务作出相应安排。司法部制定的《司法鉴定程序通则》第二十八条和《最高人民法院对外委托鉴定、评估、拍卖等工作管理规定》第三十四条对完成鉴定的期限已经作了明确规定，但并没有针对性的具体后果。而鉴定人无正当理由未如期提交鉴定书不仅会延误诉讼进程的开展，更会导致当事人的合法权益无法获得及时的司法救济。因此，当司法鉴定在无正当理由情况下严重拖延诉讼的，应当赋予当事人申请人民法院另行委托鉴定的权利，人民法院审查后同意另行委托鉴定的，原鉴定人已经收取的鉴定费用应当予以返还。

其三，完善鉴定人出庭的督促机制。鉴定人作为法官查明专业问题的法定助手，除了依法独立出具合乎规定要求的鉴定报告之外，依照民事诉讼法第七十八条的规定，在当事人对鉴定意见有异议或者人民法院认为鉴定人有必要出庭的情况下，鉴定人均应当出庭作证。但是，对于鉴定人经人民法院通知仍拒不出庭、拒不返还鉴定费用的后果上，并未作相应配套机制的安排。因此，有必要对鉴定人出庭的督促机制予以完善。《全国人民代表大会常务委员会关于司法鉴定管理问题的决定》第十三条从鉴定人管理的角度，规定鉴定人拒绝出庭作证的，应由省级人民政府司法行政部门给予停止从事司法鉴定业务三个月以上一年以下的处罚；情节严重的，撤销登记。相应的，司法解释从民事审判程序操作的角度也应当作出安排。我们认为，第一，对于鉴定人拒不出庭作证的，除民事诉讼法规定的鉴定意见不得作为认定案件事实的根据外，人民法院还应当建议有关主管部门或者组织对鉴定人予以处罚。第二，人民法院应当以裁定的方式责令鉴定人在裁定书指定的期间内向当事人返还鉴定费用，逾期不返还的，由人民法院强制执行。第三，当事人因鉴定人拒不出庭作证申请重新鉴定的，人民法院应当重新委托其他具有相应资格的鉴定人进行鉴定。

其四，明确鉴定人在未依法履行职责情况下的经济责任。鉴定人多为自负盈亏的社会机构，盈利性特征明显，因此为了促使其保持鉴定的公正、专业与勤勉，除上述鉴定人作虚假鉴定、无正当理由不如期提交鉴定书、拒不出庭作证情形下，应当依法责令其向当事人退回鉴定费用外，还应当明确，对鉴定人不具备相应的鉴定资格、鉴定程序严重违法或者鉴定意见明显依据不足导致鉴定意见无法使用的，因其对专业问题的证明义务并未依法履行，故所收取的鉴定费用也应当向预交的当事人方予以退回。因鉴定人故意或重大过失造成当事人损失的，还应当承担相应的民事赔偿责任。

审判实践中，鉴定人未经委托的人民法院同意，擅自撤销司法鉴定意见的情况时有发生，甚至在判决发生法律效力后，因鉴定人擅自撤销鉴定意见致使人民法院不得不对案件进行再审。这种情况，明显违背了司法鉴定法定性要求，严重干扰了民事诉讼的正常秩序，极大影响生效裁判的权威性和稳定性，应当进行必要的规制。我们认为，未经人民法院允许，鉴定人不得撤销鉴定意见，鉴定人未经人民法院准许擅自撤销鉴定意见的，构成妨碍民事诉讼的行为，人民法院应当根据情节，依照民事诉讼法第一百一十一条第一款第（一）项、第一百一十五条的规定进行处罚。对于鉴定人因不具备相应的鉴定资格、鉴定程序严重违法、鉴定意见明显依据不足或者作虚假鉴定、拒不出庭作证等情形申请撤销鉴定意见的，人民法院可以准许，但应当责令鉴定人应当返还鉴定费用。

4. 完善人民法院委托鉴定的程序

（1）审慎启动司法鉴定程序

司法鉴定的时间与费用等成本较高，故审判过程中应当慎重启动鉴定程序。一般而言，在法官对专门性问题需要专业人员辅助才能形成心证时，鉴定程序的启动才有必要性。实践中，经常出现由于审判人员审查不严导致鉴定程序任意启动的情形，一些无须通过鉴定即可查明的事实或者委托鉴定的问题对于案件事实的查明没有意义的情形时有发生。既加重了当事人负担，也容易引发对裁判正当性的质疑。因此，法院应当对当事人申请鉴定事项的专门性、与案件争议内容的关联性进行严格审查，对鉴定没必要或者申请鉴定缺乏正当理由的，不应当准许。此外，为防止诉讼拖延，应当对当事人申请启动鉴定程序的期间作出规定，明确当事人就查明事实的专门性问题向法院申请鉴定的，应当在举证期限内提出。法官在审理过程中认为待证事实需要通过鉴定意见证明的，应当向当事人释明，并专门就此指定提出申请鉴定的期间。防止涉及专门性问题的重要事实在审理活动中有所遗漏，从而导致裁判事实调查不充分的问题产生。

（2）完善鉴定人的选定及委托鉴定的要求

《全国人民代表大会常务委员会关于司法鉴定管理问题的决定》明确，国家对从事法医类、物证类、声像资料等鉴定业务实行登记管理制度，对上述业务范围内需要司法鉴定的，应当委托列入鉴定人名册的鉴定人进行鉴定。《证据规定》第二十六条则对鉴定机构的确定规定了较为详细的操作规则，在司法实践中也得到了较好的贯彻实施。但实践中，值得注意的是在选定鉴定机构后的衔接问题，存在需要通过鉴定意见查明的事实在委托鉴定时并未明确的情形，导致鉴定人未作针对性的鉴定，从而影响鉴定的效果。因此，人民法院在委托鉴定时，首先应当对委托鉴定的事项和要求予以明确，可以通过与鉴定人沟通等方式尽量使鉴定事项更为具体化、更有针对性；对当事人提交的鉴定材料，法官应先行组织质证，对专门性问题是否能够通过鉴定得以解决进行研究，对鉴定时机不成熟的，要暂缓委托；对现有鉴定技术不成熟、无法鉴定的，则应当寻求合理的替代方式，必要时由人民法院组织双方当事人明确对该专门性问题的调查方法。

（3）明确对鉴定意见异议的程序

民事诉讼法第七十八条规定，当事人对鉴定意见有异议或者人民法院认为有必要的，鉴定人应当出庭作证。但当事人对鉴定意见有异议的情形非常普遍，审判实践中鉴定人一般是在收到当事人书面异议后，针对异议的内容对鉴定报告进行复查、修改后形成正式的鉴定意见，为保障当事人对鉴定意见充分发表意见的权利，避免出现鉴定人反复出庭的情形，提高鉴定意见的质量和对鉴定意见质证的效果，有必要对鉴定意见的异议程序作出操作性的规定。

对此我们认为，法院在收到鉴定报告后，应当及时将副本送交当事人，并根据具体案情指定当事人提出书面异议的合理期间。同时，应当明确鉴定人对鉴定意见的解释与答复义务，对于当事人的书面异议，鉴定人应当作出书面解释、说明或者补充。在鉴定人针对当事人的书面异议进行了答复后，当事人仍然有异议的，人民法院应当要求鉴定人出庭作证。对于当事人无异议或者鉴定人书面答复后无异议的鉴定意见，可以不再要求鉴定人出庭作证。

5. 明确当事人自行委托的鉴定书的效力

根据民事诉讼法第七十六条的规定，鉴定意见以人民法院委托鉴定人为基础。当事人自行委托有关鉴定机构、专家对案件中的专门性问题出具的意见，因并无人民法院委托，不属于我国民事诉讼法第六十三条规定的鉴定意见。

关于当事人自行委托鉴定的问题，审判实践中存在一些争议。有观点认为，当事人自行委托鉴定所形成的意见，因其形成过程及鉴定人立场并不具有司法鉴定的公正性质，因此其证据的形式及效力更倾向于当事人陈述。也有观点认为，当事人自行委托鉴定所形成意见，系通过一定专门方式对大量涉案的证据（检材）进行分析论证得出的意见，具有准书证的性质，应当允许当事人进行质证，并有条件的予以采信。当事人自行委托鉴定的鉴定，理论上属于私鉴定。“如从鉴定人定位为法院之中立辅助者的观点来看，将私鉴定作为证据即具有一些问题；反之，若鉴定人定位为当事人之攻击防御方法，则可对私鉴定之作用为积极评价。与其将拒却制度为悉无律地处理，毋宁承认私鉴定于一定情形可作为书证使用，此无论对于法院或当事人而言，均可使诉讼资料或裁判基础较为丰富，至于中立性、发问权之问题，则可透过证人询问而保障对造之防御权，以及法院于证据评价时应为斟酌等方式予以解决”。①

我们认为，对于当事人双方在诉讼前约定就某专门性问题交由第三方鉴定而形成的意见，虽非民事诉讼法所指鉴定意见这一证据类型，但因系基于当事人诉讼契约形成，具有较高的证明力，应当作为书证进行审核认定。当事人如果对该证据提出异议并申请鉴定的，人民法院应当审查申请人应当对该书证进行反证或反驳的意见能否成立，并以此为基础决定是否启动鉴定程序。对于当事人单方就案件所涉及的专门性问题自行委托有关机构出具的意见，因鉴定人及相应检材未经法院委托、确认，虽然其中立性不足，但从有利于事实查明的角度，仍然应当适用书证的规则来进行审查判断。在合法性、真实性及科学性能够得到证实的情况下，应当作为认定案件事实的根据。

---

① 许士宦：《证据蒐集与纷争解决：新民事诉讼法之理论与实务第二卷》，新学林 2005 年版，第 280 ~ 281 页。

试议网约车平台对机动车事故的损害赔偿责任

谢爱梅*

新兴的网络约车服务给公众带来便利，亦引发一些法律问题。网约车的合法性是争论较多的一个问题；除此之外，网约车平台的私家车注册司机运送乘客过程中生交通事故，给乘客或他人造成伤害，网约车平台应否承担损害赔偿责任，观点亦有分歧。本文试对此作出分析，以供探讨。

一、问题的提出

网约车平台如滴滴出行、优步（Uber）① 是一种新型的租车经营模式，乘客通过网络平台发出叫车服务指令，注册司机通过平台接单，完成运送服务，乘客通过第三方付款平台等方式支付费用。根据不同的服务种类，网约车平台提供免费服务或向注册司机收取一定费用。例如，出租车使用滴滴出行是免费的，而私家车主使用滴滴出行则需支付一定费用。②

网约车平台与注册司机的关系不尽相同，如出租车司机与网约车平台之间是居间关系，网约车平台对出租车司机造成的交通事故不承担赔偿责任。网约车平台提供的专车服务，通常车辆由车辆租赁公司提供，驾驶员由劳务公司派出。如果司机造成交通事故，车辆租赁公司和劳务公司可承担替代责任。而滴滴快车和优步的注册司机通常是私家车主，发生事故后，如果网约

* 最高人民法院民一庭法官。

① 2016年8月1日，滴滴出行宣布与优步全球达成战略协议，将收购优步中国的品牌、业务、数据等全部资产。滴滴出行和优步全球将相互持股，成为对方的少数股权股东。载满 http://finance.china.com.cn/roll/20160801/3839073.shtml，于2016年8月24日访问。

② 2016年8月18日开始，滴滴出行平台实行司机和乘客分开计价，取消之前对司机端收取的每单20%抽成，每单收取0.5元的保险费，但独立计价后的司机端公里费、时长费大致为乘客端的80%，外加1.77%管理费。载 http://www.thepaper.cn/newsDetail_forward_1515766，于2016年8月24日访问。

车平台不承担责任，则只能由私家车主承担责任。私家车主赔偿能力有限，私家车主投保的责任险，一般不能涵盖因营运行为造成的损害，保险公司可能拒绝赔付。受害人即会要求网约车平台公司承担责任。

在行政部门对网约车做出规范之前，网约车平台公司的性质并不清晰。2016 年 7 月 28 日，交通运输部等部门颁布的《网络预约出租汽车经营服务管理暂行办法》（2016 年 11 月 1 日施行，以下简称《暂行办法》）对网络约车的经营模式予以规范，规定网约车平台承担承运人责任。[①]《暂行办法》颁布之前，私家车主注册为网约车司机从事运输行为，未取得行政部门许可，如果被交通管理部门发现，会被行政处罚；《暂行办法》颁布之后，网约车平台需要获得相关资质，网约车应取得《网络预约车出租汽车运输证》，与暂行办法颁布之前的经营方式相区别。这即是通常所说的网约车的合法化。

《暂行办法》出台后，网约车平台公司的性质较为明确，属于网络预约出租汽车经营者[②]，系承运人，并非仅为撮合注册司机和乘客居间平台。在该办法颁布之前，网约车平台通常认为仅提供交易平台和信息服务，是居间人，等同于中介。乘客与注册司机（私家车主）成立运输合同，网约车平台对私家车主造成的交通事故，不承担损害赔偿责任。

本文认为网约车经营与其他的网络经营不同，网约车平台不仅是居间人身份。网约车平台应对私家车注册司机造成的机动车事故承担损害赔偿责任：一是网约车平台从道路运输中获利，应作为经营者对社会公众因此遭受的损失承担责任；二是根据运行支配及运行利益原则，网约车平台对车辆的运行有支配权，并获得运行利益，应对机动车运行产生的危险承担责任；三是网约车平台控制司机的行为并享有对运输服务的定价权，其地位相当于雇主，应对司机的侵权行为承担替代责任。

二、网约车平台应承担经营道路运输的主体责任

乘客与司机在注册为网约车平台的用户时，均需接受网约车平台的法

---

① 《网络预约出租汽车经营服务管理暂行办法》第十六条规定，网约车平台公司承担承运人责任，应当保证运营安全，保障乘客合法权益。

② 《网络预约出租汽车经营服务管理暂行办法》第二条第二款规定：本办法所称网约车经营服务，是指以互联网技术为依托构建服务平台，整合供需信息，使用符合条件的车辆和驾驶员，提供非巡游的预约出租汽车服务的经营活动。第三款规定：本办法所称网络预约出租汽车经营者（以下称网约车平台公司），是指构建网络服务平台，从事网约车经营服务的企业法人。

律条款。《暂行办法》颁布之前，网约车平台公布的法律条款均表明其中介地位。滴滴出行平台的出租车用户协议中明确其提供的不是出租车服务，而是提供信息及技术支持，不对出租车服务过程中可能遭受的损失承担责任。[①] 优步的法律条款要求乘客确认，优步是一家技术服务提供者，并不提供出租车辆、驾驶车辆及/或公共交通运输服务。优步乘客服务协议（2016年4月26日更新）第1.4条约定，根据优步软件和产品的指派，接受由优步软件和产品匹配的独立的第三方服务提供方直接提供的服务。优步公司仅对提供的信息进行整理并撮合成交，但是优步公司不提供出租车辆、驾驶车辆、公共交通运输服务及/或相关的互联网信息服务。按照优步网约车平台的法律条款，优步公司并非运输服务的提供者，其不对因运输服务产生的纠纷承担责任。

虽然滴滴专车和快车用户服务协议约定，驾驶员以滴滴出行科技有限公司的名义提供服务质量保证，为提升服务品质、承担企业社会责任，将提供相应的服务保障，如对于交通事故、治安事故或其他意外事故，公司将提供先行垫付、陪护及主动安全保障，该公司有权向侵权责任人、违约人追偿。[②] 即滴滴出行科技有限公司承担先行赔付的责任。网约车平台亦有追偿权，注册司机可能系最终责任人。网约车平台的法律条款并未认可其对机动车事故承担直接责任，亦未认可对注册司机承担替代责任。

网络交易法律关系的基本结构是存在三个基本法律关系，一是网络交易平台提供者与销售者、服务者之间的网络交易平台服务合同。二是网络交易平台提供者与消费者之间的网络交易平台服务合同。三是利用网络平台进行交易的销售者、服务者与消费者之间订立的网络买卖合同或者网络服务合同。[③] 根据上述法律关系，直接的买卖关系或者服务关系发生在消费者与销售、服务的提供者之间，而不是消费者与网络交易平台之间。

---

① 参见滴滴出行出租车用户协议第2.2条，2016年7月6日访问。

② 参见滴滴出行专车、快车用户服务协议第8.2条，2016年7月6日访问。

③ 杨立新：《网络媒介平台的性质转变及其提供者的责任承担》，载《法治研究》2016年第3期，第18页。

根据《中华人民共和国消费者权益保护法》第四十四条规定[①]，利用网络平台进行交易的销售者、服务者与消费者之间因买卖合同、服务合同发生纠纷，应由销售者、服务者承担责任。如果网络平台事先承诺先行赔付，则消费者可请求网络平台承担责任。如果网络平台不能提供销售者、服务者的真实名称，消费者可以请求网络平台承担责任。即通常情况下网络平台对于服务者的服务并不承担直接责任。有学者将网络平台提供者承担的责任定性为附条件不真正连带责任。[②]《最高人民法院关于审理民间借贷案件适用法律若干问题的规定》第二十二条的规定体现了类似的法律规则，借贷双方通过网络贷款平台形成借贷关系，如果网络贷款平台的提供者仅提供媒介服务，未提供担保，网络贷款平台不承担担保责任。[③]

《中华人民共和国消费者权益保护法》第四十四条仅规定网络交易平台提供者不能提供销售者或者服务者的真实名称、地址和有效联系方式的，消费者可以向网络交易平台提供者要求赔偿，但是网络平台对提供服务者的资质是否也有审查义务，法律未予明确。有学者认为，对于营利性的交易行为，网络交易平台提供者对网络交易平台进行交易的销售者和服务者的身份、地址、联系方式以及资质、信用情况等，均须进行严格审查、详细记录。[④]

网约车平台经营不同于一般的网络经营，其经营的是具有危险性并需行政许可的道路运输。根据《中华人民共和国道路运输条例》第八条、第九条、第十条规定，我国实行道路运输经营许可制度，申请从事客运经

① 《中华人民共和国消费者权益保护法》第四十四条规定：消费者通过网络交易平台购买商品或者接受服务，其合法权益受到损害的，可以向销售者或者服务者要求赔偿。网络交易平台提供者不能提供销售者或者服务者的真实名称、地址和有效联系方式的，消费者也可以向网络交易平台提供者要求赔偿；网络交易平台提供者作出更有利于消费者的承诺的，应当履行承诺。网络交易平台提供者赔偿后，有权向销售者或者服务者追偿。网络交易平台提供者明知或者应知销售者或者服务者利用其平台侵害消费者合法权益，未采取必要措施的，依法与该销售者或者服务者承担连带责任。

② 杨立新：《网络媒介平台的性质转变及其提供者的责任承担》，载《法治研究》2016 年第 3 期，第 25 页。

③ 《最高人民法院关于审理民间借贷案件适用法律若干问题的规定》第二十二条规定，借贷双方通过网络贷款平台形成借贷关系，网络贷款平台的提供者仅提供媒介服务，当事人请求其承担担保责任的，人民法院不予支持。网络贷款平台的提供者通过网页、广告或者其他媒介明示或者有其他证据证明其为借贷提供担保，出借人请求网络贷款平台的提供者承担担保责任的，人民法院应予支持。

④ 杨立新：《利用网络非交易平台进行交易活动的损害赔偿责任》，载《江汉论坛》2016 年第 1 期，第 131 页。

营，应符合法律规定的条件（车辆、驾驶员、管理制度）并向相应级别的道路运输管理机构提出申请，由相关机构颁发道路运输经营许可证，并向申请人投入运输的车辆配发车辆营运证。根据《无照经营查处取缔办法》第二条、第四条第一项规定，未依法取得许可证擅自从事经营活动的无照经营行为，由工商行政管理部门予以查处。即无照经营属于禁止行为。

网约车平台接入的服务提供者实行行政许可制度，网约车平台有义务保证注册司机符合道路运营的条件。实践中，网约车平台默许私家车主成为注册司机，网约车平台不具有道路运输经营的行政许可，注册的私家车亦不具有运营许可。网约车平台允许不符合运营条件的司机成为注册司机，应直接作为运输经营者对因此给乘客或者其他社会公众造成损害承担相应责任，而不能仅作为居间人，将责任推卸给私家车主。

除行政许可的要求外，由网约车承担损害赔偿责任符合公共利益。如果由私家车主单独承担损害赔偿责任，由于其赔偿能力有限，相当于由社会公众承担道路运输带来的风险，损害社会公众利益。此外，同样是从道路运输中获利，出租车公司系作为承运人承担责任，网约车平台亦不应免于责任，获得竞争优势。从《暂行办法》的第十六条规定看，虽然私家车可以办理营运许可，但是仍然由网约车平台公司承担承运人责任。

三、网约车平台可成为机动车事故责任主体

对于机动车事故的责任主体，《中华人民共和国道路交通安全法》第七十六条采用了“机动车一方”“有过错的一方”的概念①，并未区分车辆的使用人、管理人、所有人。司法实践中主要依据“运行支配和运行利益”来确定机动车交通事故的责任人。运行支配通常是指可以在事实上支配管领机动车之运行的地位。运行利益是指因运行而生的利益。机动车损害赔偿的责任主体，应对机动车的运行于事实上居于支配管理的地位或者

---

① 《中华人民共和国道路交通安全法》第七十六条规定：机动车发生交通事故造成人身伤亡、财产损失的，由保险公司在机动车第三者责任强制保险责任限额范围内予以赔偿。超过责任限额的部分，按照下列方式承担赔偿责任：

（一）机动车之间发生交通事故的，由有过错的一方承担责任；双方都有过错的，按照各自过错的比例分担责任。

（二）机动车与非机动车驾驶人、行人之间发生交通事故的，由机动车一方承担责任；但是，有证据证明非机动车驾驶人、行人违反道路交通安全法律、法规，机动车驾驶人已经采取必要处置措施的，减轻机动车一方的责任。

交通事故的损失是由非机动车驾驶人、行人故意造成的，机动车一方不承担责任。

从该机动车的运行中获得了利益。[①] 该两项判断依据来源于危险责任理论。现代社会确定危险责任的原因主要是：从事危险活动给他人人身、财产权益带来损害的危险，危险源的开启者需要承担责任；从事危险活动者有能力控制危险，并通过法定的强制责任保险以及商业保险将风险加以分散；从事危险活动的人从中获得利益，享受利益者应承担风险和责任。[②]

运行支配和运行利益属于抽象化概念，营运支配不一定是直接的、具体的支配，间接的、抽象的支配或者存在这种可能性即可。[③] 运行利益可以单纯是观念上的，还可以是某种便利。[④] 网约车平台接到乘客的预约指令，将订单转给司机，从而开启了机动车运行的危险活动，系危险源的开启者。并且网约车平台默许不具有道路运营许可的私家车注册，给社会带来更大风险。网约车平台对机动车的运行享有运行利益，网约车平台实质上使用了司机的劳务和车辆。司机对费用没有议价的权利，只是提供劳务和车辆，缺乏分散经营风险的能力，亦不具有承担危险责任的能力。网络平台对于私家车辆的运行有实质控制权和支配权，并获得利益，应承担由此带来的风险。

四、网约车平台宜作为注册司机的雇主承担替代责任

根据《中华人民共和国侵权责任法》第三十四条第一款规定，用人单位的工作人员因执行工作任务造成他人损害的，由用人单位承担侵权责任。《最高人民法院关于审理人身损害赔偿案件适用法律若干问题的解释》（以下简称《人身损害赔偿司法解释》）第九条第一款规定，雇员在从事雇佣活动中致人损害的，雇主应当承担赔偿责任；雇员有故意或者重大过失的，应与雇主承担连带赔偿责任。[⑤] 如果认定网约车平台与注册司机存在

---

① 杨永清：《连环购车未办理过户手续，原车主不应对机动车发生交通事故致人损害承担责任》，载《人民司法》2002年第7期，第69页。

② 程啸：《机动车损害赔偿责任主体研究》，载《法学研究》2006年第4期，第130页。

③ ［日］吉村良一：《日本侵权法》，张挺译，文元春校，中国人民大学出版社2013年7月第1版，第200页。

④ 程啸：《机动车损害赔偿责任主体研究》，载《法学研究》2006年第4期，第131页。

⑤ 《最高人民法院关于审理人身损害赔偿案件适用法律若干问题的解释》第九条规定：雇员在从事雇佣活动中致人损害的，雇主应当承担赔偿责任；雇员因故意或者重大过失致人损害的，应当与雇主承担连带赔偿责任。雇主承担连带赔偿责任的，可以向雇员追偿。

前款所称“从事雇佣活动”，是指从事雇主授权或者指示范围内的生产经营活动或者其他劳务活动。雇员的行为超出授权范围，但其表现形式是履行职务或者与履行职务有内在联系的，应当认定为“从事雇佣活动”。

雇佣关系，网约车平台对注册司机的职务行为应承担替代责任。虽然网约车平台自认为仅系连接车辆和乘客的中间信息平台，收取服务佣金，与司机之间仅为合作关系，并非雇佣关系，但是雇佣关系的认定不仅看当事人的约定，还应看双方实际的权利义务关系。

（一）雇佣关系判断标准及实践

《人身损害赔偿司法解释》第九条所称的雇佣关系包括人事关系、劳动关系以及劳务关系中的各种雇佣情况。雇佣关系的成立考察要件有：(1) 双方是否有雇佣合同；(2) 雇员是否获得报酬；(3) 雇员是否以提供劳务为内容；(4) 雇员是否受雇主的控制、指挥和监督。第 (3) (4) 点是核心。①

实践中，雇佣关系与劳动关系虽然均系因提供劳务产生的关系，但仍有区别，劳动关系由劳动法、劳动合同法等法律予以规范，劳动者具有从属性，国家对劳动关系有较强的干预，对劳动合同的签订、解除有强制性规定，对劳动者有最低工资、工伤保险等最低限度保护。② 而雇佣关系则由合同法、民法通则等法律予以规范，合同主体具有平等性，合同内容有较大自由度。

目前，国内有多起因使用代驾网络平台引发的纠纷，涉及的法律关系主要有两种：代驾司机与经营网络平台的公司（以下简称公司）之间是否存在劳动关系；在交通事故中，公司应否承担雇主替代责任。法院倾向于认定代驾司机与公司不存在劳动关系，但是存在雇佣关系。

在劳动争议案件中，法院认为根据双方签订的驾驶员合作协议，公司向代驾员提供代驾信息，代驾员向客户提供代驾服务并收取代驾费用，公司从代驾员预存的信息费中扣除信息服务费用，代驾员可自行掌握工作时间，其工作报酬亦非按月从公司领取，双方之间的关系不符合劳动关系的特征。③

在交通事故案件中，法院则认为，代驾员系受公司指派，为顾客代驾

---

① 最高人民法院民事审判第一庭编著：《最高人民法院人身损害赔偿司法解释的理解与适用》，人民法院出版社 2004 年版，第 160 页。

② 王金增：《论劳务合同、雇佣合同、承揽合同和劳动合同的辨析》，载《法制与社会》2014 年 11 月（中），第 277 页。

③ 北京市第一中级人民法院（2015）一中民终字第 176 号民事判决，载中国裁判文书网，于 2016 年 7 月 1 日访问。

并在代驾期间发生事故，应属履行公司的职务行为。[①] 上海市第一中级人民法院终审的一件交通事故纠纷案中，法院认定代驾员与涉案公司之间应为雇佣关系，理由是：公司对代驾司机有管理的权利，代驾司机必须接受公司制定的规章制度，按公司规定的价格收取代驾费用，代驾司机与客户之间并无相互议价的权利。[②]

此外，美国优步公司与注册司机之间的纷争亦可以提供解决问题的思路。优步公司与司机在美国发生多起诉讼案件，包括集团诉讼，优步司机要求获得雇员的地位；[③] 此外，在乘客起诉优步公司的案件中也涉及优步公司应否承担雇主责任。[④] 优步公司一直否认与优步司机存在雇佣关系，主张司机是独立承包商。现阶段法院尚未支持其主张，法院认为不能仅根据优步公司与司机的协议认定司机是独立承包商，应审查双方的实际行为。[⑤] 优步公司尽量通过和解的方式避免法院的最终认定。2016 年 4 月 22 日《联合早报》报道，优步公司同意向加利福尼亚和马萨诸塞州的优步司机支付 1 亿美金，这两个州的司机同意以独立承包商的地位运营，集体诉讼以和解方式终结。美国加利福尼亚州劳动委员会（以下简称加州劳动委员会）在一起案件中作出了优步公司与司机存在雇佣关系的认定。优步公司对这一裁决向加州高等法院提出上诉，尚需等待法院的审查决定。在该案中，加州劳动委员会主要依据加州劳动法中的 Borello test 规则，审查雇主是否控制和有权控制雇员工作的各个细节。[⑥]

优步公司自认为是中立的技术平台，但是加州劳动委员会认为优步公司涉及了业务运营的各个方面。司机需通过优步公司的背景调查和机动车管理调查，优步公司要求司机使用的车辆车龄不能超过十年。优步公司监控司机们的好评率，如果评级低于一定水平，司机将不能再使用平台。优

---

① 北京市第二中级人民法院（2014）二中民终字第 07156 号民事判决，载中国裁判文书网，于 2016 年 7 月 1 日访问。

② 上海市第一中级人民法院（2015）沪一中民一（民）终字第 1778 号民事判决。

③ O'Connor v. Uber Techs. , Inc. No. 13 - cv - 3826, 2013 U. S. Dist. Lexis 171813, 2013 WL 6354534 (N. D. Cal. Dec. 5, 2013)，载 Lexis. com 法律数据库，于 2016 年 7 月 11 日访问。

④ Jane Doe1 , et al. v. Uber Techs. , Inc. No. 15 - cv - 04670, 2016 U. S. Dist. Lexis 60051，载 Lexis. com 法律数据库，于 2016 年 7 月 11 日访问。

⑤ Jane Doe1 , et al. v. Uber Techs. , Inc. No. 15 - cv - 04670, 2016 U. S. Dist. Lexis 60051，载 Lexis. com 法律数据库，于 2016 年 7 月 11 日访问。

⑥ 彭倩文：《是劳动关系还是劳务关系？——以滴滴出行为例解析中国情境下互联网约租车平台的雇佣关系》，载《中国人力资源开发》2016 年第 2 期，第 95 页。

步公司以向乘客提供交通运输服务作为主营业务，司机执行了运输乘客的工作。优步公司对于整体的运营保持普遍性的控制。[①] 在另外一起案件中，司机主张优步公司对司机的日常行为有具体的要求，包括车辆是否整洁干净，接送乘客是否及时，可以对乘客说什么话等等，法院认为如果司机的主张属实，则优步公司对司机的控制更类似于日常管理式的。[②]

（二）网约车平台与司机应否建立劳动关系的不同观点

我国互联网约租车模式主要有两类：第一类是重资产模式下的网约租车平台，如神州专车，其车辆来自于正规租赁公司。司机由第三方劳务公司提供，系全职司机。第二类是轻资产模式下的网约租车平台，如滴滴快车和优步，企业低成本、平台化运行，其车辆来源大多是私家车，司机是私家车主，平台公司对驾驶员的控制少，成本低，投资回报率高。[③] 轻资产运营模式下，司机越来越近似于独立的市场主体，从属性较弱。

有观点认为网约车平台与司机不应建立劳动关系，主要理由是："互联网约租车"源自于"分享经济"的理念，其背后的经济理念是"人民需要的是产品的使用价值，而非产品本身"。[④] 网约车平台与司机建立合同关系，可有效降低成本。如果建立劳动关系，就会丧失这种优势，阻碍新兴经营模式的发展。另有观点认为，此种经营模式亦有弊端，不利于劳动者的保护和社会的和谐稳定。对于失去独立身份的，纳入用人单位管理的劳动者，应与用人单位成立劳动关系。如果允许用人单位轻易以承包或者承揽合同代替劳动关系，会导致劳动立法的废除。[⑤] 此外，这种经营模式由多边商业合约确立各项责任，难以保障服务品质、消除风险、保障消费者权益。[⑥]

劳动和社会保障部2005年颁布的《关于确立劳动关系有关事项的通

---

① 《美国加州劳动委员会关于优步与司机的劳动争议裁决》，查丽华翻译，范围审校，载http：//www.aiweibang.com/yuedu/56464878.html，于2016年7月11日访问。

② O'Connor v. Uber Techs.，Inc. No. 13 - cv - 3826，2013 U. S. Dist. Lexis 171813，2013 WL 6354534（N. D. Cal. Dec. 5，2013），载Lexis. com法律数据库，于2016年7月11日访问。

③ 彭倩文：《是劳动关系还是劳务关系？——以滴滴出行为例解析中国情境下互联网约租车平台的雇佣关系》，载《中国人力资源开发》2016年第2期，第94页。

④ 程絮森、朱润格、傅诗轩：《中国情境下互联网约租车发展模式探究》，载《中国软科学》2015年第10期，第36页。

⑤ 李坤刚、乔安丽：《劳务承揽与劳动关系的区别——基于雇佣历史发展的分析》，载《中国劳动》2015年第3期，第58页。

⑥ 程絮森、朱润格、傅诗轩：《中国情境下互联网约租车发展模式探究》，载《中国软科学》2015年第10期，第41页。

知》第一条规定，用人单位招用劳动者未订立书面劳动合同，但同时具备下列情形的，劳动关系成立：（1）用人单位和劳动者符合法律、法规规定的主体资格；（2）用人单位依法制定的各项劳动规章制度适用于劳动者，劳动者受用人单位的劳动管理，从事用人单位安排的有报酬的劳动；（3）劳动者提供的劳动是用人单位业务的组成部分。有观点认为，网约车平台的注册司机可以任意选择工作时间，不受网约车平台的控制，双方不属于劳动法律关系。[①] 交通运输部2015年10月10日公布的《网络预约出租汽车经营服务管理暂行办法》（意见征求稿）规定网络预约出租汽车经营者应与驾驶员建立劳动关系。[②] 而最终颁布的《暂行办法》第十八条规定，网约车平台公司与驾驶员签订多种形式的劳动合同或者协议，明确双方的权利和义务，即并未将两者的关系固定为劳动关系。

（三）网约车平台与司机之间宜认定为雇佣关系

本文认为网约车平台与注册司机是否建立劳动关系并不影响网约车平台对社会公众的责任，即使双方不建立劳动关系，也宜认定存在雇佣关系，而不同于一般的合作关系。主要基于如下几点理由：

第一，司机的工作是网约车平台的主营业务。网约车平台的主要盈利来源是运输服务。司机的工作纳入了网约车平台的整体运作，是用人单位整体工作的一部分，而不是偶尔发生的劳务。即使不是全职司机，司机执行了运输乘客的工作，仍然是网约车平台整体运营的一部分。

第二，司机受网约车平台控制，不具有定价权。网络平台对注册司机的注册条件及解约条件均有明确规定，注册司机只能接受，而不能协商，司机与乘客的定价权亦不归注册司机享有。网络平台对司机行为规范有严格控制，注册司机必须遵守。网约车平台还会根据乘客的评价决定是否允许注册司机继续使用约车软件。尽管车辆是注册司机提供，但是业务的关键工具软件平台由公司提供，如果不能使用软件平台，注册司机就无法接受订单。

---

① 彭倩文：《是劳动关系还是劳务关系？——以滴滴出行为例解析中国情境下互联网约租车平台的雇佣关系》，载《中国人力资源开发》2016年第2期，第96页。

② 《网络预约出租汽车经营服务管理暂行办法》（意见征求稿）第十八条规定：网络预约出租汽车经营者应当保证接入平台的驾驶员具有合法从业资格，与接入的驾驶员签订劳动合同，开展有关法律法规、职业道德、服务规范、安全运营等方面的岗前培训和日常教育，并将接入的驾驶员相关信息向服务所在地道路运输管理机构报备。

第三，司机以提供劳务为内容，不具有承担风险的能力。雇主承担替代责任的理论之一是风险分摊，由企业负担雇员侵权行为造成的损失，作为企业经营活动的成本，通过价格、税率等经济手段分摊给社会。[①] 司机对运营唯一投入是车辆，提供的是劳务，不负责管理，其并不具有转嫁与分摊风险的能力。

第四，网约车平台与其他网络经营平台不能同等对待。其他网络经营平台如美团，对于商家，提供线上展示、促销、支付等功能。美团和商家是合作关系，商家是独立的经营个体，有自负盈亏的能力。但是滴滴出行、优步司机是出卖个人劳动力的个体，应属于雇员。美团通过平台提供增值服务，而网络约车公司直接从司机的服务中获利。[②]

如果将司机作为独立的市场主体，那么司机与网约车平台的市场地位应该平等，网约车平台单方面制定的“约束条款”和利润分成就缺乏合理性，应加以限制。[③]

五、结论

网约车服务提供了一种“共享经济”的经营模式，有利于提高效率，但是效率并非唯一的价值追求，还应考虑风险的合理负担及社会财富的公平分配。网约车平台提供具有危险性的道路运输服务，给社会公众带来危险。注册司机不具有分散风险的能力，令其单独承担责任不利于对社会公众的保护。并且，网约车平台对机动车的运行享有运行支配和运行利益；注册司机系为网约车平台的运营提供劳务，网约车平台对注册司机造成的机动车事故应承担损害赔偿责任。

---

① 最高人民法院民事审判第一庭编著：《最高人民法院人身损害赔偿司法解释的理解与适用》，人民法院出版社2004年版，第156页。

② 末华：《这七宗罪告诉你，为什么说优步、滴滴被严重高估了》，载http://www.cyzone.cn/a/20160629/299269.html，于2016年7月3日访问。

③ 韩文：《互联网平台企业与劳动者之间的良性互动：基于美国优步案的新思考》，载《中国人力资源开发》2016年第10期，第88页。

建设用地使用权期限届满法律后果比较观察

王林清*

一、问题的提出

我国土地使用权有偿使用的序幕，始自1987年深圳经济特区率先试点推行城市土地使用权有偿转让制度,[①]，随后《城镇国有土地使用权出让和转让暂行条例》对建设用地使用权按照土地的用途和分类规定了最高期限，且建设用地使用权的具体期限可由合同双方当事人自行约定。从20世纪90年代开始，为顺利推行土地使用权转让之工作，部分地区按20年到70年分档，由受让方自行选择办理出让手续，并缴纳相应的土地出让金额。土地使用年限只有20年的住户目前已陆续面临建设用地使用权到期续费之问题。

2009年6月青岛市阿里山小区部分居民的住宅建设用地使用权期限届满，这是我国自《国有土地使用权出让和转让暂行条例》实施以来第一个建设用地使用权到期的住宅小区。[②] 当地国土资源局曾尝试与住户协商"按市场评估的价格进行续期，期限为50年"，并且需要住户提前一年提出申请，且需续费，依据房产证上记录的土地的面积缴纳土地费。[③] 但该方案最终未能出台实施。2016年4月，温州部分房屋住户发现其持有的土地证面临20年土地使用年限到期，其需花费数十万元高额的土地出让金才

* 最高人民法院民一庭法官。

① 刘俊：《中国土地法理论研究》，法律出版社2006年版，第216页。

② 花椒、晓华、英英：《首例到期住宅用地面临续期难题》，载《中国国土资源报》2009年4月9日第5版。

③ 按照此计算标准，如果房屋面积为一百平方米左右，续期需要花费六万元。参见关星：《国内首例住宅续期事件陷入僵局》，载《中华建设》2009年第5期，第76页。

能完成续期手续，重新办理土地证，甚至部分住户需续缴动辄几十万的土地出让金，占到其房产交易价的三分之一。[①] 此事件经过媒体发酵，建设用地使用权续期问题再次引发舆论热议。在普通民众的认知中，在履行完毕购房手续缴纳房款后即享有房屋所有权，而如今却因住宅建设用地使用权年限届满使其房屋面临被“收回”的危险，如此高昂的土地出让金无疑给公民带来巨大的财产和心理压力。

我国物权法颁行后住宅建设用地使用权期限届满后的续期问题，是一个物权法起草过程中既已存在理论分歧的争议焦点，更是目前普通民众的住宅建设用地使用权期限已经或即将届满后续期缴费与否的现实重大普适性话题。本文尝试从比较法的视野，观察大陆法系德国、日本、我国台湾地区的地上权制度及英美法系香港批租制度的规则设计与政策安排，结合我国建设用地使用权期限届满后续期缴费的政策选择困境，提出关于建设用地使用权期限届满后的续期规则、地上物处理规则与公法视角下的法律保留规则，并指出这一续期缴费与否的解释回答，不仅是一个法律解释的政策选择问题，本质而言是一个国家对经济利润追求的最大化与老百姓居住权这一基本人权的最底线的人文关怀之间的利益衡量与价值取舍问题。

二、建设用地使用权期限届满的法律后果：立法漏洞或立法留白

在学者的类型化分析下，法律漏洞存在法内漏洞与法外漏洞之别。法律漏洞，“如为立法者预见而有意留白，是所谓法内漏洞，此时固然应遵循法律原有资料及立法者的政策评价去补充。但如果漏洞已非立法者所能预见，即依客观法律体系观察为应有而未作规定，即为法外漏洞，多数学者认为此时才系真正的漏洞”[②]。纵观我国建设用地使用权期限届满后的续期规则的起草过程与立法者的立法技术，我们发现建设用地使用权期限届满后的续期缴款的规则缺失，与其说是一个法律条款的立法漏洞，莫不如说一个有意的立法留白。

① 参见：《温州现首例“住宅土用权到期续期”，要交房价三成》，载 http：//news. sohu. com/20160416/n444457403. shtml，于2016年5月1日访问。

② 苏永钦：《私法自治中的经济理性》，中国人民大学出版社2004年版，第7～11页。

（一）物权法颁布前的规则安排

在物权法颁布实施之前，对建设用地使用权期间届满后果进行规范的法律法规主要有：《城镇国有土地使用权出让和转让暂行条例》第三十九条、第四十条、第四十一条、第四十二条，城市房地产管理法（2007年修订）第二十条、第二十一条、第二十二条。根据《城镇国有土地使用权出让和转让暂行条例》第四十条规定："土地使用权期满，土地使用权及其地上建筑物、其他附着物所有权由国家无偿取得。土地使用者应当交还土地使用证，并依照规定办理注销登记。"第四十一条规定："土地使用权期满，土地使用者可以申请续期。需要续期的，应当依照本条例第二章的规定重新签订合同，支付土地使用权出让金，并办理登记。"根据城市房地产管理法第二十条规定："国家对土地使用者依法取得的土地使用权，在出让合同约定的使用年限届满前不收回；在特殊情况下，根据社会公共利益的需要，可以依照法律程序提前收回，并根据土地使用者使用土地的实际年限和开发土地的实际情况给予相应的补偿。"第二十二条规定："土地使用权出让合同约定的使用年限届满，土地使用者需要继续使用土地的，应当至迟于届满前一年申请续期，除根据社会公共利益需要收回该幅土地的，应当予以批准。经批准准予续期的，应当重新签订土地使用权出让合同，依照规定支付土地使用权出让金。土地使用权出让合同约定的使用年限届满，土地使用者未申请续期或者虽申请续期但依照前款规定未获批准的，土地使用权由国家无偿收回。"

由此，可以看出建设用地使用权期限届满后的法律后果为：第一，建设用地使用期限届满，土地使用者若想继续使用该土地，需在期限届满前一年申请续期，若该申请获得批准则需重新订立土地使用权出让合同。第二，期限届满若土地使用者未申请续期或申请未获批准，国家无偿收回土地使用权并无偿取得地上建筑物及其他附着物的所有权。[①] 此规定过于保护土地所有者的利益，与目前国际通行的侧重保护用益物权人利益的原则

① 高圣平、杨旋：《建设用地使用权期限届满后的法律后果》，载《法学》2011年第10期，第104页。

相背离。[①] 具有如下弊端：首先，地上建筑物是土地使用权人投资享有的合法财产，其对土地上之房屋建筑物享有合法所有权，依据物权之属性，所有权并无期限限制，具有对世排他等特性。《暂行条例》赋予土地所有者强制无偿收回属于他人的建筑物之权利，这与宪法保护公民、法人合法财产所有权之规定相违背。[②] 同时土地使用权人在土地使用期限届满时面临房屋被收回之危险，势必会加剧其对土地及建筑物的掠夺性使用，造成土地建筑物资源破坏等不良后果，与可持续发展理念相违背。[③] 同时国家作为土地所有者在与土地使用权人签订土地出让合同时，双方是以平等民事主体的地位来签订该合同，上述规定赋予国家以强制权，有违民事主体平等原则和公平交易的原则。[④] 其次，土地所有者拥有主导地位，土地使用权人只能请求续期或者不请求续期，暂时不存在其他能够保护自己权益的方法。在我国目前住宅情形下该续期制度亦不可行，我国目前城市住宅以公寓形式为主，若同一公寓的多个住户分别提出续期申请，办理相应续期手续，将会造成高昂的行政成本，与便民高效的行政理念相违背。[⑤] 再次，上述法律法规之规定体现出法律规范之间互不协调，违反对相同事项作出相同处理的基本法原则。[⑥]《暂行条例》第四十条规定："土地使用权期满，土地使用权及其地上建筑物、其他附着物所有权由国家无偿取得"，而四十七条规定："无偿收回划拨土地使用权时，对其地上建筑物、其他附着物，市、县人民政府应当根据实际情况给予适当补偿。"对于无偿划拨的土地收回时国家给予补偿，而对于有偿出让的土地收回时反而不予补偿，有失公平，体现出同一法规内部规定之矛盾。最后，根据现有规定，国家因公共利益需求可提前收回土地或拒绝批准续期申请。但由于对公共利益界定标准不明，导致公共利益泛化，地方政府不免借"公共利益"之

---

① 房绍坤：《物权法用益物权编》，中国人民大学出版社2007年版，第209页；李显冬：《论土地使用权到期后其上房屋所有权的归属》，载《国家行政学院学报》2005年第5期，第35页。

② 梁慧星：《中国物权法研究》，法律出版社1998年版，第688页。

③ 国颂：《浅析我国国有土地使用年限届满后的处理》，载《企业导报》2009年第4期，第31页。

④ 王卫国：《中国土地权利制度研究》，中国政法大学出版社1997年版，第168页。

⑤ 王利明：《物权法研究》（下卷），中国人民大学出版社2007年版，第170页；陈志文：《关于到期土地使用权续期的讨论》，载《中外法学导刊》2002年第24期，第11页。

⑥ 高圣平、杨旋：《建设用地使用权期限届满后的法律后果》，载《法学》2011年第10期，第105页。

名义向土地使用权人攫取经济利益，导致权力寻租，不利于保护私人合法财产利益。①

（二）物权法颁布后的规则留白

物权法对于建设用地使用权问题的立法过程也是一波三折，最初在物权法草案四审稿、五审稿中规定："建设用地使用权续期后，建设用地使用权人应当支付土地使用费；续期的期限、土地使用费支付标准和办法，由国务院规定。"但自六审稿开始便无该规定。立法时考虑到住宅建设用地使用权最长期限为七十年，几十年后，人民生活富裕了，是否还应收取土地出让金，目前缺乏足够科学的依据，因此物权法不作规定为宜。② 最终物权法第一百四十九条规定："住宅建设用地使用权期间届满的，自动续期。非住宅建设用地使用权期间届满后的续期，依照法律规定办理。该土地上的房屋及其他不动产的归属，有约定的，按照约定；没有约定或者约定不明确的，依照法律、行政法规的规定办理。"

从物权法第一百四十九条可以看出，国家在处理建设用地使用权期限届满的问题时采取了住宅与非住宅相区分的原则。对于住宅建设用地使用权期满后自动续期的规定体现出以人为本的立法理念，③ 住户无需逐个排队办理续期手续，既为老百姓带来方便，也减轻了行政机关工作负担，有利于提高行政效率。同时对于土地上房屋及不动产的处理问题，有约定按约定办理，体现出对当事人意思自治的保护。但物权法第一百四十九条的规定仍存在立法疏漏等问题。对于住宅建设用地使用权到期，仅规定自动续期，但对于续期期限、是否需要支付续期费用、如何支付费用等问题均未作出规定。对于非住宅建设用地使用权到期的续期问题，对于土地上房屋、不动产归属无约定的情形，采用委任性规范，依照其他法律、行政法规办理。但此处"法律、行政法规"究竟是指哪些法律法规未作出明确界定。若继续依据《城镇国有土地使用权出让和转让暂行条例》来处理土地使用权到期国家无偿取得土地上建筑物的问题，则原有不合理规定又被予

① 徐健：《城市规划中公共利益的内涵界定——由一个城市规划案引出》，载《行政法学研究》2007 年第 1 期，第 71 页。

② 全国人大常委会法制工作委员会民法室：《〈中华人民共和国物权法〉条文说明、立法理由及相关规定》，北京大学出版社 2007 年版，第 275 页。

③ 王利明：《物权法研究》（下卷），中国人民大学出版社 2007 年版，第 169 页。

以保留，不利于保护土地使用权人的财产利益。同时，物权法委任行政法规来处理土地上建筑物等问题，存在不妥之处。国务院和各级政府代表土地所有人行使出让建设用地使用权的权利，又让其制定法律规制，决定出让合同另一方当事人能否获得地上物的所有权，这样做会使合同失去平等性。[①]

物权法对建设用地使用权续期问题缺乏合理完善的规定，留待土地管理法修订时予以解决相关问题：第一，住宅建设用地使用权到期如何自动续期，是否需要重新办理登记、签合同等手续，续期期限、续期次数如何确定，是否需要缴纳费用，费用缴纳方式。非住宅建设用地使用权到期申请权问题，续期期限、续期次数如何确定，费用缴纳方式。[②] 第二，期限届满，土地上房屋等建筑物的归属问题，国家收回建筑物应否支付一定补偿金，房屋所有权人是否具有取回权。

三、建设用地使用权制度的比较：地上权制度与土地批租制度

我国物权法上的建设用地使用权与大陆法系国家或地区物权法上的地上权意义相当。[③] 二者都是在他人所有的土地之上建造房屋等不动产，通常须向土地所有人缴纳土地使用费用，拥有一定土地使用期限。德国、日本、我国台湾地区为代表的大陆法系地上权制度侧重保护地上建筑物权益，英美法系下的香港地区的土地批租制度侧重保护土地使用权人即租地人稳定长期的土地使用权，两种制度各有所长，均值得我国参照学习。

（一）大陆法系下的地上权制度

大陆法系下的地上权制度以德国、日本、我国台湾地区为代表，三者具有相似之处，但亦因其国情历史差异有所不同。

第一，土地使用权存续期限方面。在德国法中，土地使用权人与土地所有人采用合同的方式设立地上权，因此充分赋予当事人自由裁量之权

---

① 陈晓筠：《物权法热点问题研究》，青海人民出版社2008年版，第179页；孙毅、申建平：《建设用地使用权宅基地使用权》，中国法制出版社2007年版，第243页。

② 刘家安：《物权法论》，中国政法大学出版社2009年版，第166～167页；高圣平、杨旋：《建设用地使用权期限届满后的法律后果》，载《法学》2011年第10期，第106页。

③ 梁慧星、陈华彬：《物权法》，法律出版社2007年版，第269页。

利，双方可以自愿对土地使用期限作出约定，法律予以保护。[①] 但对于特殊类型的土地使用目的，法律予以强制性规定，如“保障以建造和长期拥有建筑物为目的的土地利用，通常为66年或者99年”。[②] 日本法的规定与德国法相似，允许当事人自由约定，若无约定，可适用法律相关规定。《借地法》第2条规定：“借地权之存续期间，以所有石造、土造、砖造或类此之坚固建筑物为目的者，为60年。以所有其他之建筑物为目的者，为30年。但建筑物于此期间届满前腐朽时，借地权因而消灭。以契约就坚固之建筑物约定30年以上，就其他建筑物约定20年以上之存续期间者，借地权不受前项规定之约束，因其期间之届满而消灭。”[③]《借地借房法》第3条则规定：“借地权的存续期间为30年，但是，以契约规定比30年为长的期间时，从其所定。”[④] 由此可以看出日本地上权制度对当事人意思自治的优先保护，但出于对地上建筑物持续性保护之考量，也对当事人约定做出一定限制，坚固之建筑物约定30年以上，其他建筑物约定20年以上才合法有效。我国台湾地区“民法典”对土地使用权存续期限采取当事人约定优先、习惯次之、法律规定补充的做法。相较德国、日本法律规定，我国台湾地区地上权制度突出习惯的作用，所谓习惯是当事人在处理土地使用权问题时多年来约定俗成的既定规则，当事人应共同遵守。我国台湾地区法律对地上权之规定主要体现在“民法典”第833条，根据第833条之一规定：“地上权未定有期限者，存续期间逾20年或地上权成立目的已不存在时，法院得因当事人之请求，斟酌地上权成立之目的、建筑物或工作物之种类、性质及利用状况等情形，定其存续期间或终止其地上权。”根据第833条之二规定：“以公共建设为目的而设立之地上权，未定有期限者，以该建设使用目的完毕时，视为地上权之存续期间。”

第二，土地使用权续期期限方面。德国法将地上权续期视为土地使用权人与土地所有人之间重新订立合同关系，因此土地使用权续期期限完全由当事人自由裁量作出约定，法律不予干涉。日本《借地借房法》第4、5条明确规定了土地使用权续期期限，称为“借地权之更新”。第4条规定：

---

① Yan, Zhu, “Background, Principles and Core Contents of the Real Right Law of the People's Republic of China”, 2009 *Md. Ser. Contemp. Asian Stud.* 1 (2009).

② ［德］M·沃尔夫：《物权法》，吴越、李大雪译，法律出版社2002年版，第62页。

③ 谢在全：《民法物权论》（上册），中国政法大学出版社1999年版，第362页。

④ 《日本民法典》，王书江译，中国法制出版社2000年版，第319页。

“当事人更新借地契约时，前述期间自更新之日起为10年（在借地权设定后最初的更新时为20年），但是，当事人规定了更长的期间时，从其规定。”第5条规定：“借地权的存续期间届满，借地权人请求更新契约时，以有建筑物情形为限，在前条规定外，视为以与从前契约同一的条件更新契约。但是，借地人即述异议时，不在此限。借地权的存续期间届满后，借地权人继续使用土地时，以有建筑物情形为限，与前款同。”由此可见，日本法律允许当事人对土地使用权续期期限自行协商，土地使用权人享有续期请求权，但续期需以土地上之建筑物存在为前提。我国台湾地区对于续期期限的规定采取的是当事人约定优先，若无约定则由法院予以确定。根据我国台湾地区“民法典”第840条规定：“依第二项规定延长期间者，其期间由土地所有人与地上权人协议定之；不能协议者，得请求法院斟酌建筑物与土地使用之利益，以判决定之。”

第三，续期次数方面。德国法认为土地使用权续期是土地使用权人与土地所有人就地上权重新达成协议，因此次数不受限制。日本法律未对续期次数作出规定。我国台湾地区明确规定地上权续期次数仅有一次。这样规定的目的是为了避免土地使用权期限届满后反复延长，使得土地使用权与土地所有权无异。但若土地使用权人与土地所有权人重新就土地使用事宜协商，视为订立了新协议，则不受此限。

第四，续期费用方面。德国法规定地上权可以有偿设立，也可以无偿设立，只要双方当事人在合同中就是否收取租金作出明确约定即可，若无偿设立则视为土地所有权人对其收费权利的放弃。若有偿设立则土地使用权人须向土地所有权人支付租金，这里的租金既可以是金钱给付，也可以是实物给付。[①] 费用数额由双方当事人约定，若后来发生经济状况变化，继续适用原有数额将导致显失公平的结果，当事人可对原有数额进行调整。日本法律规定，地上权续期费用由当事人自行协商约定，且不能因土地价值的升降而增减地上权费用。

第五，地上权人的权利方面。德国法规定地上权人即土地使用权人享有补偿请求权和续展优先权。《地上权条例》第27条第1款规定“因期限届满而消灭地上权时，土地所有权人对地上权人就建筑物承担赔偿责任。双方当事人可以将该赔偿的数额、支付方式及其排除等作为地上权的内容

① 孙宪忠：《德国当代物权法》，法律出版社1997年版，第236页。

在协议中约定。”因德国采用土地、建筑物结合主义即土地吸纳建立于其上的建筑物，因此地上权期限届满时，土地所有权人取得土地上之建筑物，但是土地所有权人必须对地上权人进行经济补偿，体现出立法对于双方利益的公平考虑。[①] 续展优先权是指地上权期限届满时地上权人具有优先于第三人，与土地所有权人订立地上权续期合同的权利。根据《地上权条例》第 31 条第 1 款规定：“地上权如果被授予续展其地上权的优先权，而当土地所有权人和第三人在土地上设立地上权的合同时，他可以行使该优先权。但是为第三人的地上权是为其他的经济目的而设立时，该优先权不得行使。”续展优先权并非法定权利，是约定权利，只有在设立地上权时双方当事人在合同中对该权利作出规定，地上权人才享有。日本法规定地上权人享有取回权、续期请求权、购买请求权。日本因其早期房屋结构之特殊性，多采木质结构房屋，易于拆除重建，因此其采取土地、建筑物分离主义，[②] 土地上建筑物所有权并不当然被土地所有权吸纳，建筑物归地上权人所有。[③] 根据日本民法第 269 条之规定，地上权人在地上权期限届满后，可将土地上的竹木等建筑材料取回，但行使取回权时应恢复土地原状，不应妨碍土地所有权人对土地的使用。地上权人享有“地上权更新”之权利，可向土地所有权人行使续期请求权。[④] 若续期请求权被土地所有权人拒绝，则地上权人可请求土地所有权人按照实价购买其房屋建筑物。我国台湾地区亦采取土地、建筑物分离主义，因此其规定与日本法律相类似，地上权人享有取回权、补偿请求权。[⑤] 我国台湾地区“民法典”第 839 条 1 项规定：“当地上权灭失被土地所有人收回时，地上权人基于对地上工作物的所有权，可以将地上工作物取回。”地上权人的补偿请求权是无条件的，这点与日本法不同，我国台湾地区地上权人向土地所有权人请求时价补偿无需以续期请求权被拒绝为前置条件，只要在地上权期限届

① 徐定辉：《地上权期限届满法律规范模式的比较分析》，载《云南大学学报法学版》2006 年第 2 期，第 60 页。

② 孙毅、申建平：《建设用地使用权宅基地使用权》，中国法制出版社 2007 年版，第 106 页。

③ ［日］我妻荣：《日本物权法》，有权亨、李宜芬译，台湾地区五南图书出版公司 1999 年版，第 12 页。

④ ［日］近江幸治：《民法讲义法Ⅱ物权法》，王茵译，北京大学出版社 2006 年版，第 199 页。

⑤ 史尚宽：《物权法论》，中国政法大学出版社 2000 年版，第 203 页。

满一个月内请求补偿即可。具体补偿价格可由当事人协商，协商不成，可请求法院予以确定。

第六，土地所有权人的权利方面。德国法规定土地所有权人享有地上建筑物收归权、延期请求权。德国沿用罗马法“一切建筑物从属于土地”的思想，认为建筑物并无独立的所有权，仅是土地的构成部分，土地可吸附建于其上的建筑物，因此地上权人不能取得建筑物的所有权，地上权期限届满后，建筑物所有权附和于地上权，收归土地所有权人。[①] 土地所有权人还享有延期请求权，若地上权期满，土地所有权人无能力或不愿向地上权人支付补偿，则其可以允许地上权人在一定期限内继续使用该土地。[②] 若地上权人拒绝该延期请求权，地上权人不得再向土地所有权人请求补偿。日本法规定土地所有权人享有时价购买权、延期请求权、恢复原状请求权。出于保护建筑物完整性与保护土地所有人利益之考量，地上权期满时，法律鼓励由土地所有权人以时价购买地上权人之建筑物。土地所有权人之时价购买权为形成权，无需取得地上权人之同意，并且优先于地上权之取回权。与德国法类似，日本法也规定了土地所有权人的延期请求权。若地上权人拒绝了延期请求权，视为其自动放弃对地上权人权利的保护，则其不再享有对土地所有权人的购买请求权。若地上权人在一定期限内应当行使取回权没有行使或行使取回权时对土地造成破坏，妨碍土地所有权人对土地的正常利用，土地所有权人可以请求排除妨碍，行使恢复原状请求权。我国台湾地区此问题的规定与日本的立法相类似，即土地所有权人享有时价购买权、延期请求权、恢复原状请求权。唯一不同的是，我国台湾地区“民法典”规定地上权人行使取回权的期限为地上权期满后一个月，若地上权人未能及时行使取回权，则该建筑物收归土地所有权人。该规定旨在督促地上权人积极行使自己的权利，避免因其怠于行使取回权而造成对土地所有权人的妨碍。

（二）我国香港地区土地批租制度

在香港回归之前，香港土地属英国所有，英国通过香港政府将有关土

① ［德］鲍尔，施蒂尔纳：《德国物权法》（上册），张双根译，法律出版社2004年版，第26页。

② 孙宪忠：《德国当代物权法》，法律出版社1997年版，第237页。

地以一定价格按指定年限租借给承租人，使之取得一定年限的土地使用权。[①] 1997年香港回归之后，根据《香港特别行政区基本法》第七条规定："香港特别行政区境内的土地和自然资源属于国家所有，由香港特别行政区政府负责管理、使用、开发、出租或批给个人、法人或团体使用或开发，其收入全归香港特别行政区政府支配。"由此可见，香港原有土地批租制度得以保留。土地批租制是香港长期实行的出售土地使用权的制度。[②]

香港土地批租制度呈现出如下特点：第一，批租方式多样，批租期限较长。香港土地批租制度包括拍卖、招标、协议等多种批租方式，土地使用权人可取得七十五至九十九年不等的批租期限。第二，续期制度灵活。土地使用权人既可以在批租合同中对续期问题加以约定，也可在批租期限届满前20年内向香港政府提出续期申请。香港政府除因公共利益需求必须收回土地外，都予以批准。第三，续期费用合理。对于在批租合同中对续期问题加以约定的土地使用权人，无需缴纳地价，只需缴纳地税，地税缴纳标准为房地产年租金的千分之一点五、市场地价的千分之零点一。[③] 对于在期满前向香港政府提出续期申请的土地使用权人，需要缴纳地价，地价标准综合考虑土地所处地区、地段、发展限制等因素，并非采用一刀切的统一标准。此外地价支付可采取分期支付和一次支付的方式。

（三）我国特殊土地制度

我国土地制度与大陆法系实施地上权制度的国家存在一定差异，究其本质原因，我国实施的是土地所有权公有制度而非土地私有制。[④] 自1982年我国宪法规定"城市的土地属于国家所有"开始，[⑤] 我国便设立了城市土地归国家所有的土地所有权公有制度。土地公有制是宪法所确立的原

---

① 张增强主编：《香港法制教程》，暨南大学出版社1992年版，第176页。

② 张学仁主编：《香港法概论》，武汉大学出版社2006年版，第146页。

③ 陈志文：《关于到期土地使用权续期的讨论》，载《中外房地产导刊》2002年第24期，第11页。

④ Zhang, Mo, "From Public to Private: The Newly Enacted Chinese Property Law and the Protection of Property Rights in China", 5 *Berkeley Bus. L. J.* 317 (2008).

⑤ 《中华人民共和国宪法》第十条规定："城市的土地属于国家所有。农村和城市郊区的土地，除由法律规定属于国家所有的以外，属于集体所有；宅基地和自留地、自留山，也属于集体所有。"

则，是物权法需遵循的根本制度前提，因此在处理建设用地使用权相关续期问题时也必须坚持土地公有的根本前提。在土地公有制的前提之下，土地所有权不得交易流转，为了充分发挥土地资源的作用，土地使用权制度应运而生，建设用地使用权可通过出让等方式在市场上流转，因此我国坚持的是土地所有权与土地使用权相分离的原则。[①] 由于国家出让的土地而取得的建设用地使用权，具有民法上财产意义，因此在这种情况下，土地出让制度就变得十分重要。[②]

按照土地出让制度，建设用地使用权人在缴清土地出让金后，办理登记手续，领取建设用地使用权证明，便可取得建设用地使用权。同时，建设用地使用权与地上建筑物之间具有密不可分的关联性，在法律上可以推定建设用地使用权人就是地上建筑物的所有权人，即“房地一体”主义。[③] 通过建设用地使用权出让制度，建设用地使用权由静止的财产权变成一种流动的财产权，建设用地使用权人享有自由处分的合法财产权利，对建设用地使用权进行处分行为时无需取得土地所有权人的同意。建设用地使用权人拥有物权法中规定的所有权的权能，即对土地有占有、使用、收益、处分的权能。[④] 因此，尽管我国坚持土地公有的所有权制度，但按照土地所有权与使用权相分离的原则，我国物权法上的建设用地使用权与大陆法系国家或地区物权法上的地上权意义相当，都可采用民事法律关系与市场调整机制予以协调，如何合理保护建设用地使用权人的合法利益至关重要，可以借鉴相关国家或地区的成功经验。

（四）借鉴意义

德国、日本、我国台湾地区的地上权制度侧重保护地上建筑物的完整性，香港的土地批租制度侧重保护土地使用权人的利益，两种制度各有裨益，对我国制定建设用地使用权相关规定具有借鉴意义。

第一，赋予当事人意思自治的权利，充分尊重当事人之合意。不论是地上权制度还是土地批租制度，都将土地使用权视为土地使用权人与土地

① 《中华人民共和国城镇国有土地使用权出让和转让暂行条例》第二条规定：“国家按照所有权与使用权分离的原则，实行城镇国有土地使用权出让、转让制度，但地下资源、埋藏物和市政公用设施除外。”

② 郑云瑞：《物权法论》，北京大学出版社2010年版，第234～235页。

③ 王利明：《物权法研究》（下卷）（修订版），中国人民大学出版社2007年版，第165页。

④ 郑云瑞：《物权法论》，北京大学出版社2010年版，第235页。

所有权人之间达成的协议。德国、日本、我国台湾地区在地上权存续期限、续期期限、续期费用方面均赋予当事人自由选择权，法律保护当事人的自由意志，双方当事人之约定优先于法律规定。

第二，注重土地使用权人与土地所有权人利益的平衡。[①] 土地所有权人一般为政府，处于更强势的地位，为保证双方当事人在合同中的平等地位，法律赋予土地使用权人特定权利，实现双方利益地位的平衡。尽管德国采土地、建筑物结合主义，地上权人不享有建筑物之所有权，但法律赋予地上权人时价补偿请求权，若土地所有权人不愿补偿，则应允许地上权人延长土地使用期限。日本、我国台湾地区采土地、建筑物分离主义，地上权人享有建筑物所有权，地上权期满后可行使取回权或购买请求权，更为直接地保护了地上权人之利益。

第三，注重对建筑物完整性之保护。从经济、环保角度之考量，建筑物一旦脱离土地便成为一堆建筑材料，经济价值贬损，在原有土地上反复拆除修建建筑物易造成材料资源的浪费，不利于环境资源的可持续发展。因此日本、我国台湾地区立法虽然赋予地上权人取回权，但同时赋予土地所有权人时价购买权，购买权是形成权，无需征得地上权人同意，且购买权优先于地上权人的取回权。如此即便地上权消灭，地上建筑物仍可存在，发挥其效用价值，充分保护了建筑物之完整性。

第四，规定较长的土地使用权期限。我国目前住宅建设用地使用权最长期限为七十年，而香港批租制度规定期限从七十五至九十九年不等。随着建筑业的发展，建筑材料质量不断提高，建筑物存续时间不断延长，适当延长土地使用权期限有利于土地使用权与建筑物寿命相一致，避免出现土地使用权到期而建筑物所有权仍存续的矛盾问题，有利于土地使用权人更加充分地利用建筑物，保护土地使用权人的财产利益，全面发挥建筑物的效用价值。

第五，设置更为灵活的续期制度。我国在处理建设用地使用权期满问题时，侧重保护国家利益，未设置合理的续期制度，不利于保护土地使用权人的财产利益。香港批租制度中土地使用权人既可以通过合同预先约定续期事项，也可在期限届满的20年内向政府申请续期，可以看出政府大力保护土地使用权人的续期申请权，有利于土地使用权人稳定、长期地使用

① 蔡明诚：《民法普通地上权修正之评析》，载《月旦法学杂志》2010年第5期，第5页。

土地。

第六，设置合理的续期费用制度。香港批租制度规定地价缴纳标准需综合考虑土地所处地区、地段、发展限制等因素，并非采用一刀切的统一标准，充分考虑当事人实际情况，更为合理。同时规定支付方式多样，可一次支付或分期支付，分期支付需每年支付10%的利息。[①] 如此既减轻了土地使用权人的压力，使其费用负担控制在合理范围之内，同时也给政府增加了相应的土地收益。我国在制定续期费用标准时，可借鉴此种方式，综合考虑地区差异、土地状况等因素制定合理的收费标准，允许分期支付，减轻民众压力。

三、建设用地使用权期限届满的续期规则：分类处理与人本理念

（一）学界观点

温州“房屋产权高价续期事件”经媒体报道引发舆论热议之后，住宅建设用地使用权续期法律问题引发学界热烈讨论，诸多学者对此发表了专业意见，都不谋而合地体现出在处理建设用地使用权续期法律问题时必须坚持分类处理与以民为本的人本关怀理念。

江平教授提出关于住宅建设用地“自动续期”的含义，至少有三点，第一点在“续期”，指的是不能够收回，也不能够按照原有形式再来重新签订一个土地出让合同，续期就是把原有的延续下去；第二点在“自动”，指的是业主不需要主动提出和申请，即便没有交费其仍然有权继续居住，只是在转让方面受到限制；第三点在费用，有偿交费到底多少，按照立法当时情境来看，自动续期交费当然是数量不大。如果像报上登的温州续期需交几十万块，显然负担太大，并不合适。姚红教授提出研究建设用地使用权续期，有几个问题要注意：一是土地所有权人对土地使用权续期有无权利收取土地使用权出让金。从理论上讲，国家作为土地所有权人，永远掌握着土地到期后续期收费的权利，但国家作为权利人该如何行使对土地的权利，是否可以放弃对住宅建设用地使用权续期收费的权利。二是考虑到我国目前房屋购买价格过高，如此高昂的房价却只能取得一个有期限的

---

① 陈志文：《关于到期土地使用权续期的讨论》，载《中外房地产导刊》2002年第24期，第11页。

土地使用权，是否合理。三是续期交纳土地使用权出让金涉及民生，对老百姓利益影响巨大，如何做比较合适。可否考虑用作老百姓生活的住宅建设用地使用权自动续期后不再交纳土地使用权出让金，而用作投资炒房的，可以考虑交纳。龙卫球教授提出可考虑将续期交费方式改成年金制，类似于税制，但需要区分经营性和非经营性用地。住宅建设用地具有民生性，为人民生活所需，所以对此部分收费当然区别于当时房地产开发时的使用费，后者是向开发商收取的一次性经营的使用费。总之，要区分经营税费和非经营税费，对住宅采取低税率，应当是低成本的。应松年教授则从公法角度予以解读，提出住宅建设用地使用权续期这样的重大事宜必须通过重大决策程序，第一保证要有公众参与，必须遵循老百姓的意见；第二要经过专家论证；第三还需风险评估，必须经过实际调查研究。此外必须还有合法性审查，决策时应当集体讨论。因为这件事情关乎亿万群众，如何决定一个新政策，必须慎重考虑。①

（二）住宅与非住宅区分处理原则

我国在处理建设用地使用权续期问题时总体应坚持住宅、非住宅区分的原则，这是由土地用途决定的。住宅用地用于保障公民住房，是对公民基本生活需求的保证，是维护社会稳定的基础，因此在处理续期问题时应从以人为本的观念出发，减轻公民负担。非住宅用地多用于商业用途，土地使用权人在土地之上建筑房屋进行商业活动获取经济利益，政府有权从商业行为中收费。物权法第一百四十九条规定："住宅建设用地使用权期间届满的，自动续期。非住宅建设用地使用权期间届满后的续期，依照法律规定办理"，可见立法以体现出区分住宅非住宅用地的理念。

住宅用地"自动续期"是指依法定事件（期间届满之事实）而自动延续，无需任何人力和花费。② 期限届满时国家无权收回土地，当事人无需提出续期申请，无需国土资源等行政机关批准，建设用地使用权期限从上一期限届满的次日自动延续。住宅建设用地使用权人与政府不需要按原有形式签订新的土地出让合同，所谓续是指将原有的延续下去。根据城市房

---

① 参见经济参考报：《法学家热议住宅土地使用权续期》，载 http://www.china.com.cn/legal/2016-04/27/content_38332862.htm，于2016年5月2日访问。

② 朱广新：《论住宅建设用地使用权自动续期及体系效应》，载《法商研究》2012年第2期，第3页。

地产管理法第二十二条，非住宅用地应于期限届满前一年申请续期，并需得到国土资源行政部门的批准，除根据社会公共利益需要收回该幅土地的，应当予以批准，批准之后建设用地使用权人与政府应重新签订土地出让合同。该规定立法本意没有问题，很好地平衡了建设用地使用权人与土地所有权人之间的关系，但何为公共利益边界不清，导致公共利益泛化，不乏地方政府借此权力寻租，恶意拒绝土地使用权人的续期申请。立法应通过概括性标准及列举性标准双向规制公共利益的边界，通过完善公示程序、听证程序加强公民对于政府行使“公共利益”权利的监督。①

值得注意的是，实际生活中住宅用地和非住宅用地的混合情形愈发增多，例如商住一体以及住改商用房的特殊情况。物权法第七十七条对住改商用房的转换条件作出有条件承认的限定性规定。② 即在符合法律及相关规定的前提下，取得具有利害关系的业主同意，住宅可改为经营性用房。笔者认为，住改商等特殊情形使得房屋使用性质发生变化，由于住房商用涉及的利益众多，不进行任何的审批或备案就允许住宅进行商业用途，可能会导致一系列的社会问题。例如，部分住户拥有多套住房，其利用多套住房进行商用并且营业收入已达到一定标准，如果仍放任其利用住宅用地的续期优惠，势必会对按照商业用地缴纳续期费用的商户带来不公，引起社会矛盾。③ 因此，住宅改为商用应当经过行政部门的批准，进行变更登记，对于这部分房屋，由于房屋性质已经发生改变，应当按照改变后的房屋性质即非住宅办理建设用地使用权续期相关手续。但在处理具体问题时还需结合个案情形进行具体分析。例如，房屋所有人只是利用其房屋的一部分经营小生意，营收规模不大，只是用于补贴家用，则仍应将房屋性质认定为住宅，按照住宅建设用地使用权办理相关续期手续。这样做一方面有利于鼓励弱势群体利用自有资源自主创业，响应我国“大众创业、万众创新”的政策；另一方面由于此种住改商本身规模较小，盈利较少，与我们传统所说的大企业、大商场的非住宅“商业性”“经营性”具有巨大差

① 唐忠民、温泽斌：《关于“公共利益”的界定模式》，载《现代法学》2006年第9期，第95页。

② 物权法第七十七条规定：“业主不得违反法律、法规以及管理规约，将住宅改变为经营性用房。业主将住宅改变为经营性用房的，除遵守法律、法规以及管理规约外，应当经有利害关系的业主同意。”

③ 崔艳蕾、邵达民：《民宅商用法律问题分析——兼谈〈物权法〉第77条的适用》，载《当代经济管理》2008年第3期，第87页。

异，故不可对其采用商业用地的高收费标准。因此，在处理住改商混合性住房的续期问题时，必须具体问题具体分析，结合经营规模、盈利方式等综合考量，真正保护权利人应保护之利益。

（三）续期期限的意思自治与续期次数的强制安排

建设用地使用权续期的前提是地上建筑物存在，如果地上建筑物灭失，则建设用地使用权消灭，剩余的建设用地使用权的期限也不再继续。[①]对于建设用地使用权的续期期限有学者认为应采固定期限说，将延长和续期期限定为固定的年限为30年[②]；有学者认为应由建筑专家对建筑物安全使用年限进行评估，最长与国家规定的最长使用年限一致。[③]笔者认为对于续期期限问题，宜将住宅、非住宅区分处理。

对于住宅用地的续期期限，首先应赋予当事人自由协商之权利，充分保证当事人的意思自治，建设用地使用权人可依其需求自由选择续期期限，但不应该超过法律规定的最长的土地使用年限，即“居住用地七十年”。若当事人未作出约定选择，则由评估机构根据房屋结构评估房屋的存续期限，续期期限直至建筑物丧失使用价值时为止，如此既保障了公民的居住权利，同时也使得土地使用价值最大化。对于非住宅用地的续期期限，首先也应赋予当事人自由协商之权利，充分保证当事人的意思自治，由建设用地使用权人依其需求自由选择续期期限，只要不超过法律规定的最长的土地使用年限即可。根据《城镇国有土地使用权出让和转让暂行条例》第十二条“工业用地五十年；教育、科技、文化、卫生、体育用地五十年；商业、旅游、娱乐用地四十年；综合或者其他用地五十年。”若土地使用权人未作出约定，由政府委托评估机构综合考虑房屋建筑结构、最长使用年限以及土地还原利用率等因素判断地上建筑物的使用寿命情况，由国家结合土地的用途分别规定其续期年限。[④]如此既根据土地用途类别考虑了一般情况又结合评估结果考虑了特殊情况，充分保证了地上建筑物

---

① 李婧怡：《对城市国有土地使用权期满问题的问题探讨》，载《国土资源》2012年第2期，第54页。

② 陈晓筠：《物权法热点问题研究》，青海人民出版社2008年版，第179页。

③ 何汉全：《土地使用权期满的后续问题研究》，载《中国房地产》2004年第11期，第74页。

④ 毛璐、汪应宏、申定钢：《土地使用年限的确定方法研究》，载《国土资源科技管理》2007年第6期，第95页。

效用价值最大化，保护了土地使用权人的房屋财产权益。

对于续期次数应区分两种情况，如果续期期限是当事人以约定方式确定的，在第一次续期期满后，若地上建筑物仍存续具有使用价值，应当允许建设用地使用权人再次续约。如果续期期限是由政府委托评估机构综合考量房屋结构、耐用年限、土地使用率等情况作出，已充分考虑建筑物存续期限，则应规定续期次数只有一次，因为第一次续期期满时建筑物已物尽其用，发挥完毕其使用价值。综合考虑，除当事人另有约定外，续期次数以一次为宜，如果允许多次续期，无疑进入一个循环往复的过程，使得建设用地使用权的出让与土地所有权无异，① 这与我国土地公有制背道而驰。

（四）续期费用的人本理念关怀

物权法对于续期应否缴纳费用未予规定，学界对于非住宅用地因其商业属性续期应缴费的观点已达成共识，目前争议主要在于住宅用地续期应否缴费。无偿续期说认为物权法规定住宅用地"自动续期"，所谓自动就意味着建设用地使用权人不需采取任何行动，包括不需支付土地使用费用。② 同时在目前房价高涨的情况下，消费者投入大量个人财产购得房屋，却还需缴纳昂贵的土地使用费，民众难以接受。③ 有偿续期说认为对土地使用收费是保证社会公平的一种机制，防止个人依靠祖辈财富不劳而获，实际是对个人财富的部分社会转移，防止贫富差距过大。④ 同时收取土地续期费用有利于保障地方税收，提供稳定的财政收入，为社会保障、民生支出、经济建设提供持续的动力。⑤ 笔者认为应采有偿续期说，建设用地使用权人在期限届满后若想继续使用该土地应向政府交纳续期费用，符合合同法支付对价的公平理念。建设用地使用权作为用益物权的一种，是在

---

① 何汉全：《土地使用权前的后续问题研究》，载《中国房地产》2004年第11期，第76页。

② 崔永亮：《住宅用地使用权自动续期有关问题之探讨》，载《国土资源导刊》2007年第4期，第71页；刘春：《论住宅建设用地使用权人自动续期》，载《中国商界》2009年第11期，第82页。

③ 翟方业：《住宅土地应无偿自动续期》，载《观察与思考》2009年第4期，第9页。

④ 王新江：《建设用地使用权应当有偿续期》，载《中国财政》2009年第12期，第40页。

⑤ 高圣平、杨旋：《建设用地使用权期限届满后的法律后果》，载《法学》2011年第10期，第107页。

他人所有之物上创设权利负担，受到期限的限制，若期限届满，建设用地使用权人便失去继续使用他人土地的权利基础。如果此时土地所有权人继续负担他人对自己土地使用的义务，当然其享有收取对价的权利。同时如果规定可以一直无偿无限期自动续期，则建设用地使用权便与土地所有权无异，将导致土地私有化的不利后果。当然国家作为土地所有权人享有自由处分其权利的自由，出于公共政策的考量，在某些特殊情况下国家为保障部分住宅的公益性，可自动放弃收取续期费用的权利。

对于费用缴纳标准，目前尚无统一的收费标准。有学者提出在制定住宅建设用地使用权的缴费标准时可参照国家对公有住房和经济适用住房上市出售补交土地出让金的相关规定，“缴纳标准按不低于购买的已购公有住房或经济适用住房坐落位置的标定地价的10%确定”。住宅建设用地使用权期限届满后续期时，国家可以规定按照房屋坐落位置的标定地价的一定比例补缴土地出让金。同时，“上市出售的已购公房按当年房改成本价的1%补交土地出让金。”住宅建设用地使用权期限届满后续期时，国家可以规定按照原来购买房屋价格的一定比例收取土地出让金。[①] 笔者认为在确定续期缴费标准时应坚持住宅非住宅区分原则。在制定住宅用地缴费标准时，应坚持以人为本之思想，坚持少量适度之原则，充分考虑公民的经济承受能力。目前高涨的房价已让公民为购买住房倾尽财力，若仍坚持高昂的土地使用费用势必会导致社会矛盾尖锐，影响收费标准执行力。在制定非住宅用地缴费标准时，也应适度，不能任意榨取法人的商业利益，将土地收费变成地方政府敛财的工具，最终影响商业的发展。具体可以参照香港批租制度的收费规定，土地使用权人缴纳地税和地价，地税缴费标准为房地产年租金的千分之一点五、市场地价的千分之零点一，地价标准综合考虑土地所处地区、地段、发展限制等因素，并非采用一刀切的统一标准，并且地价可根据土地使用权人的财力状况一次缴纳或按年分期缴纳。我国深圳市在《深圳市到期房地产续期若干规定》中规定房地产到期续期包括“补交地价签订土地出让合同或支付土地租金签订土地租赁合同”两种方式，具体缴纳标准为“补交地价数额为相应用途公告基准地价的35%并按约定年期修正，补交地价一次性支付；土地租金按年支付，其标准由

① 宋炳华：《住宅建设用地使用权续期之法理分析及完善路径》，载《国土资源情报》2011年第8期，第29页。

市国土管理部门定期公布。”① 尽管35%的地价标准是否合理还值得探讨，但可以看出我国目前已有地区针对建设用地使用权续费问题进行了有益的探索，规定了一次性支付地价与分期缴纳土地租金两种方式，与香港批租制度的收费标准有共通之处，值得其他地区借鉴。在制定续费标准时应规定一次性缴纳和分期缴纳两种方式，分期缴纳可有效缓解土地使用权人缴费压力，为政府提供长期合理稳定的财政收入，避免政府为获得土地使用费而过度开发土地资源竭泽而渔。同时应采取因地制宜的收费标准，综合考虑土地所处地段、用途等因素来制定标准，国家在特殊情况下出于公共政策考量可以放弃收费的权利。在缴费程序方面，非住宅用地在续期申请批准后办理续期手续时缴纳土地使用费。而住宅用地“自动续期”，期满后即便未续缴费用仍有权继续居住，无需专门前往国土资源等行政部门办理续费手续，只是在房屋产权转让或重建时需办理相关缴纳费用手续。

四、建设用地使用权期限届满地上物处理规则：归属选择与价值补偿

根据《城镇国有土地使用权出让和转让暂行条例》第四十条之规定，建设用地使用权期限届满，我国对地上物的处理规则是由国家无偿取得地上建筑物、其他附着物所有权。该规定过于保护土地所有权人的利益，忽略了建设用地使用权人的合法财产利益，与侧重保护用益物权人利益的各国通例不合，因而受到了广泛的质疑。② 笔者认为，对于建设用地使用权期限届满地上物的处理应坚持土地与建筑物分离主义，赋予建设用地使用人续期请求权和时价补偿请求权，赋予土地所有权人延期请求权。

（一）地上建筑物的归属问题

建设用地使用权期满后，建筑物的所有权不应由国家无偿取得，否则

① 《深圳市到期房地产续期若干规定》第三条规定：“到期房地产，业主需继续使用该土在不改变用途的情况下，按有偿使用土地的原则延长土地使用年期。延长方式包括补交地价签订土地出让合同或支付土地租金签订土地租赁合同。在国家规定的最长土地使用年期减去已使用年期的剩余年期范围内约定年期的，补交地价数额为相应用途公告基准地价的35%并按约定年期修正，补交地价一次性支付；土地租金按年支付，其标准由市国土管理部门定期公布。”

② 房绍坤：《物权法用益物权编》，中国人民大学出版社2007年版，第209页；李显冬：《论土地使用权到期后其上房屋所有权的归属》，载《国家行政学院学报》2005年第5期，第35页。

将与我国在建筑物所有权问题上一贯坚持的“谁投资，谁持有”的政策和保护财产所有权的原则相违背，与民事主体平等交易和公平交易原则相违背。[①] 建设用地使用权人花费大量人力物力财力来建造、购买地上建筑物，并且获得了国家行政机关颁发的房产权属证明，由其取得建筑物的所有权是合理合法的。根据所有权之物权属性，具有绝对性、排他性、永续性等特征，任何人不得随意干预所有权人行使其权利的自由。若建设用地使用权期满后，国家无正当理由也不给予任何补偿便将地上建筑物收回，势必会侵犯建设用地使用权人的合法所有权，侵犯其由宪法赋予的合法财产利益。建设用地使用权人出于其对房屋只有短暂权利期限之考量，必然会加大对房屋及土地资源的开发掠夺损毁，放弃对房屋的翻新改造，长此以往必将影响环境资源的可持续发展。房屋购买者认为其对房屋只能享有短暂使用权，必然重创其购买积极性，影响二手房流转交易，不利于房地产市场正常发展。

笔者认为，对于地上建筑物的归属问题，首先应尊重当事人的意思自治，建设用地使用权人与土地所有权人在协商一致的情况下，可自行约定建设用地使用权期满后建筑物的归属问题。这一点在物权法第一百四十九条中已有所体现“该土地上的房屋及其他不动产的归属，有约定的，按照约定”。若双方无约定，我国采用土地、建筑物分离主义，地上建筑物应归属于建设用地使用权人，以此保障公民的合法财产权益。具体而言，对住宅、非住宅用地应区分考虑。物权法已规定住宅用地期限届满，自动续期，建设用地使用权人可以无条件继续使用该土地，房屋权属也不存在争议，归建设用地使用权人所有。目前学界对此问题看法较为一致，争议焦点主要在于非住宅用地的地上物归属问题。笔者认为，对此问题可借鉴日本、我国台湾地区的做法，赋予建设用地使用权人续期请求权、无条件补偿请求权。考虑到我国目前建筑结构多为钢筋水泥混凝土材质，不同于日本的木质房屋结构具有极强的拆解性重塑性，因此不宜赋予建设用地使用权人取回权，即便取回也只是一堆失去价值的建筑材料，没有意义，反而破坏了原建筑物的完整性。建设用地使用权到期，建设用地使用权人可向政府部门提出土地续期使用申请，若申请获批准，建设用地使用权人可继续使用该土地，地上建筑物所有权归建设用地使用权人所有。若建设用地

① 王卫国：《中国土地权利制度研究》，中国政法大学出版社1997年版，第168页。

使用权人未提出续期申请或政府出于公共利益之考量未通过其申请，国家要收回地上建筑物，则必须给建设用地使用权人相应补偿。

（二）地上建筑物的价值补偿问题

对于地上建筑物的价值补偿问题，目前学界存在三种观点：第一，要求土地所有权人按照建筑物市场价值进行补偿。第二，若当事人对补偿事项有约定则从其约定，若无约定，则由建设用地使用权人对地上建筑物进行拆除，国家对不能拆除部分给予适当补偿。[①] 第三，可以适当延长土地使用权期限来满足对地上建造物的价值补偿。[②]

笔者赞同第一和第三种观点。第二种观点要求建设用地使用权人将地上建筑物拆除，不利于保护建筑物之完整性，造成资源浪费。国家也只是对不能拆除之部分给予适当补偿，何为“适当”，没有合理确切的标准。若仅由地方政府根据其利益对“适当”作定义，则不免损害建设用地使用权人的利益，有违公平。对于补偿标准应当按照建筑物市场价值予以执行，市场价值为我们提供了一个较为确切的评估参照标准，并且也最为接近建设用地使用权人的财产损失。此外，我国可借鉴德国相关立法，赋予土地所有权人延期请求权，若土地所有权人不愿意或无能力进行补偿，可适当延长建设用地使用权人的土地使用期限替代补偿。我国部分地方政府确实存在财政困难无法补偿的情形，赋予延期请求权，能对土地所有权人的利益起到平衡保护的作用，同时建设用地使用权人可继续利用原有土地创造价值。若此时建设用地使用权人拒绝续期，视为其自动放弃补偿方案，丧失补偿请求权。

我国对土地房屋问题一直体现出“重土地、轻房屋”的思想，过于保护土地所有权人的利益，致使建设用地使用权人利益易受损害。房屋是公民的合法财产，国家应对其所有权予以保护，不应任意掠夺，应赋予建设用地使用人续期请求权和时价补偿请求权，保障其合法财产权不受侵害，保障人民安居乐业。

---

① 王宁：《土地使用期满地上建筑物归属的民法调整》，载《当代法学》1999年第3期，第62页。

② 高圣平、杨旋：《建设用地使用权期限届满后的法律后果》，载《法学》2011年第10期，第105页。

五、建设用地使用权续期的公法观察：法律保留与立法权限

对于建设用地使用权续期问题应坚持法律保留原则。所谓法律保留，又称为积极的依法行政，指法律是行政权对特定国家事务发生作用的必要基础，即对于特定范围内的国家事务，行政权只能获得法律的授权才能启动。简言之，无法律授权则无行政主体的合法行政行为。① 在“温州土地使用权续期事件”中，温州市国土资源局甚至温州市政府均无权制定建设用地使用权续期的收费标准和续期办法。

首先，根据立法法第八条之规定，民事基本制度只能制定法律；第九条规定“第八条规定的事项尚未制定法律的，全国人民代表大会及其常务委员会有权作出决定，授权国务院可以根据实际需要，对其中的部分事项先制定行政法规”。建设用地使用权属于民法中的用益物权，建设用地使用权人与土地所有权人签订的合同是公民、法人、其他组织与政府签订的民事合同，双方具有主体地位平等、权利义务关系对等的民事法律关系特点。如何解决建设用地使用权续期收费问题牵涉到公民基本财产权利的处理，牵涉到公民的基础居住权利，属于民事基本制度的范畴。因此，建设用地使用权续期制度作为民事基本制度只能制定法律、最多是授权国务院先制定行政法规。温州市政府、温州市国土资源局显然无权制定建设用地使用权相关规范。

其次，物权法第一百四十九条规定：“非住宅建设用地使用权期间届满后的续期，依照法律规定办理。该土地上的房屋及其他不动产的归属，有约定的，按照约定；没有约定或者约定不明确的，依照法律、行政法规的规定办理。”由此可以看出，对于非住宅用地的建设用地使用权续期问题只能由法律规定，涉及地上建筑物归属问题至多由行政法规规定。非住宅用地主要涉及商业用途，土地使用权人依靠在土地之上建筑房屋进行商业活动以获取经济利益，而住宅用地其上建筑的是公民居住的房屋，是公民倾其心力所拥有的房屋财产，因此住宅建设用地使用权如何规定直接牵涉到公民基本住房的保障问题，公民基本财产权利的归属问题以及整个社会和谐稳定、安居乐业的问题。因此，住宅用地的意义和影响比非住宅用地的意义和影响更为重大、深远。根据法律解释体系解释“举轻以明重”

---

① 秦前红、叶海波：《论立法在人权保障中的地位——基于“法律保留”的视角》，载《法学评论》2006年第2期，第4页。

之要义，既然非住宅建设用地使用权续期的补充规定只能由法律、行政法规这样的层级作出，那意义影响更为重大的住宅建设用地使用权的续期规定只能由更高层级作出，而不能由更低层级作出。因此，住宅建设用地使用权续期问题至少应由法律、行政法规层级作出规定，地方政府及行政部门无权作出相关规定。

最后，根据立法法第八十二条“没有法律、行政法规、地方性法规的依据，地方政府规章不得设定减损公民、法人和其他组织权利或者增加其义务的规范。”在处理建设用地使用权续期问题上，地方政府规章不得设定过高的续期费用、繁琐的续期程序以致公民、法人和其他组织的权利减损、义务增加。温州市国土资源局所制定的规范性文件，效力层级比地方政府规章更低，因此其当然不得制定高额的续期费用规定，无权减损私人之权利。

因此，对于建设用地使用权续期问题应坚持法律保留的原则，只有法律、行政法规对此具有立法权限，地方政府及其行政部门无权作出相关规范性文件。

六、结语

合法的国有土地使用权是国家的一项重要资产，土地上的房屋建筑物是每一个老百姓安身立命的一生中的重要财产，温州土地使用权高额续期事件触发了潜藏在我国物权法第一百四十九条文字表达背后的“立法留白”：国有土地使用权续期的国家利润最大化的诉求与老百姓居住基本人权保障之间的选择平衡。

土地制度要解决好人民之间、人民与政府之间以及政府之间围绕土地资源配置和再配置的利益分配和平衡[①]，因此，建设用地使用权续期问题是事关公民居住权利的民生问题，完善建设用地使用权的续期制度对保障公民的住房权利，保障土地资源的有效利用，保障房地产市场及社会的稳定性都具有重要作用。现有物权法、城市房地产管理法、《城镇国有土地使用权出让和转让暂行条例》的立法规定存在空白缺失，容易导致地方政府作出非法行政行为，损害公民合法财产利益。全国人大应尽快通过完善立法的方式为解决续期问题提供合理合法的依据。立法过程中，建议参考

---

① 周其仁：《改革的逻辑》，中信出版社2013年版，第163～166页。

德国、日本、我国台湾地区地上权制度，香港土地批租制度，赋予建设用地使用权人自由协商之权利，平衡建设用地使用权人与土地所有权人双方之利益，坚持住宅与非住宅相区分的原则，保障建设用地使用权人的法定续期权。

我们不妨重温这样一个常识：国家的决策常常是在政治和立法程序中以纳税人为大家执行特殊利益，否则无异于将国家和追求利润最大化的公司或个人相等同。[①]

---

① ［德］汉斯－贝恩德·舍费尔、克劳斯·奥特：《民法的经济分析》（第四版），江清云等译，法律出版社2009年版，第559页。

放弃不动产抵押权、撤销放弃的效力及其实现路径

姜 强*

一、拟讨论的案型及问题

甲公司委托某银行向乙公司发放贷款，丙公司在该委托贷款合同中以某土地使用权设定抵押，为该借款提供担保。在合同履行过程中，丙公司与债权人甲公司及某银行磋商，以提供其他担保的方式取代抵押担保，并由甲公司和某银行放弃抵押权。后甲公司和某银行分别向丙公司出具声明，表示“同意解除丙公司为借款合同所设定的抵押权”。但在办理抵押权注销登记之前，因乙公司未能依约偿还借款本息，甲公司及某银行起诉请求乙公司返还本息、丙公司对借款本息承担担保责任。丙公司以甲公司及某银行已放弃抵押权为抗辩，主张免除担保责任。

上述案件涉及物权法第一百七十七条的解释问题，该条规定，债权人放弃担保物权的，担保物权消灭。在本案情形下，需要进一步讨论的问题是：出借人甲公司及某银行出具的声明是何种性质？该声明具有何种法律效力？该声明能否产生抵押权消灭的法律效果？如果不能，则该声明能产生何种法律效果？作为声明这一意思表示受领人的丙公司，在诉讼中如何实现该声明所产生的法律效果？甲公司及某银行能否撤销该意思表示？甲公司及某银行起诉请求丙公司承担担保责任的行为，是否产生撤销该声明的效果？

需要先就本案所涉及的委托贷款的交易结构作一简要说明。依据委托

* 最高人民法院民一庭法官。

贷款的相关监管政策[①]以及委托贷款的实践，委托贷款系出借人为委托人，商业银行为受托人，由出借人确定贷款对象、用途、金额、期限、利率等条件，由商业银行以自己的名义或者出借人的名义与借款人订立借款合同，商业银行不承担借款合同的权利义务，仅享有收取委托费用的权利以及代为发放、监督使用并协助收回贷款的义务。

本文所举委托借款案例的交易关系涉及如下几个方面：一是委托人甲公司（出借人）与某银行（受托人）之间的委托关系；二是受托人某银行与乙公司之间的代理关系；三是因某银行的代理行为所产生委托人甲公司（出借人）与某银行（受托人）之间的借款关系；四是抵押人丙公司与出借人甲公司（委托人）之间的抵押关系。从法律关系上看，抵押权所担保的主债权为借款合同，抵押权人为出借人（委托人）甲公司而非受托人某银行。因此，即使受托人某银行作出放弃抵押权的意思表示，其法律效果也应当归属于委托人甲公司（超越权限的另论）。

二、放弃无其他负担的物权需要向登记机关作出吗

首先需要说明，在我国，所谓“无其他负担的不动产物权”主要是指无他物权的房屋所有权、建设用地使用权、土地承包经营权、宅基地使用权等。而国家土地所有权、集体土地所有权、集体房屋所有权等则不存在抛弃的可能。

放弃抵押权的声明，在内容上，属于抛弃物权的意思表示；在法律行为的类型上，属于单方法律行为。单方法律行为又可区分为需受领的意思表示和无需受领的意思表示或者有相对人的意思表示和无相对人的意思表示。判断抛弃物权的意思表示是否需要受领，涉及该意思表示是否发生效力、何时发生效力以及发生何种效力等问题，实质上是该意思表示是否需

① 关于委托贷款，监管机构先后出台过一系列的政策，例如1988年中国人民银行《关于加强对信托投资机构委托存贷款业务管理的通知》（银发【1988】285号）、1991年《对“关于委托贷款的担保问题的请示”的答复》（银条法【1991】14号）、1992年《关于对〈关于委托贷款有关问题的请示〉的复函》（银条法【1992】13号）、1993年《金融信托公司委托贷款业务规定》（已于2010年废止）、1996年《关于委托贷款业务管理问题的批复》（银办函【1996】260号）以及1996年中国人民银行发布的《贷款通则》。

要到达相对人并产生相应法律效果的问题。[①] 而这一问题的判断，取决于该意思表示的效果意思为何以及该效果意思是否对他人产生负担或者不利影响，以及对法律体系所确定的法秩序产生何种影响。

在此意义上，抛弃物权的意思表示是否需要受领，就需要根据抛弃这一意思表示的法律效果以及物权法的整体秩序加以判断。所谓抛弃的效果意思，是消灭物权；所谓物权法的整体秩序，则主要是指包括物权消灭在内的物权变动模式。

根据物权法体系，抛弃的意思表示在消灭物权这一法律效果上，应区分不动产物权和动产物权，并应同时考虑物权的类型。在不动产物权场合，因现行物权法在多数场合采取物权变动的登记生效主义（物权法第九条），例外情形下采取物权变动的登记对抗主义（物权法第一百二十九条、物权法第一百五十八条等），因此，抛弃的意思表示要发生物权消灭的效果，也应同时考虑登记在其中的作用。

在不动产物权场合，权利人抛弃物权，如果该物权上无其他负担，要达到物权消灭的效果，则除了抛弃的意思表示外，还应完成注销登记。对此，物权法第九条关于“不动产物权的设立、变更、转让和消灭，经依法登记，发生效力”的规定，即为明证。在登记法上，《不动产登记暂行条例》第三条也明确了注销登记为登记的一种。第十四条第二款第（五）项［《房屋登记办法》第十二条第二款第（五）项］[②] 则规定，不动产灭失或者权利人放弃不动产权利，可以由一方当事人申请注销登记。《不动产登记暂行条例实施细则》第28条规定，权利人放弃不动产权利的，可以申请办理注销登记。由此，可以得出结论，不动产物权因权利人放弃而欲发生物权消灭的法律效果，需要完成注销登记才能实现。从反面看，如果不

① 关于需受领的意思表示和无需首领的意思表示这一分类，也有观点认为其实并不准确。根据《德国民法典》第130条的规定，“需受领”的意思表示的指的是“须向他人作出的”意思表示；“无需受领”的意思表示指的是无须“向他人作出的”意思表示。所以，关键的问题并不在于“需受领性”，而在于是否表示“须向他人作出”，法律针对这类表示规定他们的原则上应当到达。这种从法律效果的角度的分析具有合理性。原因在于，是否需受领，取决于这一意思表示是否需要到达相对人才发生效力。参见［德］维尔纳·弗卢梅：《法律行为论》，法律出版社2013年版，第163页。

② 需要注意的是，除了集体所有的土地外，对于其他私主体，则无享有土地所有权的可能。所以，土地所有权的放弃，在我国现实中并不存在。另外，《土地登记办法》并未将放弃物权作为单方申请注销登记的情形之一，但由于《不动产登记暂行条例》已经予以明确，因此，该规定亦应适用于土地上除所有权之外的物权的注销登记。

将注销登记作为抛弃不动产物权发生物权消灭效果的要件，那么现有登记簿上登记在册的物权，在事实上究竟是否存在，就变得扑朔迷离。这一局面，将极大动摇不动产登记簿公信力的事实基础，并不可取。

根据不动产登记程序，权利人申请登记需要提交登记申请书（《不动产登记暂行条例》第16条第1款第1项）。该意思表示在外形上经常与抛弃所有权的意思表示合二为一，但在解释上，该意思表示与实体法上抛弃物权的意思表示是否相同？

对此，《德国民法典》第875条规定，为废止土地上的某项权利，权利人必须做出其抛弃该项权利的意思表示，并且必须在土地登记簿上涂销该项权利。该意思表示必须向土地登记处或向因该意思表示而受利益的人为之。通说认为，放弃所有权的意思表示须向土地登记局为之，且该意思表示区别于土地登记法上所要求的注销登记的同意[①]。台湾地区“民法”第764条的解释论认为，[②] 虽然该条仅规定抛弃动产物权需同时抛弃占有，而未规定抛弃不动产物权需完成登记，但2009年物权编修正理由认为，抛弃不动产物权，仍应作成书面并完成登记始生效力，但因抛弃系以单独行为使物权丧失，因此应当同时适用第758条的规定，无需重复规定。而第758条规定的内容则是，不动产物权依法律行为而取得、设定、丧失及变更者，非经登记，不生效力，且该行为应以书面为之。从前述立法理由上看，并未明确抛弃的意思表示是否需要向不动产登记机构作出，但在解释上，多承认之。

回到我国，按照《不动产登记暂行条例》及其实施细则的规定，因放弃不动产权利的，应办理注销登记（《不动产登记暂行条例》第十四条、实施细则第二十八条），办理注销登记需提交的材料包括：承包经营权人放弃承包经营权的材料（实施细则第五十一条）、抵押权人放弃抵押权的材料（实施细则第七十条）、预告登记权利人放弃预告登记的材料（第八十九条）等。那么，是否有必要将抛弃的意思表示与注销登记的意思表示区分开来？

对此问题，可以从两个方面观察：从现象上看，不动产权利人放弃物

① 鲍尔/施蒂纳尔：《德国物权法》（上册），法律出版社2004年版，第410页。

② 台湾地区“民法”第764条规定：物权除法律另有规定外，因抛弃而消灭。前项抛弃，第三人有以该物权为标的物之其他物权或于该物权有其他法律上之利益者，非经该第三人同意，不得为之。抛弃动产物权者，并应抛弃动产之占有。

权的意思表示，既可以表现为口头表达，也可以表现为一定的行为。如果该物权上无其他负担或者抛弃物权不会对他人利益产生影响，则抛弃物权的意思表示更经常地体现为使不动产物权消灭的行为之中。这一行为，即为注销登记。

对生活中的某个现象作出一定的评价或者抽象为某种概念，抑或赋予其一定的法律意义，在立法论下，取决于立法者的政策判断、体系乃至制度设计；在解释论下，则更多地取决于现行法的历史、体系、概念和规范。在前述场合，笔者认为，在我国现行法的解释论上，仍有必要将抛弃的意思表示与向登记机构申请注销登记的意思表示区分开来。

首先，在现象上，由于该不动产物权上无其他负担或抛弃物权不影响他人利益，抛弃物权的意思表示即无法向“他人”作出。

其次，虽然抛弃物权的意思表示无法向他人作出，但现行不动产登记法要求放弃物权的权利人注销登记时提供放弃物权的材料，该材料显然就是放弃物权这一意思表示的唯一体现。但是，要看到，不动产登记法在登记的材料要求方面，区分了不动产登记申请与申请不动产登记所要求的材料。(《不动产登记暂行条例实施细则》第9条规定，申请不动产登记的，申请人应当填写登记申请书，并提交身份证明以及相关申请材料)。在注销登记中，既需要提交注销登记的申请书，也需要提交放弃物权的材料。所以，在外观上，抛弃物权的意思表示体现在申请材料中，而申请注销登记的意思表示则体现在登记申请书中。

同样，在德国法上，物权合意或者行为在外观上既可以表现为与申请登记的意思表示相互独立的形式，也可以表现为与申请登记的意思表示混为一体的状态。以土地权利为例，物权的意思表示在现象上也并不总是表现为独立于注销登记的意思表示，它可以表现为公证证书所载明的意思表示，也可以表现为向土地登记机构作出的意思表示（《德国民法典》第873条第2款）。“实体法之意思表示，可以同时包含土地登记法上的登记同意；反之亦然”。[①] 在抛弃物权场合，所谓向土地登记机构的意思表示也会与注销登记的意思表示合二为一（《德国民法典》第875条）。

这种区分的法律意义在于，一是对于判断是否登记错误有意义。登记错误第一层次的判断标准是，登记申请人申请登记的意思表示与登记机构

① 鲍尔/施蒂纳尔：《德国物权法》（上册），张双根译，法律出版社2004年版，第314页。

完成的登记是否一致。登记申请与登记内容一致的，则登记不存在错误；否则，则登记存在错误。二是对于判断登记机构是否承担登记错误的责任有意义。原则上，登记机构不负有审查引发登记的意思表示的真实性（《不动产登记暂行条例》第十六条规定，申请人对申请材料的真实性负责），如果是引发登记的法律行为发生无效、被撤销或者错误的场合，因为登记错误并非由于不动产登记机构的原因，登记机构不应承担责任。[①]但是，鉴于不动产登记法上要求在申请人提交申请书以及导致不动产物权变动的法律事实的材料，相应地，登记机构应负有审查两者是否具有一致性的义务。如果两者存在差异并导致登记错误，登记机构亦应承担赔偿责任。总而言之，登记机构仅承担审查引发登记的法律事实的材料与登记申请书的一致性及登记申请书与登记内容一致性以及登记完整性的义务。[②]三是在法律效果上的不同。抛弃物权的意思表示若生效，其效果意思为物权之消灭，亦即实体权利之消灭，所以抛弃物权的意思表示也构成法律行为。而申请登记的意思表示，则会引发不动产登记法上的效果，但其本身并非法律行为。所以，仅有抛弃物权的意思表示而无申请登记的意思表示，不产生登记机构的登记义务，反映在实践操作中，登记机构将以无登记申请书为由不予受理（《不动产登记暂行条例》第十七条），在实体法上物权消灭的效果亦不发生；无抛弃物权的意思表示而仅有申请登记的意思表示，在实体法上无引发物权变动的法律事实，在登记法上仍然产生登记机构不予受理的后果。四是在法律适用上的不同。因为引发物权变动的法律事实而产生的争议问题，适用民法的规定；因为申请登记的意思表示发生的问题，适用登记法以及行政法的相关规定。

最后，在德国法和我国台湾地区法上，将抛弃这一意思表示解释为物权行为，并区分放弃物权的意思表示与同意注销登记的意思表示。这一体系要求对于将我国法上作出同样区分并无影响。原因在于，即使不将抛弃

---

① 准确地讲，在现行不动产登记法上，登记机构是否有审查登记材料真实性（在实体法上即为审查申请人法律行为的真实性）的义务，并不清晰。《不动产登记暂行条例》第二十九条规定，不动产登记机构登记错误给他人造成损害，或者当事人提供虚假材料申请登记给他人造成损害的，依照《中华人民共和国物权法》的规定承担赔偿责任。这一规定，并未就提供虚假材料造成损害的责任分配给登记机构。

② 可资参照的是，我国台湾地区“土地登记规则”第13条规定，所谓我国台湾地区“土地法”所规定的登记错误，是指登记事项与登记原因证明文件所载之内容不符者；所谓遗漏，是指应登记事项而漏未登记。

行为视作物权行为（有争议），在概念上区分抛弃物权的意思表示与注销登记的意思表示，仍然有利于贯彻现行法上依法律行为发生物权变动的模式。在不承认物权行为的我国现行法制下，一个法律行为与登记的结合才产生物权变动。在抛弃物权场合，这个法律行为即为抛弃的意思表示。因此，区分两者，保持了依法律行为发生物权变动模式的一致性。

如果上述分析不谬，则可以得出如下结论：抛弃无其他负担的不动产物权之意思表示与向不动产登记机构申请登记的意思表示是两个不同的意思表示；在表现形式上，由于不动产登记法的要求，申请登记的意思表示在外观上体现为登记申请，抛弃物权的意思表示在外观上则体现为放弃物权的材料。要发生不动产物权消灭的效果，在我国现行法上，抛弃不动产物权的意思表示至少应向登记机构作出。

三、抛弃不动产物权的意思表示需要经利益受损人同意吗

以上讨论的是无负担的不动产物权，对于有负担的不动产物权，需要讨论的问题还有，抛弃的意思表示是否需要向受影响的其他权利人作出？是否需要其他权利人同意？

对此，现行物权法、《不动产登记暂行条例》均未作出规定，但《不动产登记暂行条例实施细则》第二十八条第二款规定，不动产上已经设立抵押权、地役权或者已经办理预告登记，所有权人、使用权人因放弃权利申请注销登记的，申请人应当提供抵押权人、地役权人、预告登记权利人同意的书面材料。

如何理解上述“同意的书面材料”？

从现行法上看，房屋所有权或土地使用权的放弃是否导致其上的抵押权、地役权的消灭，并不清晰。例如，物权法第一百七十七条规定的担保物权消灭的事由包括主债权消灭、担保物权实现、债权人放弃担保物权以及法律规定担保物权消灭的其他情形，对于土地使用权、房屋所有权的消灭是否导致抵押权消灭未予明确。物权法第一百六十八条规定的地役权消灭事由也仅列明供役地权利人解除地役权合同的情形，并未说明供役地使用权的放弃是否导致地役权消灭。

如果土地使用权、房屋所有权的放弃并不影响抵押权、地役权及其行使，则抛弃的意思表示就无必要向土地使用权人、房屋所有权人作出；否则，则相反。

笔者认为，根据以下理由，所谓的“同意的书面材料”在内容上是指抵押权人等同意放弃抵押权、地役权或者预告登记的意思表示，该意思表示同时也是申请或者同意登记机构注销抵押权、地役权或者预告登记的意思表示：

第一，以抵押权为例，房屋所有权人抛弃所有权，该房屋成为无主物。抵押权人对于该无主物能否行使抵押权，现行法上无明确规定。理论上，因抵押权是定限物权，是以所有权为母权，所有权是抵押权产生的根据。[①] 在母权消灭后，抵押权也消灭。如此，则抛弃所有权将导致抵押权消灭，影响到抵押权人的利益，抛弃的意思表示应当经抵押权人同意。所以，前述“同意的书面材料”应当理解为抵押权人同意放弃或者同意消灭抵押权的意思表示。登记机构据此将注销该房屋所有权登记以及抵押权登记，该房屋成为无主物，亦无其他权利。

第二，类推适用物权法第一百九十一条关于抵押期间抵押人未经抵押权人同意不得转让抵押财产的规定。由于抵押物所有权的相对消灭（变更）尚需抵押权人的同意，则在抵押物所有权的绝对消灭（抛弃，因抛弃后成为无主物，其上无所有权）场合，亦应取得抵押权人的同意。在抵押物转让场合，抵押权人同意后，转让价款应提前清偿或提存，这说明同意转让变相地成为行使抵押权的一种方式，并进而导致抵押权消灭（物权法第一百七十七条）。[②] 同理，在抛弃所有权场合，抵押权人的同意也应发生消灭抵押权的法律效果，因此，该同意在内容上也只能是放弃抵押权的意思表示。

第三，类推适用债务免除的规则。在债务免除场合，如果该债权上存有质权，则因债务免除导致债权消灭（合同法第一百零五条），质权也因质押标的不存在而消灭。因此，质押的债权，债权人对其处分权受限制，如未经质权人同意即免除，则不得以免除对抗质权人。[③] 这里的同意，也

---

① 崔建远：《物权：规范与学说——以中国物权法的解释论为中心》（上册），清华大学出版社2011年版，第32页。

② 至于未经抵押权人同意的法律后果，在解释论上，笔者赞同转让合同有效、抵押权人可以合同法第七十四条和第七十五条的规定行使撤销权以消灭转让抵押物的合同的处理思路。在立法论上，笔者赞同以抵押权的追及效力替代物权法第一百九十一条后半段的“提前清偿或者提存”制度。详细论证，参见崔建远：《物权：规范与学说——以中国物权法的解释论为中心》（下册），清华大学出版社2011年版，第799～803页。

③ 韩世远：《合同法总论》（第三版），法律出版社2011年版，第577页。

只能解释为对债权消灭导致质权消灭的同意。以此类推，抛弃所有权将导致抵押权消灭，因此抵押权人同意，也只能解释为放弃抵押权的意思表示。

相应地，在建设用地使用权、土地承包经营权、宅基地使用权等场合，如果权利人抛弃的，登记法上要求提供抵押权人、地役权人或者预告登记权利人"同意的书面材料"，在实体法上是指前述权利人同意放弃抵押权、地役权或者预告登记的意思表示；在登记法上，该意思表示同时也是申请注销抵押权、地役权或者预告登记的意思表示。当然，另外一种解释是，"同意的书面材料"仅为前述从物权人同意抛弃抵押权等从物权的实体法上的意思表示，基于主物权消灭导致从物权消灭的原则，在申请登记上，无需从物权人再单独申请注销登记。从解释的简洁性上看，后者为优。因此，放弃不动产权利对该不动产上的其他权利人造成损害的，应当取得该其他权利人同意，并由此导致抛弃意思表示的相对人包括前述权利人。

四、抛弃物权的意思表示需要向受益人作出吗

与抛弃所有权不同，在抛弃建设用地使用权、抵押权、地役权等场合，存在他人因抛弃而受有利益的人。如此，抛弃物权的意思表示是否需要向受有利益的人作出，需要探究。

以抵押权为例，抛弃抵押权可以分为两类：一类是抛弃抵押权；另一类则是放弃抵押权的顺位（物权法第一百九十四条第一款）。在抛弃抵押权场合，从抵押权人的效果意思上看，旨在消灭抵押权。该消灭的后果有利于债务人和抵押人。在债务人和抵押人为同一人时，从实体法上看，抛弃抵押权因不会对债务人（抵押人）产生不利影响，因此该意思表示无需向债务人（抵押人）作出。

但是，要看到，抵押权的抛弃涉及该抵押物上的后顺位抵押权。如果前顺位抵押权消灭，后顺位抵押权进位，为顺位升进主义；如果前顺位抵押权消灭，后顺位抵押权不进位，为顺位固定主义。笔者赞同我国通说，即我国现行法上采纳的是顺位升进主义。[①] 首先是因为物权法第一百九十

① 崔建远：《物权：规范与学说——以中国物权法的解释论为中心》（下册），清华大学出版社2011年版，第808页；王利明、尹飞、程啸：《中国物权法教程》，人民法院出版社2007年版，第470页。

四条第二款规定，抵押权人放弃债务人提供的抵押权的，其他担保人在抵押权人丧失优先受偿权的范围内免除担保责任。个中理由在于，如采顺位固定主义，则其他担保人的担保范围并未变化，自然无必要规定其他担保人免除相应的担保责任。换言之，正是因为后顺位抵押权递进，后顺位抵押权担保责任加大，才有必要免除后顺位抵押权相应的担保责任。所以，有免除相应担保责任的规定，就说明现行法采取了顺位升进主义。由此，对于该抵押物上的后顺位抵押权人而言，因为顺位的递进而享有利益，所以先顺位抵押权人抛弃抵押权的意思表示无需向其作出。

需要进一步讨论的是，如果抵押权人放弃第三人提供的担保，则其他担保人在该范围内是否免责？物权法对此未予明确，《最高人民法院关于适用〈中华人民共和国担保法〉若干问题的解释》第七十五条第二款规定，同一债权有两个以上抵押权的，当事人对其提供的抵押财产所担保的债权份额或者顺序没有约定或者约定不明的，抵押权人可以就其中任一或者各个财产行使抵押权。第三款规定，抵押人承担担保责任后，可以向债务人追偿，也可以要求其他抵押人清偿其应当承担的份额。从文义上看，第三款所规定的追偿权，并不以承担担保责任的抵押人订立抵押合同时明知其他抵押权的存在为前提。抵押人设定抵押权时只要无明确约定多个抵押权的顺序或份额，追偿权都存在。如此，则如果抵押权人放弃其中一个抵押权的，将影响其他抵押人追偿权的实现，所以，合理的结论仍然是，其他抵押人也应在相应的（追偿权）份额内免责。如此，如果抵押权人就同一债务放弃抵押权之一的，则其他抵押权人因此而受益，放弃的意思表示无需向其他抵押权人作出。

关于抵押权顺位的抛弃，又可分为抵押权顺位的相对抛弃和抵押权顺位的绝对抛弃。相对抛弃是指先顺位的抵押权人为同一债务人的特定后顺序的抵押权人的利益，放弃其顺位。其效果是，该顺位的放弃对于受放弃利益的人失去其优先权，即抛弃顺位的抵押权人与受放弃利益的抵押权人为同一顺位，放弃人原顺位上应当分得的分配额，由受放弃利益的抵押权人与放弃人按被担保债权额的比例受偿。[①] 这里的被担保债权额，应当是指先顺位抵押权所担保的债权总额，这里的按比例，是指先后两个抵押权所担保的债权数额占债权总额的比例。由于抵押顺位的相对抛弃对其他后

① 崔建远：《物权：规范与学说——以中国物权法的解释论为中心》（下册），清华大学出版社2011年版，第812页。

顺位的抵押权人不产生影响，因此，抛弃顺位的意思表示也无需向其作出。[①]

抵押权顺位的绝对抛弃，是指先顺位的抵押权人并非为同意债务人的某一特定后顺位抵押权人的利益而放弃其顺位。如前所述，按照物权法第一百九十四条第二款的解释，我国系采顺位升进主义，因此，抵押权顺位的绝对抛弃并不对其他抵押权人产生不利影响，抛弃的意思表示也无需向其作出。

当然，虽然抛弃的意思表示无需向受益人作出，但根据不动产登记法的规定，仍然需要向登记机构作出，已如前述。

五、抛弃的意思表示能撤销吗

在不动产权利人作出抛弃的意思表示后，能否撤销？

一种观点认为，抛弃作为有相对人的单方法律行为，一经到达登记机构或者其他相对人即发生法律效力，法律效果就是抛弃人丧失物权，该意思表示到达登记机构，即不能撤销，抛弃人在法律上即无法阻止注销登记。

回答前述问题以及评价前述观点，笔者认为，需要结合前文的结论讨论抛弃不动产物权这一法律行为的构造。

抛弃作为一项单方法律行为，应区分其成立和生效条件。根据前文的结论，抛弃不动产物权是有相对人的单方行为，相对方为不动产登记机构，或者同时为因抛弃而受损之人。同时，只有完成注销登记，抛弃所追求的法律效果才得以实现。由此，需要讨论的是，抛弃的意思表示到达相对人以及完成注销登记是抛弃这一法律行为的构成部分、成立要件还是生效要件？

笔者的观点是：抛弃的意思表示一经作出即成立，该意思表示到达相对人以及完成注销登记是该法律行为的生效要件。也可以更为详细地区分，到达相对人是抛弃这一意思表示的一般生效要件，因抛弃不动产物权的效果系不动产物权的消灭，因此，注销登记是该法律行为发生物权变动的要件，同时也是抛弃的特别生效要件。理由是：

---

① 通常来讲，抵押权顺位的抛弃，多数场合是先顺位抵押权人与后顺位抵押权人之间达成了某种合意。此时，抛弃是否为履行该合意的行为？在性质上是事实行为还是法律行为？能否强制执行？能否撤销？这些问题将在下文中论述。

第一，在意思表示与法律行为的关系上，理论认为，法律行为仅有一个意思表示的场合，该意思表示与法律行为的概念重合。在需要多方意思表示的场合下，则多个意思表示共同组成一个法律行为，意思表示构成法律行为的一部分。[①] 由此，在抛弃不动产物权场合，我们会发现，抛弃这一法律行为中唯一的意思表示就是抛弃人的意思表示，所以将抛弃这一意思表示之外的事物作为其他构成要件符合上述理论构成。

第二，有理论认为，公权力机构参与到法律行为中，有两种方式，一种是直接参与到法律行为中，一种则是法律行为要求一个与私法自治设权行为相分离的官方行为。对此，可有两种解释，一种是仅将私法自治设权行为视为法律行为，而官方行为属于独立的法律行为生效要件，另一种是将官方行为与私法自治行为一并视为法律行为的双重构成要件。但是，如果法律行为欠缺官方行为则不成立，则将私法自治行为与官方行为共同视为一个整体法律行为的组成部分就更为合理。如果没有官方行为，法律行为原则上也可以成立，此时将其解释为法律行为的独立的生效要件，就更为顺畅。[②] 笔者认为，上述两个标准需要进一步辨析，即法律行为的成立与生效如何区分？这里的生效应如何理解？

如果将法律行为的成立单纯理解为一种社会现象，或者生活世界中所产生的一种现象在法律世界中的投射，则法律行为的成立仅应以是否发生了该现象为标准。以要约这一意思表示为例，尽管通说认为要约只是法律行为的组成部分，而非单独的法律行为，但是在意思表示的单方性上与抛弃这一意思表示具有类似性。要约是否成立，取决于要约人是否作出了发出要约的行为，有，则要约成立，无，则要约不成立。但要约是否产生法律上的效果，要取决于它是否到达受要约人，这里的效果就是要约人要受要约的拘束，只有在符合法定条件下才可以撤回或者撤销（合同法第十七条、第十八条）。更为接近的例子还有，在遗嘱继承从被继承人死亡时开始（继承法第二条），亦即遗嘱人死亡时遗嘱发生效力。但不能说遗嘱自死亡时才成立，因此也不能说死亡是遗嘱这一法律行为的构成部分，只能说是遗嘱的独立生效要件。同理，抛弃这一法律行为是否成立，也应当取决于是否发生了抛弃的意思表示，是一个描述性的而非评价性的判断。

而所谓的生效则是法律行为是否产生一定法律效果的问题。如果说成

① 维尔纳·弗卢梅：《法律行为论》，法律出版社2013年版，第29页。

② 维尔纳·弗卢梅：《法律行为论》，法律出版社2013年版，第30－31页。

立解决了法律行为的存在与否的问题，则生效解决了法律行为产生何种法律效果的问题。所以，如果以是否存在这个法律行为为标志，区分其他条件是法律行为的生效要件还是法律行为的双重构成要件，可能更为清晰。

由此，在抛弃不动产物权场合，抛弃意思表示一经作出，则该项法律行为就产生，但是否发生法律效果以及是否具有法律上的意义，则取决于其他条件是否满足。在相对人为不动产登记机构场合，则到达是抛弃产生法律效果一般生效条件。要发生实体法上物权的消灭，还同时需要具备特别生效要件即注销登记。在程序上，实体法上抛弃的意思表示和申请注销登记的表示均需具备。所以，实体法的意思表示既是法律行为的基本要素，也是启动注销登记的必要条件。而在相对人同时为因抛弃受损人的场合，将引发相对人可以表示同意的法律后果。进一步，注销登记的完成，也应当是抛弃发生不动产物权消灭这一法律效果的要件而非抛弃的构成要件。

第三，不把到达相对人和注销登记的完成解释为抛弃的生效要件（或者特别生效要件）而将其解释为法律行为的一部分，逻辑上的结论是，只要尚未完成注销登记，该法律行为均未完成，此时抛弃人反悔，就应当是法律行为的中止而非撤销或撤回。因法律行为尚未成立，也谈不上撤销问题或者撤回问题。在相当多的场合，对登记机构或者其他相对人将产生不利影响，且无救济手段。

第四，把到达相对人和注销登记的完成解释为抛弃的一般生效要件和特别生效要件，有利于与现行法的物权变动体系保持一致。在依合同行为引发的物权变动中，因合同构成了登记原因，并因登记的完成导致物权变动的产生，在解释上，登记是物权变动的要件，也是合同目的达成的要件，但不是合同的要件。而在抛弃场合，则抛弃是引发登记的原因，并因注销登记导致物权消灭，在解释上，登记是物权消灭的要件，也是抛弃这一法律行为目的达成的要件，但不是抛弃的要件。

由此，关于抛弃能否撤销的问题，就可以分为如下几种情况讨论：

其一，在无其他相对人场合，抛弃在到达登记机构之前，虽然在现象世界中有此意思表示（例如抛弃人的口头表达），但该意思表示在法律上并无意义，对抛弃人并无拘束力，实际上也谈不上撤回或撤销问题。在达到登记机构之后，在实体法上和登记法上解释为两个意思表示，即实体法上的抛弃和登记法上申请注销登记的意思表示，法律效果上引发登记程序的启动。在登记程序完成前，抛弃人反悔，可以撤回登记申请的意思表示，从登记法上看，并不需要撤销抛弃这一实体法上的意思表示。但实际上撤回登记申请的意思表示同样可以解释为的撤销抛弃的意思表示。(《不动产登记暂行条例实施细则》第十三条)

其二，在抛弃将导致其他权利人利益受损因此需要利益受损人同意场合，如前所述，其他权利人同意的实质是放弃该物权上的他物权的意思表示。这里的同意可以解释为其他权利人对抛弃行为消灭其享有的他物权的授权，同时也可以解释为抛弃行为的特别生效要件。在到达该相对人后，该相对人不同意，则抛弃人在实体法上欠缺处分权，在登记法上欠缺登记条件，物权消灭的法律效果不产生，如果登记完成，则构成登记错误。但是，需要注意的是，抛弃意思表示到达相对人后，抛弃人撤回或者撤销抛弃，有利于相对人，故无需相对人同意。

其三，在抛弃导致其他人受有利益场合，如前所述，抛弃这一意思表示无需向相对人作出，而仅需向登记机构作出。但撤回或撤销抛弃虽然与抛弃产生抛弃人物权消灭这一效果相比，受益人的状态较为不利，但与抛弃人不作抛弃情况下的状态相比，并不受损。在此意义上，因抛弃受有利益之人不应享有物权法上或登记法上的救济手段，换句话说，撤回或者撤销抛弃不需要经过因抛弃受有利益之人的同意。登记法上的依据就是《不动产登记暂行条例》第十四条关于放弃不动产权利可以当事人单方申请的规定，以及第《不动产登记暂行条例实施细则》第十三条关于撤回登记申请应经全体申请人为之的规定。

其四，实践中最为经常的是，受益人与抛弃人达成了某种合意，所以抛弃人才做出抛弃的意思表示。这种合同即可以表现为双务合同，也可以表现为单务合同。此时，抛弃是一种履行合同的行为，同时也为法律行为(履行行为同时也是法律行为，在现行法上也有著例，例如委托合同中委托事项为法律行为场合)。因此，抛弃人向登记机构撤销抛弃的意思表示，在登记法上无需受益人的同意。所以，《不动产登记暂行条例实施细则》第十三条规定的登记完成前撤回登记申请的，应由全体申请人提出，不包括因抛弃受有利益的人。但是，受益人可以双务合同请求抛弃人继续履行合同，人民法院作出的判决将替代抛弃人抛弃的意思表示，完成注销登记。在单务合同场合，例如赠与合同，如果抛弃人与受益人以放弃物权作为赠与的标的，则适用合同法第一百八十六条的规定，完成注销登记前，赠与人有权撤销赠与合同，并同时撤回或者撤销向登记机构的注销登记。实践中，向登记机构提出撤回登记申请的行为通常可以解释为撤销赠与。

基于上述分析，针对主张撤销的意思表示到达登记机构或者其他相对人即发生物权丧失的法律效果、放弃人无法阻止注销登记的观点，评价如下：

第一，该观点未区分抛弃意思表示的成立要件、一般生效要件以及特别生效要件，并分别辅之以不同的法律效果，在分析手段上不够精细化。

第二，判断一个单方行为是否可以撤销，应将其置于具体的场景中考察，观察其是否以及在多大程度上对其他权利人或对方产生影响。如果不影响其他权利人的权利状态、或者不会对相对人产生不利后果，则无必要限制；如果有影响，则应综合考虑是利用债法手段还是物权法手段加以规制，不应一概而论。

第三，该观点未能遵循以现行法为基础的解释论立场。在我国不动产登记法上已经明确规定在不动产登记记载于不动产登记簿前可以撤销的情况，解释方法上就宜以放弃及注销登记申请能够撤销为出发点。以此判断具体适用过程中发生的后果，并在遇到不合理的结果后，对该规定作出限缩或扩张。从前述分析来看，认定不动产物权抛弃的意思表示可以撤销并辅之以相应登记法和债法上的手段，并不会造成不妥当、不合理的结果。于此，即不应再坚守单方法律行为一经作出即发生法律效力的结论。

六、结论

结合本文所举案例，可以得出如下结论：

1. 抛弃抵押权是单方法律行为，其意思表示的作出即为该法律行为的完成。

2. 抛弃抵押权是有相对人的单方法律行为，在抛弃不影响他人利益场合，抛弃抵押权的意思表示到达登记机构时发生法律效力。该法律效力为，引发注销抵押权登记程序的启动。在实体法上，抛弃是引发注销登记的原因；在登记法上，现行不动产登记法区分了抛弃的意思表示和注销登记的意思表示，尽管在现象上两者经常合二为一。

3. 不动产物权的抛弃导致他物权人权利消灭场合，应取得他物权人的同意，在实体法上，该同意应为放弃他物权的意思表示。此时，他物权人亦为抛弃的相对人。该同意亦为抛弃发生物权消灭这一法律效果的特别生效要件，同时也是注销登记完成的条件。抛弃的意思表示到达该相对人之后，到达这一生效要件被相对人的同意所吸收，并无特别法律效果。

4. 由于我国现行法采抵押权顺位升进主义，无论是抵押权的抛弃还是抵押权顺位的抛弃，均不会对他人产生不利影响，因此，因抵押权而受有利益的人不是抛弃的相对人，抛弃无需向该相对人作出。

5. 根据《不动产登记暂行条例》第十三条的规定，撤回登记申请需经全体申请人共同为之。在撤回因抛弃而申请注销登记的场合，抛弃人一人即可为之。

6. 抛弃抵押权的意思表示可以撤回或撤销。无其他相对人的，抛弃的意思表示到达登记机构前，对抛弃人无实际拘束力，到达登记机构后，也可撤回或撤销。其他相对人为因抛弃而利益受损之人，因撤回或撤销抛弃对其有利，无需经其同意。

7. 抛弃人撤回或撤销抛弃，因抛弃抵押权而受有利益之人，在物权法和登记法上无阻止抛弃人撤销抛弃的手段。但如果抛弃抵押权系履行抛弃人与受益人之间的合同约定，则应受合同的约束：在双务合同场合，受益人有权请求继续履行；在赠与合同场合，抛弃人享有合同法第186条所规定的撤销赠与的权利。抛弃人也经常通过撤回登记申请的方式撤销赠与。

综上，本文所举案例，丙公司仅以甲公司已作出放弃抵押权的意思表示作为抗辩，因丙公司并不享有物权法上的手段阻止甲公司撤回该放弃的意思表示，所以人民法院不应支持其抗辩。但是，从全面准确理解丙公司的抗辩上看，人民法院可以将此抗辩理解为请求继续履行双方签订的以放弃抵押权为内容的双务合同（因丙公司也负有以其他抵押替代该抵押权的义务），在程序法上需要丙公司提出反诉。如果丙公司提出反诉，则甲公司负有继续履行该双务合同的义务，即作出抛弃抵押权的意思表示并完成注销登记，人民法院应判决甲公司继续履行合同，并判决丙公司不承担该项抵押权的担保责任。

农村土地承包经营纠纷调解仲裁法实施中的若干问题

王　丹*

自2010年1月1日起施行的农村土地承包经营纠纷调解仲裁法是继农村土地承包法之后又一部解决农村土地承包经营纠纷的专门法律。将仲裁制度引入农村土地承包经营纠纷的解决是完善我国农地制度的重大举措。就当前农村土地承包经营纠纷的处理方式而言，尽管由仲裁处理的案件在纠纷案件中所占比例仍然较小，但仲裁作为与调解、诉讼相并列的纠纷解决方式，也因其自身独特的功能和优势在农村土地承包经营纠纷多元化解决机制中占有不可或缺的地位。实践中，对于仲裁与诉讼在涉农纠纷制度设计中的相互关系以及这部法律实施过程中的具体问题，仍存在一定争议。笔者拟从该角度对有关问题作一梳理和探讨，以期对进一步贯彻落实该法律确定的相关制度有所裨益。

一、涉农纠纷仲裁制度的特点

目前我国国内涉及仲裁的法律共有三部，分别是仲裁法、劳动争议调解仲裁法和农村土地承包经营纠纷调解仲裁法。三种仲裁调整纠纷的对象、模式以及制度设计均有较大差异。仲裁法主要调整的是平等主体的公民、法人和其他组织之间发生的合同纠纷和其他财产权益纠纷，一般称为商事仲裁；劳动争议仲裁解决的是境内用人单位与劳动者发生的劳动争议；农村土地承包经营纠纷仲裁针对的是农村土地承包经营纠纷。与商事仲裁和劳动争议仲裁相比较，农村土地承包经营纠纷仲裁具有以下特点：首先，从仲裁启动方式看。商事仲裁要求当事人必须签有仲裁协议，否则

* 最高人民法院民一庭法官。

仲裁委员会不予受理，相反，当事人如果达成了仲裁协议，除了仲裁协议无效的情况外，一方向人民法院起诉的，人民法院也不予受理，即“非裁即诉”。劳动争议纠纷，仲裁是诉讼的前置必经程序，未经仲裁直接向人民法院起诉的，人民法院不予受理。而在农村土地承包经营纠纷仲裁的制度设计中，赋予当事人极大的选择自由，仲裁既不需要当事人之间事先达成仲裁协议，也并非诉讼的前置程序，当事人就该纠纷既可以向相关的仲裁委员会申请仲裁，也可以直接向人民法院起诉，还可以在仲裁委员会作出仲裁裁决后30日内再向人民法院起诉，即“可裁可诉”。其次，从仲裁与诉讼之间的程序设计看。商事仲裁实行的是“一裁终局”的制度，仲裁裁决作出后，除了被人民法院依法裁定撤销或不予执行的情况外，当事人就同一纠纷再向人民法院起诉的，人民法院不予受理。劳动争议仲裁的裁决分为终局裁决和非终局裁决两类，就追索劳动报酬、工伤医疗费、经济补偿或者赔偿金，不超过当地月最低工资标准十二个月金额的争议和因执行国家的劳动标准在工作时间、休息休假、社会保险等方面发生的争议，仲裁委员会作出的裁决为终局裁决，用人单位不能再向人民法院起诉，但是劳动者不服的，可以向人民法院起诉。对于其他劳动争议纠纷的仲裁裁决，劳动者和用人单位不服的，均可再向人民法院起诉。而农村土地承包经营纠纷仲裁中，既不是仲裁前置，也不是“一裁终局”，任何一方当事人只要对仲裁裁决不服，均可以在收到裁决书之日起30日内向人民法院起诉，此时，仲裁裁决书不发生法律效力，仲裁程序对当事人再无任何拘束力。再次，从诉讼对仲裁的救济和监督看。商事仲裁设置了撤销仲裁裁决和不予执行仲裁裁决的制度，以实现诉讼对仲裁的救济和监督。劳动争议仲裁对终局裁决也设置了撤销仲裁裁决制度，以实现诉讼对仲裁的救济和监督。而农村土地承包经营纠纷仲裁的制度设计中既未设置撤销仲裁裁决制度，亦未设置不予执行仲裁裁决制度，除了必须要求司法协助配合的财产保全、证据保全和执行仲裁裁决等情况外，仲裁与诉讼基本为互不干涉的并行模式。

由上述比较分析可见，农村土地承包经营纠纷仲裁的制度设计有其独有的特点，即赋予了当事人更自由的选择权，不需要双方事先签订仲裁协议，仲裁也不是诉讼的必经前置程序，仲裁结果亦非“一裁终局”。除了在财产保全、证据保全和执行仲裁裁决等必须由司法协助的事项外，诉讼对仲裁没有救济或者监督的渠道。当然，也可以说，诉讼对仲裁的救济和监督是通过当事人起诉的方式直接否定仲裁，这和该类仲裁为非终局性裁决是相对应的。这种制度设计的最大问题是仲裁的威信不高，只要当事人在收到仲裁裁决书30日内向人民法院起诉，即导致前期进行的仲裁程序无任何拘束力，造成制度上的浪费，这也成为该法律实施过程中一些问题难以解决的根源。此外，农村土地承包经营纠纷仲裁制度最大的特点还在于其浓厚的行政色彩，农村土地承包经营纠纷调解仲裁法第十二条第二款规定，农村土地承包仲裁委员会在当地人民政府指导下设立。设立农村土地承包仲裁委员会的，其日常工作由当地农村土地承包管理部门承担。这对涉农仲裁制度的落实有很大的影响，正如农业部在其内部《农村土地承包经营纠纷量化评估与化解研究报告》中所指出的，“目前，仲裁在涉农纠纷中未充分发挥其优势，深层次原因是仲裁机构设置不规范，难以摆脱对行政机构的依赖，这对案件公平性、经费到位等都有很大影响。”

二、仲裁与诉讼关系中存在的问题

（一）受案范围问题

农村土地承包经营纠纷仲裁制度运行中的最大问题之一就是仲裁与诉讼受案范围不一致的问题。其中最主要的争议是因订立农村土地承包合同纠纷，更确切地说是集体经济组织成员因未实际取得土地承包经营权的纠纷，是否应纳入仲裁的范围。《最高人民法院关于审理涉及农村土地承包纠纷案件适用法律问题的解释》第一条第二款规定，集体经济组织成员因未实际取得土地承包经营权提起民事诉讼的，人民法院应当告知其向有关行政主管部门申请解决。对于如何理解《农村土地承包经营纠纷调解仲裁法》第二条第二款第（一）项中“订立”土地承包合同纠纷，笔者认为，该类纠纷不应包括农村集体经济组织成员因未能实际订立合同而与集体经济组织之间发生的争议，仅应指合同订立过程中，围绕当事人缔约能力、合同形式、合同订立时间的确认、格式条款的理解与适用、缔约过失责任的认定与承担等发生的纠纷。理由：（1）虽然物权的种类和内容由法律规定，但具体物权仍须由当事人之间通过民事法律行为创设。土地承包经营权作为用益物权的一种，亦须集体经济组织成员与本集体经济组织通过订立土地承包经营合同创设。法律不能强制当事人创设某种具体民事权利；（2）当事人请求保护民事权利的前提是存在民事法律关系，在双方当事人未实际签订土地承包经营合同之前，民事法律关系尚未建立，民事诉权的基础并不存在。此时农村集体经济组织成员依法享有的平等承包集体土地的权利，还只是一种高度抽象化的法律上规定的权利，在其没有经签订土地承包经营合同转化为具体的民事权利之前，不能直接成为民事诉权的请求权基础；（3）当事人未能实际取得土地承包经营权纠纷的背后，往往涉及对其集体成员资格的认定，在目前认定标准不明确的情况，亦不宜通过法院判决来确定；（4）实践中的纠纷大多是二轮延包时未分到土地的情形，即便法院判决应由当事人之间订立土地承包经营合同，但往往集体经济组织已无地可分，判决基本上无法执行，这不仅实际上无法达到保护当事人权益的目的，而且因为执行难，进一步损害了司法公信力。但是在农村土地承包经营纠纷仲裁中，根据笔者了解的情况，虽然目前各地对仲裁的受案范围没有统一规定，但集体经济组织成员因未实际取得承包权而产生的纠纷，仲裁机构一般是受理的。当事人对因未实际取得承包权产生的纠纷不服仲裁裁决又另行提起诉讼，人民法院根据该条司法解释规定，不予受理或者驳回起诉。这就会出现一个问题，即此时有两个问题需要解决：一是仲裁裁决书处于何种效力。对此，笔者认为，从涉农仲裁的制度设计看，应该不存在受案范围不一致的情况，或者说诉讼的范围比仲裁的范围要大，否则，对仲裁不服的就无法根据法律规定向人民法院提起诉讼。但是，由于目前在受案范围认识上的不一致，导致上述纠纷在当事人不服仲裁裁决后又无法进入人民法院受理。根据农村土地承包经营纠纷调解仲裁法的规定，当事人不服仲裁裁决是决定仲裁是否生效的关键因素，而不在于人民法院对当事人的起诉作出何种处理。在此种情况下，只要当事人在收到仲裁裁决之日起30日内向人民法院起诉，则说明其行使了否决仲裁的权利，表达了不服仲裁裁决的意思，即便人民法院作出不予受理或驳回起诉的裁定，仲裁裁决也确定地不生效。二是在仲裁裁决确定地不生效的情况下，当事人能否另行仲裁，如果不能，纠纷如何解决。在仲裁裁决确定不生效的情况下，当事人可否另行申请仲裁，这涉及是否适用一事不再理原则的问题。民事诉讼中的一事不再理原则包括两个方面的含义，第一，当事人不得就已经向法院起诉的案件重新起诉，第二，一案在判决生效之后，产生既判力，当事人不得就双方争议的法律关系，再行起诉。在当事人收到仲裁裁决向人民法院起诉的情况下，先前的仲裁程序已经终结，而由于仲裁裁决不生效，没有产生既判力，不属于一事不再理的情况。因此，理论上，应当允许当事人再就同一事项到仲裁机构申请仲裁。仲裁法第六十一条规定，人民法院受理撤销裁决的申请后，认为可以由仲裁庭重新仲裁的，通知仲裁庭在一定期限内重新仲裁，并裁定中止撤销程序。仲裁庭拒绝重新仲裁的，人民法院应当裁定恢复撤销程序。《最高人民法院关于适用〈中华人民共和国仲裁法〉若干问题的解释》第二十一条规定，当事人申请撤销国内仲裁裁决的案件属于下列情形之一的，人民法院可以依照仲裁法第六十一条的规定通知仲裁庭在一定期限内重新仲裁：（1）仲裁裁决所根据的证据是伪造的；（2）对方当事人隐瞒了足以影响公正裁决的证据的。参考仲裁法及其司法解释的规定，出现上述两种情形时，应当允许当事人向仲裁委员会重新申请仲裁。而且，一般来讲，在出现上述情况时，重新仲裁的结果应该与原来的仲裁裁决结果存在不同。但是如果是因为仲裁程序上的问题或者是仲裁员在仲裁该案时有索贿受贿、徇私舞弊、枉法裁决行为，导致仲裁结果没有差异或者当事人不信任仲裁委员会的，由于人民法院对该类纠纷不予受理，原来的仲裁裁决又未能生效，此时当事人的权利如何救济仍需要解决。笔者认为，从现有的制度设计和相关规定看，当事人只能通过向有关行政主管部门申请解决。当然，由于目前农村土地承包经营纠纷仲裁委员会日常工作由当地农村土地承包管理部门承担，土地承包纠纷的仲裁行政色彩浓厚，因此，在最终解决上，仍有可能与仲裁结果相同。

（二）适用依据问题

对于当事人不服仲裁裁决提起诉讼后，仲裁庭认定的证据和事实能否在诉讼中直接适用。有观点认为，对于仲裁委员会认定的证据及事实，如果没有新证据足以推翻的，法庭不应重新认定，这不仅能够减轻司法的负担，也能够维护仲裁的严肃性和权威性。笔者认为，在涉农纠纷仲裁现有的制度设计下，无法得出这样的结论。《最高人民法院关于适用〈中华人民共和国民事诉讼法〉的解释》（以下简称《民事诉讼法司法解释》）第九十三条规定，已为仲裁机构生效裁决所确认的事实，当事人无须举证证明。可见，当事人无须举证证明的事实必须是已经生效的仲裁裁决确认的事实。《农村土地承包经营纠纷调解仲裁法》第四十八条规定，当事人不服仲裁裁决的，可以自收到裁决书之日起三十日内向人民法院起诉。逾期不起诉的，裁决书即发生法律效力。该条的反向解释应是，当事人只要在收到裁决书之日起三十日内向人民法院起诉，裁决书即不发生法律效力。此时，仲裁裁决书所认定的事实不能当然作为无须举证证明的事实，当事人仍需就该事实提交证据证明。对于已经为仲裁委员会认定的证据是否可以在其后的诉讼中不经过质证的过程。《民事诉讼法司法解释》第一百零三条第一款规定，证据应当在法庭上出示，由当事人互相质证。未经当事人质证的证据不得作为认定案件事实的根据。从上面的分析看，在涉农纠纷的仲裁中，仲裁对其后的诉讼在程序上无任何拘束力，仲裁与诉讼是并行的两个程序，而不是承继的关系，仲裁委员会认定的证据，不能当然在诉讼中直接认定，仍需当庭质证。而且对证据的认定也是一个司法判断的过程，仲裁亦不能取代诉讼。当然，如果在仲裁阶段双方当事人均已经认可的证据，笔者认为，可以参考《民事诉讼法司法解释》第一百零三条第二款的规定，经审判人员在庭审中说明后，视为质证过的证据。或者可以作为审判人员判断案件形成自由心证的一个基础。

（三）诉讼对仲裁的救济与监督问题

商事仲裁中，司法对仲裁的救济主要通过两种途径实现，一种是撤销仲裁裁决，另一种是不予执行仲裁裁决。仲裁裁决的撤销和不予执行，是我国仲裁法和民事诉讼法规定的人民法院对当事人不服仲裁裁决纠纷的救济程序。民事诉讼法对撤销和不予执行仲裁裁决掌握的标准存在一个变化的过程。2012 年民事诉讼法修改之前，不予执行仲裁裁决的情况包括“认定事实的主要证据不足”和“适用法律确有错误”，2012 年修改的民事诉讼法将此两个条件修改为“裁决所根据的证据是伪造的”和“对方当事人向仲裁机构隐瞒了足以影响公正裁决的证据的”，使得不予执行仲裁裁决的条件与撤销仲裁裁决的条件保持一致，更进一步加强了仲裁的独立性和权威性，使得司法和仲裁的关系更加科学合理，也与“一裁终局”的制度设计相配套。在劳动争议仲裁中，对于终局裁决，法律也规定了撤销仲裁裁决的司法救济途径，对于非终局裁决，是通过赋予当事人起诉权的方式给予相应的救济。实际上，应当说，可以另行起诉是一个更为充分的救济手段，即只要不服仲裁裁决，就可以向人民法院提起诉讼，从而产生仲裁裁决不生效的法律后果，仲裁裁决对当事人再无任何拘束力。对于农村土地承包经营纠纷仲裁，有观点认为，应当赋予人民法院对明显违背法律与政策及存在重大违法行为的仲裁裁决作出不予执行并撤销仲裁裁决的权力，人民法院依法撤销仲裁裁决的，当事人可以重新申请仲裁或向有管辖权的人民法院提起诉讼，以实现司法对仲裁的救济和适度监督。笔者认为，这种观点与现有的农村土地承包经营纠纷仲裁的制度设计不相符。由上所述，撤销或者不予执行仲裁裁决的司法救济程序，均是针对终局性裁决设计的，也即仲裁裁决对当事人具有终局的法律约束力，此时，如果存在仲裁违法的情形，必须给当事人一个救济的渠道。但是，农村土地承包经营纠纷的仲裁是非终局性裁决，当事人如果不服仲裁裁决只要在收到裁决书之日起30日内向人民法院提起诉讼，即可使仲裁裁决不发生法律效力，仲裁裁决对其亦再无法律拘束力，从而实现对其权利的救济。因此，不需要撤销或不予执行仲裁裁决的程序，即可实现司法对仲裁的救济，而且这种救济是最为宽松的，不需要任何的条件。较有争议的是，当事人在收到裁决书之日起30日内未向人民法院提起诉讼，而仲裁裁决存在违法情形的情况下，如何救济？有意见认为，农村土地承包经营纠纷调解仲裁法没有明确规定“一裁终局”制度，而且在仲裁内部没有纠错机制的情况下，应当允许当事人向人民法院起诉以纠正仲裁的违法行为。笔者认为，法律之所以没有明确规定“一裁终局”，应当有其特定的制度目的，更多的是从保护农民权益的角度，赋予农民更为广泛全面的救济手段。相应地，通过允许当事人在30日内起诉的方式实现司法对仲裁的救济和监督。但是任何的救济都有一定的限度，如果无限期地允许当事人对仲裁反悔，将使仲裁形同虚设，陷入更为被动的境地，而且也浪费了司法资源，与多元化纠纷解决机制和稳定社会秩序的纠纷解决目标南辕北辙。30天的期间类似于除斥期间，超过该期间的，当事人将无权向人民法院起诉要求救济。根据《农村土地承包经营纠纷调解仲裁法》的规定，超过30日的，仲裁裁决已经生效，如果允许当事人可再向人民法院起诉，则法律就没有必要规定30日的期间。当事人在收到仲裁裁决书之日起30日内未向人民法院提起诉讼的，应当适用一事不再理原则，农村土地承包经营纠纷调解仲裁法司法解释也明确规定，超过30日再就同一纠纷向人民法院起诉的，人民法院不予受理。但是如果仲裁裁决确实存在仲裁委员会无管辖权、违反法定程序、裁决所根据的证据是伪造的、对方当事人隐瞒了足以影响公正裁决的证据、仲裁员在仲裁该案时有索贿受贿、徇私舞弊、枉法裁决行为等情况时，在仲裁裁决已经生效后，是否再赋予当事人撤销仲裁裁决的权利，笔者认为，应作出否定的结论更为妥当。首先，从现有的仲裁制度看，劳动争议仲裁中，对用人单位也只赋予终局裁决的撤销权，而对非终局性裁决，是通过在法定期限内起诉的方式实现救济的，并未赋予当事人撤销权，农村土地承包经营纠纷的仲裁与上述规定应保持一致。其次，30日是当事人对自己权利自由处分的期间，30日内未起诉的，说明其认可仲裁裁决的结果，不管是对实体权利还是程序权利，都应当在不违反法律强制性规定的情况下充分尊重当事人的自由处分权。此外，司法对仲裁的救济和监督是重要的制度设计，应有法律的明确授权，从解释论的角度看，在法律没有明确规定的情形下，司法不能越权对仲裁进行救济和监督。

（四）仲裁裁决是否应具有终局效力的问题

目前，农村土地承包经营纠纷仲裁裁决并不当然地具有终局效力，裁决作出后，当事人仍享有诉权。有意见认为，农村土地承包经营纠纷“一裁两审”的制度安排使得纠纷的解决可能要经过仲裁和诉讼两套程序，三次审理才能最终解决，这不仅增加了纠纷的解决成本，而且使得程序繁琐，与仲裁快捷方便的原则背道而驰。为此，不少学者提出“一裁终局”才是仲裁的基本特征，在实践中可以采取“或裁或审，一裁终局”的方式来完善当前“一裁两审”工作的不足。人民法院对仲裁的司法救济和监督应当体现有限救济和监督的原则，即纠纷当事人对仲裁裁决不服的，法院只应对仲裁程序进行审查，如出现不属于仲裁受案范围、仲裁员应当回避而没有回避、仲裁中存在徇私舞弊等严重违背仲裁程序等情形的，人民法院可依法裁定撤销仲裁裁决并由当事人另行仲裁或诉讼。除此之外，仲裁则发生“一裁终局”的效力。这有利于节省司法资源和当事人处理纠纷的成本，发挥仲裁高效、快捷的优势，也避免仲裁完全成为纠纷解决的“中间环节”。笔者认为，从立法论的角度看，这种观点有一定的道理。农村土地承包经营纠纷有其特殊性，更多的不是法律问题，而是政策问题，有很多历史因素，甚至涉及政治制度问题，此类纠纷涉及面广、敏感性强，纠纷的解决更多地依赖于当地政府和集体经济组织的配合，而农村土地承包经营纠纷仲裁委员会目前主要由农业部门主导建立，行政色彩浓厚，将该类纠纷主要交与仲裁机构处理，有三点优势：一是方便农民，及时快捷，而诉讼有严格的程序性规定，解决纠纷的成本高；二是农村土地承包经营纠纷很多是涉及对农业政策的理解和执行，农业部门对相关政策规定更为了解和熟悉；三是有利于纠纷的彻底解决。仲裁委员会因为有行政权力做后盾，可以对纠纷采取更为灵活有效的处理办法，相比较判决的强制执行，更有利于案结事了。由此，即应当赋予仲裁更强的独立性和更大的权威性，而确定仲裁裁决的终局效力无疑是该优势得以发挥的制度保障。

【指导性案例】

对于按自动撤回上诉处理的裁定不能申请再审

最高人民法院民一庭

一、案情简介

再审申请人（一审被告）：赵某。

被申请人（一审原告）：王某。

王某于2014年9月向一审法院提起诉讼，请求：判令赵某给付借款1000万元本金及利息。一审法院于2015年3月作出一审判决。赵某不服该判决，向二审法院提起上诉但未交纳二审案件受理费。二审法院通知赵某七日内交纳二审案件受理费，逾期不交按自动撤回上诉处理。赵某并未在法院指定的期限内交纳费用。二审法院裁定本案按赵某自动撤回上诉处理。赵某向上一级法院申请再审。

二、法院裁判情况

上一级法院依照《中华人民共和国民事诉讼法》第二百零四条第一款，《最高人民法院关于适用〈中华人民共和国民事诉讼法〉的解释》（以下简称《民事诉讼法司法解释》）第三百九十五条第二款规定，裁定驳回赵某的再审申请。

三、主要观点及理由

案件受理费是当事人应当向人民法院交纳的诉讼费用，包括第一审案件受理费、第二审案件受理费、再审案件中依照规定需要交纳的案件受理费。第二审案件受理费是指当事人不服人民法院的一审裁判而向上一级法院提出上诉，为启动该程序而交纳的有关费用①。民事诉讼法第一百一十八条规定，当事人进行民事活动，应当按照规定交纳案件受理费。《诉讼费用交纳办法》第二十二条规定，上诉案件的受理费由上诉人向人民法院提交上诉状时预交。双方当事人都提起上诉的，分别预交。

对于按自动撤回上诉处理的裁定能否申请再审，理论界与司法实务界存在三种不同观点：

观点一认为，司法解释对此问题已予以明确，应当再审。《最高人民法院关于第二审法院裁定按自动撤回上诉处理的案件第一审法院能否再审问题的批复》［法释〔1998〕19号］规定，在民事诉讼中，上诉人不依法预交上诉案件受理费，或者经传唤无正当理由拒不到庭，由第二审人民法院裁定按自动撤回上诉处理后，第一审判决自第二审裁定确定之日起生效。当事人对生效的第一审判决不服，申请再审的，第一审人民法院及其上一级人民法院可以依法决定再审，上一级人民法院的同级人民检察院也可以依法提出抗诉。对第二审裁定不服申请再审的，由第二审人民法院或其上一级人民法院依法决定是否再审。《最高人民法院关于当事人对按自动撤回上诉处理的裁定不服申请再审，人民法院应如何处理问题的批复》［法释〔2002〕20号］规定：当事人对按自动撤回上诉处理的裁定不服申请再审，人民法院认为符合《中华人民共和国民事诉讼法》第一百七十九条②规定的情形之一的，应当再审。经再审，裁定确有错误的，应当予以撤销，恢复第二审程序。

观点二认为，可以申请再审，但其再审审查范围为二审裁定，不对一审判决认定事实或适用法律是否符合民事诉讼法规定的再审事由进行审查。

民事诉讼法规定撤诉分两种情况，一是原告申请撤诉或者上诉人撤回上诉，二是按撤诉或撤回上诉处理，后者要按照撤诉或撤回上诉是否符合法律规定来掌握，对符合撤诉或者撤回上诉条件的，按撤诉或者撤回上诉处理。上诉后因未交纳上诉费而裁定按撤回上诉处理，尽管二审法院未对上诉案件作出实体审理，但也认为是二审案件。本案实际上存在两个生效裁判，一是一审判决，二是二审裁定，两者调整对象不同，前者调整当事人实体权利义务关系，后者则是对当事人因未交纳上诉费进行程序性处

① 《诉讼费用交纳办法释义》，吕锡伟主编，中国法制出版社2007年版，第17页。

② 修改后的民事诉讼法为第二百条。

置，当事人均可申请再审，并依照当事人申请再审不同对象确定申请再审受理法院。

观点三认为，当事人因未交纳上诉费，二审法院裁定按自动撤回上诉处理，一审判决已经生效。当事人可根据法律规定，对一审生效判决申请再审。当事人不能对按自动撤回上诉处理的裁定申请再审。

我们同意第三种观点。其理由为：当事人接受一审裁判结果，虽然有些事项对其不利，或者损害其利益，但当事人放弃其权利，应当尊重当事人的处分权。

首先，民事诉讼法第一百九十九条规定，当事人对已经发生法律效力的判决、裁定，认为有错误的，可以向上一级人民法院申请再审。申请再审对象应为生效判决、裁定。

其次，民事诉讼法关于当事人不得申请再审的案件，仅规定了一种情况，即第二百零二条规定：当事人对已经发生法律效力的解除婚姻关系的判决、调解书，不得申请再审。并认为，哪些情形不得申请再审不是简单的理论问题，主要应当根据具体的司法实际和社会的接受程度，慎重决策①。《民事诉讼法司法解释》第三百八十条规定：适用特别程序、督促程序、公示催告程序、破产程序等非讼程序审理的案件，当事人不得申请再审。基于上述程序性质均为非讼程序，程序功能并非解决民事权益争议，与再审系民事诉讼程序的性质存在根本差别，明确规定了当事人不得申请再审案件范围。《民事诉讼法司法解释》第三百八十一条规定：当事人认为发生法律效力的不予受理、驳回起诉的裁定错误的，可以申请再审。其实质规定可以申请再审的裁定范围。不予受理、驳回起诉裁定为终局性裁定，涉及当事人基本程序保障，当事人可以申请再审。

《民事诉讼法司法解释》第三百九十五条第二款规定，当事人主张的再审事由不成立，或者当事人申请再审超过法定申请再审期限、超出法定再审事由范围等不符合民事诉讼法和本解释规定的申请再审条件的，人民法院应当裁定驳回再审申请。

对于按自动撤回上诉处理的裁定能否申请再审，考虑到当事人可以直接针对一审判决申请再审获得救济，若允许对按自动撤回上诉处理的裁定申请再审，则已经生效甚至执行完毕的一审判决又变为不生效，程序存在

---

① 王胜明主编：《中华人民共和国民事诉讼法释义》，法律出版社2012年版，第490页。

障碍。

四、最高人民法院民一庭倾向性意见

当事人因未交纳上诉费，二审法院裁定按自动撤回上诉处理，一审判决已经生效。当事人可根据法律规定，对一审生效判决申请再审。当事人不能对按自动撤回上诉处理的裁定申请再审。已经立案的，依照民事诉讼法第二百零四条第一款、《民事诉讼法司法解释》第三百九十五条第二款规定，裁定驳回其再审申请。

（执笔人：最高人民法院民一庭　李　琪）

商品房买卖预约合同与本约合同的区分

最高人民法院民一庭

一、案情简介

上诉人：A房地产开发有限公司（以下简称A公司）。

被上诉人：某银行股份有限公司B市支行（以下简称B支行）。

一审法院审理查明：2010年11月12日，B支行与A公司签订《团购住房合作开发协议（草稿）》（以下简称《团购住房协议》），由B支行组织员工团购A公司开发的房产。协议约定：房屋分三种基本户型大小，具体户型需经双方协商确认；主房屋均价2750元/平米；A公司应于2012年7月1日前将B支行团购住房全部交付使用；B支行凡参与团购住房的职工每人预付团购住房款20万元，于2010年11月19日前存入A公司在某行专户，否则视为个人放弃参与团购住房权利；B支行缴纳的团购住房款存入A公司在某行专户，实行封闭运行，集中管理，只能用于缴纳土地保证金、出让金及工程款等与住房建设有关的列支等项，实行双印鉴管理，双方分持印鉴；B支行参与团购住房的职工在选房前可以放弃选房权，其缴纳的团购住房预收款由A公司退回本人，并按照年息20%的标准支付利息。A公司如不能于2012年7月1日前将B支行团购住房全部交付使用，则应于2012年7月1日起按照年息20%的标准，依据实际推迟交付使用时间计付B支行参加团购住房职工利息。如推迟交付使用时间3个月，A公司还需一次性支付B支行预付房款5%的违约金，交付使用时间每增加3个月则违约金增加5%。

协议签订后，B支行的470名职工参加团购，并依约交纳了预付款9400万元。合同履行中，有4人进行了部分退款，目前B支行职工在A公司处的预付款本金合计为9314万元。

2010年12月7日，A公司与某市国土资源局签订国有建设用地使用权公开出让成交确认书，取得包括B支行团购住房小区在内的国有土地使用权。A公司举证证明：其于2011年1月26日前交齐土地出让金后，因地上构筑物、规划等原因，某市国土资源局一直未交付该宗土地，A公司多次向市政府及相关领导人报告情况，2013年4月3日，A公司取得案涉建设项目的国有土地使用权证。A公司主张至法庭开庭审理时，案涉土地上尚未全部完成地上构筑物的清理，案涉项目尚未开工建设。

2012年4月28日，A公司向B支行提出团购住房合作协议的解决方案，经双方协商，未达成一致意见。

B支行起诉请求解除双方所签订的《团购住房协议》，由A公司返还B支行购房款本金9314万元，并支付利息5471.6667元、违约金2345万元。A公司答辩认为，案涉《团购住房协议》虽为团购，但不能改变其作为商品房买卖合同的性质，双方签订该协议时，A公司还未取得商品房预售许可证，根据《中华人民共和国城市房地产管理法》第四十五条的规定，应当认定《团购住房协议》无效。

二、法院裁判情况

一审法院认为，本案讼争的团购协议是否有效关键在于是否适用《最高人民法院关于审理商品房买卖合同纠纷案件适用法律若干问题的解释》（以下简称《审理商品房买卖合同的解释》）第二条、第五条的规定，因A公司未取得商品房预售许可证明而应被认定无效。A公司主张：案涉团购协议明确规定了交易房屋的位置、面积、价格，A公司已经按约定收受购房款，团购协议不能因买卖的团体性改变商品房买卖合同的性质，应当认定为商品房买卖合同，受《审理商品房买卖合同的解释》的调整，合同有效应以取得预售许可证明作为前提。对此，第一，根据审理查明的事实，本案讼争的团购协议的签订时间在国有土地使用权取得之前，约定由B支行职工先行预付团购款，并对资金进行双印鉴管理，同时约定如职工放弃选房可退款并支付年20%的利息。尽管案涉团购协议整体性质上属于房屋买卖合同，但从内容上分析，存在着开发前出资、对资金使用双方共管、可退款还息等约定，房屋的开发建设专门针对B支行职工进行，并非开发商向不特定社会公众进行销售的商品房，不同于一般的向社会公众销售的商品房买卖合同。同时，由于案涉房地产项目并未实际进行开发建设，A

公司尚未与B支行职工签订具体的商品房买卖合同，未确定交易房屋具体的面积、位置。团购协议仅仅从整体上确定了建设楼房的基本类型、套数，不具备《商品房销售管理办法》第十六条规定的商品房买卖合同应当具有的主要内容。故该团购协议属于签订正式商品房买卖合同前的基础性合同，不符合《审理商品房买卖合同的解释》第一条、第五条关于商品房买卖合同的规定。由于在此阶段，是否要求开发商取得商品房预售许可证明没有法律规定，A公司以未取得商品房预售许可证为由，主张认定双方签订的团购协议无效，缺乏法律依据。综合案涉《团购住房协议》因政策、市场等因素已无法按照约定履行的情况，一审作出判决：一、解除B支行与A公司签订的团购住房合作协议；二、A公司于判决生效后三十日内返还B支行购房款本金9314万元；三、A公司于判决生效后三十日内向B支行支付自2012年7月1日起至判决生效之日止的违约金；四、驳回B支行的其他诉讼请求。

A公司不服一审判决，提起上诉，请求驳回B支行的诉讼请求。

二审法院经审理，维持了一审判决。

三、主要观点及理由

对于案涉《团购住房协议》的性质及效力，主要存在两种观点。

第一种观点认为，《团购住房协议》明确约定了交易房屋的位置、面积、价格，已经具备了《商品房销售管理办法》第十六条规定的房屋买卖合同要求的主要条款，且B支行职工已预付了部分购房款，根据《审理商品房买卖合同的解释》第五条的规定，《团购住房协议》应当认定为商品房买卖合同，同时应当按照该司法解释第二条的规定，应被认定为无效。

第二种观点认为，《团购住房协议》仅从整体上约定了所建楼房的户型种类、套数、房屋均价，每一购房者所购房屋的具体面积、楼号、单元号、层数、购房款总额等具体细节尚需“甲乙双方协商确认”，说明双方有将来再行订立具体的买卖合同的合意。据此，《团购住房协议》应当属于商品房交易预约合同。而且根据该协议的内容可看出，购房主体是特定的，还有权选择退款还息，不符合商品房买卖合同面向社会不特定对象出售的特征。因此，《团购住房协议》只能看作是商品房买卖的预约合同，不等同于商品房买卖的本约合同，不应适用《审理商品房买卖合同的解释》第二条的规定认定为无效。

我们倾向于同意第二种观点。

（一）预约合同与本约合同的法律特征

《审理买卖合同的解释》第二条“当事人签订认购书、订购书、预定书、意向书、备忘录等预约合同，约定于将来一定期限内订立买卖合同，一方不履行订立买卖合同的义务，对方请求其承担预约合同违约责任或者要求解除预约合同并主张损害赔偿的，人民法院应予支持”的规定，确认了我国长期以来交易实践中预约合同独立的合同效力。我们认为，预约与本约在法律特征上存在以下区别：一是订约时间不同。预约是谈判磋商期间对未来事项的预先规划。而本约是在民事合同权利义务关系全部定型后签订的，双方应承担的义务是合同义务。二是预约合同是诺成合同，不受要物约束，强调当事人主观意志在合同成立中的决定作用。而本约一般则受要物约束，交付是合同履行的重要内容。三是签订预约合同的目的在于有事实或法律上的障碍，暂时无法订立本约时，事先对当事人加以约束，约定将来订立本约。而本约的目的则是确立双方权利义务，直接具备履行内容。当然，预约合同虽是为订立本约合同而存在，但仍有其独立性，其详备程度不如本约，但仍应满足基本的确定性要求，应具备合乎法律行为的基本条件。一般包括确定和不确定条款两部分，确定条款应当是双方已达成的具有本约效力的条款。不确定条款是指处于未决状态的条款，即确认某些权利义务关系的条件尚未成熟，在存在事实和法律上的障碍时，当事人签订的权利义务不确定的条款。

（二）商品房买卖合同中预约合同的认定

商品房买卖合同可分为现售、预售；还可分为团购、包销、零售等多种形态。商品房买卖的认购、订购、预订等协议一般是指商品房买卖合同双方当事人在签署预售契约或买卖契约之前所订立的文书，是对双方交易房屋有关事宜的初步确认，其性质即属于商品房买卖预约合同。

《商品房销售管理办法》第十六条规定：“商品房销售时，房地产开发企业和买受人应当订立书面商品房买卖合同。商品房买卖合同应当明确以下主要内容：（一）当事人名称或者姓名和住所；（二）商品房基本状况；（三）商品房的销售方式；（四）商品房价款的确定方式及总价款、付款方式、付款时间；（五）交付使用条件及日期；（六）装饰、设备标准承诺；

（七）供水、供电、供热、燃气、通讯、道路、绿化等配套基础设施和公共设施的交付承诺和有关权益、责任；（八）公共配套建筑的产权归属；（九）面积差异的处理方式；（十）办理产权登记有关事宜；（十一）解决争议的方法；（十二）违约责任；（十三）双方约定的其他事项。”从性质上讲，《商品房销售管理办法》是建设部颁布的行政规章，属于规范商品房买卖市场的强制性规范，但这种规范行为是对商品房买卖合同本约的规制而非对预约的规制。我们也不难发现，其中的一些内容在预约合同中由于存在“事实或法律上的障碍”而不可能作出约定。第一，《商品房销售管理办法》第十六条将“交付使用条件及日期”为商品房买卖合同的必备条款。城市房地产管理法第二十六条第二款规定：“房地产开发项目竣工，经验收合格，方可交付使用。”建筑法第六十一条规定：“交付竣工验收的建筑工程，必须符合规定的建筑工程质量标准，有完整的工程技术经济资料和经签署的工程保修书，并具备国家规定的其他竣工条件。建筑工程竣工验收合格后方可交付使用；未经验收或验收不合格的不得交付使用。”《商品房销售管理办法》第五章专章规定了商品房交付条件。从上述法律规定看，预约合同由于“存在法律或事实上的障碍”，不可能就商品房交付标准作出以上规章所要求的那么明确、详细的约定。通常在预约合同中交付使用的条件和日期表现为不确定条款。第二，《商品房销售管理办法》第十六条将“面积差异的处理方式”作为商品房买卖合同的必备条款，作为确认所交付的商品房面积及认定所交付商品房建筑面积与合同约定是否存在差异的标准，确认所交付商品房面积的依据为产权登记面积或测绘成果表，而产权登记面积或测绘成果表是交付商品房面积的标准。而确定上述面积在预约合同阶段是无法完成的，不可能作出明确、具体的约定。同样，有关“供水、供电、供热、燃气、通讯、道路、绿化等配套基础设施和公共设施的交付承诺和有关权益、责任”以及“办理产权登记有关事宜”等约定均属于在预约阶段难以完成的事项。

《审理商品房买卖合同的解释》第五条规定：“商品房的认购、订购、预订等协议具备《商品房销售管理办法》第十六条规定的商品房买卖合同的主要内容，并且出卖人已经按照约定收受购房款的，该协议应当认定为商品房买卖合同”。该条规定实质是对那些名为预约合同实为本约合同的认定，认购书等预约合同要被认定为本约合同，应具备两个条件：一是须具备《商品房销售管理办法》第十六条规定的商品房买卖合同的主要内容；二是出卖人已经按照约定收受购房款。也就是说，只要合同条款齐备、明确，不存在法律或事实上的障碍，具备合同实际履行的条件，无论合同名称如何，都应当认定为本约。反之，如果存在法律或事实上的障碍，导致合同部分条款缺失或不确定，都不可认定为商品房买卖合同。

（三）本案《团购住房协议》性质和效力的认定

首先，根据本案查明的事实，签订《团购住房协议》时，A公司尚未取得涉案地块的土地使用权证，未办妥涉案建设项目的立项、规划、报建等审批手续，开发项目尚未开工。可见，签订《团购住房协议》时并不具备商品房预售条件。

其次，《团购住房协议》符合房屋买卖合同中的预约合同特征。《团购住房协议》合同名称加注有“草稿”字样，旨在预售条件具备时换签正式合同文本或者订立补充协议完善主合同。《团购住房协议》还约定，房屋“总数为不多于500套”“总建筑面积约7万平方米”“整体小区容积率不高于2.8”“主房屋均价：2750元/平方米，楼层不同，价格不同”、交房时间为“2012年7月前”等，该协议中缺失商品房预售合同的一些必备条款，且部分条款内容尚不确定，难以实际履行。之所以存在这些缺失和不确定的合同内容，主要是因为讼争项目尚未办妥商品房销售所必需的建设规划、土地出让、建设用地等审批手续，容积率、建设密度、绿化率等建设项目规划指标亦不确定，导致所售房屋四至等重要的建设指标无法确定；因未办妥出让、用地等审批手续，不具备开工条件，更无从确定交房期限、办证期限等。可见，《团购住房协议》需补充、细化才能得以实际履行，进而实现签订本约的合同目的。此外，B支行职工支付合同约定的购房款，其对等权利，除能购买到A公司承诺的房屋之外，还存在着订立正式购房合同之前随时要求退还款项并支付高于银行存款利息的约定利息的权利，也说明购房者在订立正式合同文本前存在着多重选择权。另，《团购住房协议》还约定：“甲方缴纳的团购住房款存入乙方专户，实行封闭运行，集中管理，只能用于缴纳土地保证金、出让金及工程款等与住房建设有关的列支项目”“乙方编制团购住房款的使用计划，负责建设资金的支付和决算”等内容，表明团购款项主要用于支付出让金、建设工程款等项目开发费用，此种具有为开发商前期开发融资或者集资建房的特性，更符合商品房销售合同中预约合同的法理特征。

综上，B支行与A公司签订《团购住房协议》时，合同标的物尚不存在，所占用土地权属尚未确定，开发项目尚未办妥立项、规划、出让、用地等审批手续，能否开工建设处于不确定状态，该份协议具备商品房买卖合同主要内容，但存在诸多缺失和不确定内容，是为双方将来签订正式商品房交易合同而订立的意向性协议，属预约性质。从《团购住房协议》内容看，并无违反法律、法规强制性的规定，当事人意思表示真实、自愿，故该合同应认定为有效。因《审理商品房买卖合同的解释》第二条规范的是商品房买卖的本约合同，A公司主张因该协议未取得商品房销售许可证而无效，不能成立。

四、最高法院民一庭意见

在审理商品房买卖合同纠纷中，区分当事人订立的协议是商品房买卖的预约合同还是本约合同，要结合当事人立约时的真实意思以及法律、司法解释对于商品房买卖合同形式要件的要求进行综合判定，关键在于区分合同是否还存在法律或事实上的障碍，导致合同部分条款缺失或不确定的情形。如果存在这类情形，一般应认定为预约合同；如果不存在此种情形，无论合同名称为何，均应视为商品房买卖合同。

（执笔人：最高人民法院民一庭　张　纯、徐　上）

同居期间所得财产的处理规则

最高人民法院民一庭

一、案情简介

郭甲、郭乙与郭丙三人为兄弟关系，郭丙与徐某某于2002年5月开始同居，生育一子一女。后因日常琐事发生纠纷、无法共同生活，徐某某遂起诉到法院要求分割双方同居期间购买的两套房产并对子女抚养问题作出处理。

案涉两套房产登记在郭丙名下，但郭甲与郭乙提供了转款凭证，证明郭丙名下两套房产的实际购买人系郭甲和郭乙，郭丙认可案涉房产为郭甲和郭乙所购买，徐某某主张房产系用家庭共同经营所得的利润购买，但没有提交任何证据予以证明。

二、法院裁判情况

一审法院经审理认为，郭丙与徐某某未办理结婚登记于2002年5月开始同居，双方虽然不是合法夫妻关系，但从保护妇女权益角度考虑，郭丙名下的房产应由郭丙和徐某某各享有一套。

一审法院在审理郭丙与徐某某同居关系纠纷时，郭甲、郭乙曾提出要求参加诉讼，一审法院未予准许。

郭丙不服提起上诉，二审法院判决：驳回上诉，维持原判。

郭甲、郭乙诉称，二审法院在审理郭丙与徐某某同居关系纠纷一案过程中，在没有调查清楚涉案房产的实际出资人、没有考虑案外第三人合法民事权益的情况下作出生效判决，侵犯了其财产权益，故请求予以撤销。

针对郭甲、郭乙提起的第三人撤销之诉，法院经审理认为，郭丙与徐某某并未办理结婚登记手续，双方不存在婚姻关系，不享有基于配偶身份而产生的权利和义务，对于双方同居期间的财产分割，不适用《中华人民共和国婚姻法》关于夫妻财产分割的相关规定。本案中争议的两套房产，郭甲、郭乙主张系以郭丙的名义，由郭甲、郭乙实际出资购买，并提交了相关证据，郭丙对此也予以认可，徐某某未提交证据证明自己参与出资购买涉案房产。涉案房产不属于双方同居期间的共有财产，不应予以分割处分，原生效判决损害了郭甲、郭乙的合法权益，应当予以撤销。

三、主要观点及理由

一种观点认为，虽然郭丙与徐某某未办理结婚登记手续，但双方共同生活多年并生育了子女，对双方同居期间以郭丙的名义购买的两套房产，应当从照顾女方的原则出发，判决郭丙与徐某某各享有一套房产。

另一种观点认为，法律应当保护的是妇女的合法权益，而不是无原则地一味强调保护。徐某某与郭丙没有依照法律规定进行结婚登记，双方自愿选择的是不受法律保护的同居关系。根据《最高人民法院关于人民法院审理未办结婚登记而以夫妻名义同居生活案件的若干意见》第十条的规定，“解除非法同居关系时，同居生活期间双方共同所得的收入和购置的财产，按一般共有财产处理。”因此，对于同居期间一方名下的财产，主张共有的一方负有举证责任，但徐某某并未提供相关证据，故徐某某无权要求分得一套房产。

我们认为，第二种观点是适当的，

本案系第三人撤销之诉，重点是审查原生效判决是否损害郭甲、郭乙财产权益的问题。郭丙和徐某某没有办理结婚登记手续，其于2002年5月开始同居，不符合认定为事实婚姻的相关条件，双方之间系同居关系，不享有夫妻之间的权利和义务。夫妻共同财产关系是基于配偶身份而产生的，法律强调的是身份关系，并不要求夫妻双方付出同等的劳动、智力才能共同所有。由于郭丙和徐某某双方不具有配偶身份关系，对同居期间获得的财产并不当然享有共同所有的权利。徐某某主张涉案的两套房屋是在其与郭丙同居期间以家庭共同经营的收益购置，但并没有提交出资购房的相关证据，法院据最后认定涉案房屋不属于双方同居期间的共有财产是正确的。

从一般民法理论来讲，共有关系分为共同共有和按份共有。按份共有人按照各自的份额，对共有财产分享权利，分担义务；共同共有人对共有财产共同享有权利，共同承担义务。夫妻共同财产关系是典型的共同共有关系，基于配偶身份而产生，只要双方当事人缔结了合法的婚姻关系，在没有约定实行分别财产制的情形下，婚后所得财产原则上属于夫妻双方共同所有，但属于婚姻法第十八条规定情形的除外（比如一方的婚前财产；一方因身体受到伤害获得的医疗费、残疾人生活补助等费用；遗嘱或赠与合同中确定只归夫或妻一方的财产；一方专用的生活用品等）。法律在此强调的是身份关系，比如丈夫在外工作年薪几百万，而妻子在家操持家务、抚养子女，没有收入来源，只要该夫妻之间没有其他财产约定，丈夫的几百万年薪就属于夫妻共同财产，妻子与丈夫一样享有平等的处理权。

一般财产共有关系主要是基于共同投资、共同经营而产生的，如合伙共有关系、共同出资购买的共有房屋等。同居关系不同于合法婚姻中的夫妻关系，在解除同居关系时，对同居生活期间双方共同所得的收入和购置的财产，如果查明属于按份共有关系，则按照各自的份额分享权利；如果查明属于共同共有关系，则对共有财产共同享有权利。同居期间一方的收入另一方无权要求分割，一方继承或受赠的财产属于其个人财产。有一种“准合伙或共同投资”理论认为：“在同居期间双方犹如商业上的合伙人，从事共同的商业投资。在合伙关系结束时，合伙人应有公平的资产分割权。”这种“准合伙或共同投资”的比喻有一定的可取之处，也就是说，同居期间所得财产的分割原则应该是：一方的工资、奖金和生产、经营的收益以及因继承、赠与等途径所得的合法收入，均应归其本人所有；如果双方在同居期间有共同购置的财产或有共同经营所得的收入，应当按照民法通则中有关共有的一般规定处理。

四、最高人民法院民一庭意见

在审理同居关系纠纷时，对当事人同居期间所得的工资、奖金和生产、经营的收益以及因继承、赠与等途径所得的合法收入，原则上归其本人所有；如果双方在同居期间有共同购置的财产或有共同经营所得的收入，应当按照双方的出资份额、所作贡献等公平合理地予以分割。

（执笔人：最高人民法院民一庭　吴晓芳）

当事人为达成调解协议或和解协议而认可的事实之证据能力

最高人民法院民一庭

一、案情简介

2005年6月1日，某县教育局作为甲方，与作为乙方的王国忠签订《×县第五小学租赁办学合同》，约定：（1）×县第五小学现有场地、设备设施等所有固定资产全部租赁给乙方使用；（2）租赁办学期限为8年，即从2005年7月1日起至2013年6月30日止；（3）乙方向甲方每年上交租金20万元，用于偿还租赁前学校的债务；除上交租金和依法收取的税费、局统管的代收费外，学校不上交任何行政性收费。（4）乙方在2005年9月1日前向甲方交纳风险抵押金30万元（租赁期内保持风险抵押金30万元不变），租赁期满，风险抵押金由甲方连本带息（按银行同期存款利率标准）退给乙方。合同还对双方的其他权利义务进行了相应约定。协议签订后，甲方依约将×县第五小学交给乙方租赁办学。2013年7月，乙方已经将×县第五小学交还给县教育局。经双方审计结算，乙方尚余盈利100万元，由甲方一次性支付给乙方。双方合同已经履行完毕。

2008年5月5日，案外人杨裕华以个人合伙纠纷起诉王国忠、李明亮、赵波。2008年8月1日，杨裕华、王国忠、李明亮、赵波达成《和解协议书》，约定：杨裕华自愿退出合伙，其在合伙期间所占份额折价20万元，由王国忠、李明亮、赵波在协议签订之日付给杨裕华10万元，余款10万元在2008年10月30日前一次性付清；合伙期间及以后的债权债务，均由王国忠、李明亮、赵波享有和承担，与杨裕华无关；在王国忠、李明亮、赵波付清10万元后，杨裕华向法院申请撤回对王国忠、李明亮、赵波的起诉，并不得再就同一事实和理由提起诉讼；撤诉所需诉讼费用由杨裕华负担。后由于王国忠、李明亮、赵波没有在2008年10月30日前支付余款10万元给杨裕华，杨裕华于此后向法院提起诉讼，请求法院判令王国忠、李明亮、赵波立即支付尚欠的退伙款10万元，并承担相应的迟延履行违约金。2009年5月10日，杨裕华申请撤回起诉，法院裁定准许其撤回起诉。

现李明亮、赵波提起本案诉讼称，李明亮与王国忠、赵波、杨裕华系共同合伙租赁×县第五小学办学。现租赁办学合同期满，合伙办学关系终止。王国忠将县教育局支付的合伙利润独自一人统管，长期不与李明亮、赵波清算结账，严重损害了李明亮、赵波的合伙利益。现请求法院判令王国忠支付李明亮、赵波合伙办学利润款各200万元，并承担本案诉讼费。

二、法院裁判情况

一审法院经审理认为，2008年5月5日，案外人杨裕华曾以个人合伙纠纷起诉王国忠、李明亮、赵波。2008年8月1日，杨裕华、王国忠、李明亮、赵波达成《和解协议书》，约定杨裕华自愿退出合伙，其在合伙期间所占份额折价20万元，由王国忠、李明亮、赵波在协议签订之日付给杨裕华10万元，余款10万元在2008年10月30日前一次性付清。虽然当事人之间没有书面合伙协议，也没有两个以上无利害关系人证明有口头合伙协议，但以上事实足以认定王国忠、李明亮、赵波系合伙关系。王国忠称系其一人承包办学，但没有提供足以反驳的相反证据加以证明，不予支持。根据查明的案件事实，合伙终止时，合伙盈余共计2825345.95元。根据《最高人民法院关于贯彻执行〈中华人民共和国民法通则〉若干问题的意见（试行）》第55条规定："合伙终止时，对合伙财产的处理，有书面协议的，按协议处理；没有书面协议，又协商不成的，如果合伙人出资额相等，应当考虑多数人意见酌情处理；合伙人出资额不等的，可以按出资额占全部合伙额多的合伙人的意见处理，但要保护其他合伙人的利益。"本案中，当事人均未提供证据证实其出资额。根据本案的实际情况，一审法院酌情认定平均分配合伙盈余，即王国忠、李明亮、赵波各分得合伙盈余941781.98元（2825345.95元÷3=941781.98元）。

王国忠不服一审判决，提起上诉。

二审法院认为，一审判决认定事实清楚，适用法律正确。故判决驳回王国忠的上诉，维持原判。

三、主要观点及理由

本案争议的核心焦点问题在于当事人为达成调解协议或和解协议而认可的事实，在另案诉讼中的证据能力应如何认定的问题。

证据能力，也称证据资格，是指一定的事实材料作为诉讼证据的法律上的资格，或者说是指证据材料能够被法院采信，作为认定案件事实依据所应具备的法律上的资格。只有具备证据条件的证据，才能具有证据力，不是所有的证据材料都具有的。不过这些证据材料一旦经过查证属实，程序合法，即具有证据力，可作为定案根据的证据。因此，由证据材料到证据，需要经过对证据材料的识别过程和对其证据力的把握过程。

对于当事人为达成调解协议或和解协议而认可的事实，《最高人民法院关于适用〈中华人民共和国民事诉讼法〉的解释》第一百零七条规定："在诉讼中，当事人为达成调解协议或者和解协议作出妥协而认可的事实，不得在后续的诉讼中作为对其不利的根据，但法律另有规定或当事人均同意的除外。"对此应如何理解适用，实践中存在两种观点：

一种观点认为，根据该条规定，当事人为达成调解协议或者和解协议而认可的事实，均不应在此后的相关诉讼中作为对其不利的根据，否则，将有违鼓励当事人和解的目的。

另一种观点认为，该条并未一概排除事人为达成调解协议或者和解协议而认可的事实的证据能力，是否采信，应当视不同的诉讼，根据该事实的类型，并结合其他证据综合加以认定。

我们同意第二种观点。《最高人民法院关于适用〈中华人民共和国民事诉讼法〉的解释》第一百零七条是关于诉讼调解或者和解过程中对事实的认可不适用自认规则的规定，是对此种情形下当事人自认的证据能力的排除，旨在保护一方当事人因调解或和解而对某种案件事实的认可不能对后续的诉讼产生不良影响，鼓励当事人以和解方式解决纠纷。对于该条规定的适用范围，应全面准确加以理解。一方面，该条规定的适用情形是在同一案件诉讼过程中，希望达成调解协议或和解协议而未达成，在后续的诉讼中不得将当事人妥协而认可的事实作为对其不利的根据。是故，除该条但书规定的情形外，法律禁止将该种情形下认可的事实作为在同一案件后续诉讼中认定对当事人不利事实的根据。但另一方面，该条规定并未排除将当事人之间已经达成的调解协议或和解协议在另一案件中作为书证使用。事实上，当事人在已经达成的诉讼调解或和解中对有关事实所作自认，在类型上应作进一步区分。该自认的事实可能是当事人对客观事实的认可，如对当事人之间基础法律关系的认可；也可能是对某种事实在一定程度上的妥协和让步，如承包人对发包人欠付工程款金额的让步。对这些不同类型的事实，在另案诉讼中一概排除而使其不产生任何法律效果，不具有合理性。相反，当案件事实真伪不明时，当事人对于前一种类型事实的自认，不仅可以作为证明案件事实的证据使用，而且对于促成法官形成内心确信具有非常重要的作用。法院对该种自认应当根据证据规则，结合当事人提交的其他证据以及案件的有关事实，作为认定案件事实的证据之一综合加以考量。一方当事人欲推翻该种《调解协议书》或《和解协议书》所证明的事实的，应根据证据规则承担提供相应证据加以证明的证明责任。本案系王国忠与李明亮、赵波之间的合伙协议纠纷，与杨裕华和以上三人的退伙纠纷系不同案件，《自行和解协议》是李明亮、赵波在本案诉讼中提交的书证，为了证明王国忠、李明亮、赵波之间存在合伙关系，王备华若要推翻此《自行和解协议》的内容，应提供相应的证据证明，其以《最高人民法院关于适用〈中华人民共和国民事诉讼法〉的解释》第一百零七条为理由排除《自行和解协议》证据效力的主张，不符合该条规定的精神，没有法律依据，二审法院将《自行和解协议》作为认定案件事实的依据，并没有违反法律规定。

四、最高人民法院民一庭意见

《最高人民法院关于适用〈中华人民共和国民事诉讼法〉的解释》第一百零七条之规定并未将当事人为达成调解协议或和解协议而认可的全部事实，均排除于在另案诉讼中作为认定事实依据使用的可能。当事人之间已经达成的调解协议或和解协议，在另一诉讼案件中可以作为书证使用。对于其证明力，人民法院应按照法定程序，全面、客观地审核，并根据当事人提交的其他证据，结合相关事实，综合认定待证事实存在的可能性。一方当事人欲推翻调解协议或和解协议所证明事实的，应承担提供相应证据加以证明的证明责任；否则，将承担不利的后果。

（执笔人：最高人民法院民一庭　司　伟）

借贷行为构成刑事犯罪，但所借款项未用于夫妻共同生活的，不能认定为夫妻共同债务

最高人民法院民一庭

一、案情简介

2011年4月，邢某以买房为由向周某借款，双方签订《借款合同》，约定：邢某向周某借款8000万元，借期三个月。还对借款利率、还款方式、违约责任等作出约定。合同签订后，周某将借款实际给付邢某。借期届满后，邢某没有履行还款义务。2012年11月，周某向公安机关报案，称邢某骗取其8000万元。2013年1月，公安机关以邢某涉嫌诈骗立案侦查，于同年3月刑事拘留了邢某。2013年5月，检察机关决定逮捕邢某。2014年6月，邢某的行为被生效的刑事判决认定构成合同诈骗罪，并被判处刑罚处罚；对邢某骗取被害人周某的钱款，责令其退赔。赵某系邢某的妻子，邢某本案所涉借款行为发生在婚姻存续期间。周某向一审法院提起诉讼，以邢某所借款项属于夫妻共同债务为由，请求法院判令赵某就《借款合同》项下的全部债务承担连带清偿责任。

二、法院裁判情况

一审法院认为，邢某借款时，赵某与邢某是夫妻关系，《最高人民法院关于适用〈中华人民共和国婚姻法〉若干问题的解释（二）》（以下简称婚姻法司法解释二）第二十四条规定，债权人就婚姻关系存续期间夫妻一方以个人名义所负债务主张权利的，应当按共同债务处理。但夫妻一方能够证明债权人与债务人明确约定为个人债务的，或者能够证明属于婚姻法第十九条第三款规定情形的除外。婚姻法第十九条第三款规定，夫妻关

系存续期间所得的财产约定归各自所有的，夫或妻一方所负债务，第三人知道约定的，以夫或妻一方所有的财产清偿。本案中邢某的借款用于经营，购买房屋后，抵押所借贷款没有证明去向，邢某与周某签订借款合同时，并未明确约定是个人债务，赵某亦不能证明夫妻关系存续期间财产约定各自所有，故应按夫妻共同债务处理。赵某与邢某属共同债务人，应与邢某共同承担偿还责任。综上，一审法院判令赵某、邢某共同返还周某借款本金及利息损失。

赵某不服一审判决，提起上诉，请求撤销一审判决，驳回周某对赵某的诉讼请求。二审法院判决：撤销一审判决，支持赵某上诉请求。

三、主要观点及理由

二审审理过程中，对赵某应否承担偿还责任，也即案涉债务是否构成夫妻共同债务，存在以下两种观点：

一种观点认为，赵某与邢某系夫妻，所涉借款行为发生在婚姻关系存续期间，根据法律及司法解释的相关规定，案涉债务应认定为夫妻共同债务，赵某应承担偿还责任。

另一种观点认为，邢某所涉借款行为虽发生在赵某、邢某婚姻关系存续期间，但已生效的刑事判决认定邢某犯合同诈骗罪，邢某骗取周某的借款为邢某犯罪所得。邢某向周某借款的资金用于购买房屋，并未用于夫妻共同生活，赵某对案涉房屋未使用，也未控制，赵某对邢某所负债务不应承担偿还责任。

对于夫妻共同债务的认定，基于现实生活的复杂情况，争议较大。不仅存在夫妻一方以个人名义在婚姻关系存续期间举债给其配偶造成损害的情况；也存在夫妻合谋以离婚为手段，将共同财产分配给一方，而将债务分配给另一方，借以达到逃避债务、损害债权人利益目的的情形。如何明晰夫妻共同债务的认定标准，以兼顾债权人信赖利益的保护和夫妻一方权益的维护，尤为必要。基于对司法实践的主要纠纷类型分析，并结合本案的具体情况，我们认为，对前述赵某应否承担责任的分歧，第二种观点更具有合理性。理由如下：

第一，从法律规定看，婚姻法第四十一条规定：离婚时，原为夫妻共同生活所负的债务，应当共同偿还。共同财产不足清偿的，或财产归各自所有的，由双方协议清偿；协议不成时，由人民法院判决。该条规定是关于夫妻共同债务的法律规定。从该条文义内容看，夫妻共同债务应限定为夫妻共同生活所负的债务，并由夫妻双方共同偿还；非夫妻共同生活所负的债务，不构成夫妻共同债务，如作为举债人的夫妻一方为赌博、吸毒等所形成的债务。本案中，邢某的行为已被人民法院生效的刑事判决认定为合同诈骗犯罪，故邢某骗取周某的款项性质为邢某犯罪所得。邢某对周某所负债务非为家庭生活所发生，不符合夫妻共同债务法定条件。

第二，学理上讲，夫妻之间享有家事代理权。家事代理范围内，一方对外举债视为夫妻共同负债。超出的，则不应认定为夫妻共同债务。判断是否超出日常家庭生活需要范围，应从婚姻法立法本意分析。一是夫妻有无共同举债的合意。如夫妻双方意思表示一致，不论该债务所带来的利益是否为夫妻共享，均应视为夫妻共同债务；二是该债务是否用于夫妻共同生活。本案邢某的借款行为并无夫妻共同合意。另，邢某所借款项数额较大，明显超出日常生活需要范围，亦未用于家庭生活，故不能认定为夫妻共同债务。

四、最高人民法院民一庭意见

婚姻关系存续期间的借贷行为已为生效刑事判决认定为犯罪，但所借款项未用于夫妻共同生活的，不能认定为夫妻共同债务。

（执笔人：最高人民法院民一庭　赵风暴）

【最高人民法院案件解析】

第三人撤销之诉的适用条件与审查标准

——伊犁州国有资产投资经营有限责任公司与新疆油田资产管理有限责任公司、新疆石油管理局新源钢铁公司第三人撤销之诉纠纷案

陈星星[*]　王慧娴[**]

法理提示：作为案外人的一种非常救济制度，第三人撤销之诉是以撤销错误的生效判决为手段遏制侵害案外人利益的虚假诉讼、恶意诉讼等行为的诉讼制度。关于第三人撤销之诉的适用条件，应当严格根据案件的事实和当事人提供的证据分别从程序要件、主体要件和实体要件的构成条件上进行分析判断，特别是对于其提出诉讼的期限、诉讼主体的资格、提出的事由及具体请求。关于第三人撤销之诉的审查标准，在起诉与受理阶段分别进行形式性的审查和适度性的实质审查，在案件的审理阶段进行全面性的实质审查，并根据不同阶段的审查结果区别适用不予受理、驳回起诉、驳回诉讼请求和依法改变或撤销。

再审申请人（一审原告、二审上诉人）：伊犁州国有资产投资经营有限责任公司，住所地新疆维吾尔自治区伊宁市斯大林街三巷15号。

法定代表人：徐家黎，该公司董事长。

被申请人（一审被告、二审被上诉人）：新疆油田资产管理有限责任公司，住所地新疆维吾尔自治区克拉玛依市迎宾路66号。

* 最高人民法院第二批法律实习生/民事审判第一庭实习法官助理。

** 最高人民法院民事审判第一庭书记员。

法定代表人：李冲，该公司董事长。

被申请人（一审被告、二审被上诉人）：新疆石油管理局新源钢铁公司，住所地新疆维吾尔自治区新源县则克台镇。

法定代表人：白栋，该公司经理。

一、克拉玛依市中级人民法院一审查明的案件事实

1993年11月6日，中国建设银行新源县支行（以下简称建行新源支行）与新源县火电厂签订（93年）第1号借款合同，贷款200万元，期限5年，到期未还部分，加息20%，用厂房、机器设备土地使用权抵押。

1994年9月20日，建行新源支行与新源县火电厂签订（94年）第02号合同，借款600万元，期限5年10个月，到期未还部分，加息20%，用厂房、机器设备土地使用权抵押。

1995年11月10日，建行新源支行与新源县火电厂将上述两份合同及另案处理的借款金额200万元、编号95－402－01号合同一起，又签订一份编号为95－402－02的总合同，借款金额1000万元。同日，新源县水电公司及下属三、四级电站、新源县水泥厂、新疆石油管理局新源钢铁公司（以下简称新源钢铁公司）作为保证人，与建行新源支行、新源火电厂签订编号为95－402－02的保证合同。

1999年11月，建行新源支行与中国信达资产管理公司乌鲁木齐办事处（以下简称信达乌鲁木齐办事处）签订了债权转让协议，将建行新源支行的上述债权转让给信达乌鲁木齐办事处。

2000年9月8日，信达乌鲁木齐办事处向新疆维吾尔自治区高级人民法院（以下简称新疆高院）提起诉讼，请求判令新源县火电厂支付贷款本金800万元及利息5714721元，新源钢铁公司、新源县电力公司、新源县水泥建材有限公司对该债务承担连带责任。新疆高院2000年12月20日作出（2000）新经初字第38号民事判决，支持了信达乌鲁木齐办事处的诉讼请求。新源钢铁公司不服上诉，最高人民法院2001年12月25日作出（2001）民二终字第137号民事判决（以下简称137号判决，该案简称137号案件），改判“当执行新源县火电厂用于本案借款抵押的厂房、机器设备、土地使用权不足以清偿上述债务时，不足部分由新源县电力公司、新源县水泥建材有限公司、新疆石油管理局新源钢铁公司承担连带清偿责任”。

1999 年 12 月，中国石油新疆油田分公司成立（以下简称新疆油田分公司），与新疆石油管理局分立运作，新疆石油管理局对新源钢铁公司的债权划归新疆油田分公司管理。

2003 年 3 月，新疆油田资产管理有限责任公司（以下简称油田管理公司）成立，2003 年 6 月 19 日，新疆油田分公司与油田管理公司签订《委托管理合同》，将合同附表中所列的公司、企业机构中的投资、借款委托给油田管理公司经营管理、清收欠款。新源钢铁公司是附表中所列的公司，明确记载欠借款 2818 万元。1999 年、2003 年，新源钢铁公司年检报告记载，该公司成立时，新疆石油管理局出资 1506 万元，新源钢铁公司目前无经营场所，未注销。

2003 年 7 月，油田管理公司起诉，要求新源钢铁公司偿还 700 万元借款，本案最终以（2003）克中民二初字第 30 号民事调解书（以下简称 30 号调解书，该案件简称 30 号案件）结案。调解书主要内容为：（1）新源钢铁公司确认尚欠债务 700 万元；（2）从自愿达成调解协议之日起，每年向油田管理公司偿付 70 万元债务本金及利息（利息按同期银行贷款利率计算），上述款项在十年内付清；（3）新源钢铁公司同意将其所有土地使用权抵押给油田管理公司，土地附着物亦相应抵押，并提权属证明及相关法律文件，协助办理抵押手续，相关费用由油田管理公司负担。

2008 年 7 月 21 日，油田管理公司与新源县人民政府签订了《土地回收协议》，置换土地使用人为油田管理公司。2008 年 9 月 30 日，油田管理公司与新源县工业园区管委会签订《协议书》，油田管理公司将新源钢铁公司部分土地使用权转让给新源县工业园区管委会。

2010 年 8 月 12 日，伊犁州国有资产投资经营有限责任公司（以下简称伊犁国资公司）从信达乌鲁木齐办事处受让 137 号判决确认的债权。2013 年 4 月 28 日，新疆维吾尔自治区高级人民法院伊犁哈萨克自治州分院（以下简称伊犁州分院）作出（2013）伊州执恢字第 2 号执行裁定书，裁定变更伊犁国资公司为 137 号案件申请执行人。

2015 年 1 月 12 日，伊犁国资公司提起第三人撤销之诉，请求撤销 30 号调解书。

二、当事人一审起诉与答辩情况

伊犁国资公司诉称：2010 年 8 月，伊犁国资公司从中国信达资产管理公司新疆分公司处，取得137号判决和新疆高院（2002）新民二终字第38号民事裁定两份裁判文书的执行债权，新源钢铁铁公司作为两起案件中的被执行人，不但不积极履行生效裁判确定的法律义务，反而利用其与股东之间的关联关系，通过和油田管理公司串通诉讼的方式，取得克拉玛依中院30号和（2003）克中民二初字第28号调解书（以下简称28号调解书），将全部资产抵押给油田管理公司后转移给其股东。伊犁国资公司在向伊犁州分院申请恢复执行上述两案时，因存在上述调解协议，致使其执行债权无法实现，认为新源钢铁公司、油田管理公司涉嫌恶意诉讼，意图逃避被执行人应当承担的法律义务，且民事调解书的内容违反法律规定，严重损害了其合法权益。理由如下：（1）借款事实不清。在第30号调解书中，调解书称："经审理查明从1994年起，新疆石油管理局为扶持下属多经企业的发展，分几次向被告提供借款700万元用于其建设投资及生产经营。"此种事实认定不符合司法审查确认案件事实的认定标准，事实认定部分既没有查明具体的借款时间，也没有具体的借款数额，更没有具体的借款次数，而且，是否超过诉讼时效不清楚。（2）案件主体错误。民事调解书中认定的借款关系双方当事人是新疆石油管理局和新源钢铁公司，但在调解书中的原告却是油田管理公司。油田管理公司充其量只是诉讼代理人而不能成为两份民事调解书中的原告，其主体不适格。因此，这两份民事调解书在形式上也是违法的。（3）调解书内容违反法律规定。调解书中的调解协议第五条规定：如被告不能按期向原告偿还欠款，原告有权随时向人民法院申请强制执行。而当时的民事诉讼法规定申请执行的期限只有六个月，"有权随时申请执行"赋予当事人可以超出法律规定的期限申请强制执行。而且，调解书第二条将欠款按照同期银行贷款利率计付利息，该条约定违反有关金融法律法规关于企业之间不得进行金融借贷活动的强制性规定。（4）违反级别管辖规定。2003年8月11日，一个合议庭在一天之内形成30号和28号两份民事调解书。前后两份民事调解书中认定的借款时间均为1994年起至1999年12月28日止。借款时间相同，借款用途相同，借款主体相同，分成两个案件处理同一债务的目的很明显，是将不属克拉玛依中院管辖的案件通过拆分诉讼标的数额的方法由其管辖。新源钢铁公司、油田管理公司涉嫌违反诉讼级别管辖的规定。（5）违反地域管辖规定。即使新源钢铁公司、油田管理公司之间确有借款关系纠纷，按照民事诉讼法的规定，该案也应当由新源钢铁公司注册地的伊犁州分院或者新源县人民法院管辖，而不应当由克拉玛依中院管辖。基于以上理由，按照新疆高院的答复，提起撤销之诉，请求：（1）撤销克拉玛依中院30号民事调解书；（2）要求油田管理公司返还其接收的新源钢铁公司314万元的财产；（3）由新源钢铁公司、油田管理公司承担本案诉讼费。

新源钢铁公司未到庭亦未进行答辩。

油田管理公司辩称：（1）伊犁国资公司起诉的主体不适格。伊犁国资公司既非独立请求权第三人也不是无独立请求权第三人，无权提起第三人撤销之诉，30号调解书与其没有关系，案件处理结果与其没有法律上的利害关系也没有损害其利益，没有改变新源钢铁公司作为其他案件担保人的身份地位。新源钢铁公司处理的财产是作为公司法人在公司成立期间依法行使的民事权利。该借款债务没有被抵押查封，所以如何处理财产是公司的自主行为。新源钢铁公司与油田管理公司存在真实的债权债务关系，偿还债务是新源钢铁公司的义务，因此30号调解书是一份债权人起诉债务人后形成的一个调解。伊犁国资公司与该案没有丝毫关系，其因在执行过程中执行不到可执行的财产，而要求撤销新源钢铁公司与油田管理公司在2003年达成的民事调解协议，其起诉主体不符合法律要求，应当予以驳回。（2）新源钢铁公司与油田管理公司债权债务事实清楚，双方经过对账，截至2003年新源钢铁公司共欠油田管理公司2818万元，考虑到新源钢铁公司的资产状况和案件在将来生效后执行的能力，油田管理公司只选择起诉其中的1500万元，30号调解书是700万元，并不是对于其他的1000多万元放弃了权利，油田管理公司仍保留对剩余债务的追诉权。新源钢铁公司与油田管理公司是两个独立的法人，法人在公司正常生产期间进行财务对账是真实有效的。（3）该债务经过油田管理公司向法院提起诉讼，在法院的主持下达成了调解协议，该协议是当事人的真实意思表示，没有违反法律强制性的规定，程序合法，应当予以维持。（4）双方作为两个独立的法人主体，对于所欠债务自认，符合民事诉讼法规定，伊犁国资公司提出的恶意串通以及损害其利益的行为并不存在。伊犁国资公司起诉超过了6个月的诉讼时效期，根据民事诉讼法相关规定，第三人撤销之诉时效是6个月，该期限是除斥期，不得中断和延长，其丧失了胜诉的权利。伊犁国资公司提出的案件主体错误，事实上是因为新疆石油管理局和新疆油田分公司在1999年12月28日进行了业务分离，原新疆石油管理局对外的债务由油田管理公司承受，因此油田管理公司作为诉讼的当事人和原告，是适格主体。关于管辖的问题，油田管理公司起诉的案件标的一个是700万元，一个是800万元，是在法律规定的法院级别管辖范围内，没有超越级别管辖的规定。关于地域管辖问题，法律也规定双方可以协商以合同履行地法院管辖，因此并不违反地域管辖规定。

综上，油田管理公司认为伊犁国资公司起诉主体不适格，主张的权利与调解书的内容毫无关系，请求依法驳回其起诉。

三、一审法院审理情况

一审法院经审理认为，根据双方出示的证据，新源钢铁公司至2003年已欠原新疆石油管理局2818万元借款，有经审批的借款合同、单据、审批报告为证。新疆油田分公司成立后，新源钢铁公司的资产管理划归油田管理公司进行管理，油田管理公司正如伊犁国资公司身份一样，有权接管债权、清收外债。

原调解协议当中约定随时向人民法院申请执行，只是表述不明，人民法院执行案件有明确规定的程序和期限，双方的“随时”这一表述并不意味执行阶段可以完全按照协议中不明确的内容进行执行，因此也不能以此否定双方签订的整个协议内容。

关于地域管辖和级别管辖，原新疆石油管理局与新源钢铁公司有投资、借款、扶持关系，油田管理公司在清收借款时双方协议在油田管理公司所在地立案审理，并不违反法律规定。伊犁国资公司在油田管理公司与新源钢铁公司双方协议解决借款纠纷时不是案件当事人，并不了解案件实际情况，故对伊犁国资公司关于地域管辖和级别管辖的理由不予支持。

137号判决主文第三项内容为“当执行新源县火电厂用于本案借款抵押的厂房、机器设备、土地使用权不足以清偿上述债务时，不足部分由新源县电力有限公司、新源县水泥建材有限公司、新疆石油管理局新源钢铁公司承担连带清偿责任”，该生效判决表述明确，新源钢铁公司仅承担的是部分保证责任。其承担在执行新源县火电厂抵押的财产后不足部分才承担责任，伊犁国资公司并未证实在2003年7月已将新源县火电厂用于借款抵押的厂房、机器设备、土地使用权执行完毕，也无证据证实新源钢铁公司当时应承担多少保证责任。新源钢铁公司只是对外承担部分保证责任，其在2003年仍然是具有民事法律行为能力的独立法人企业，其有权对外进行包括还债行为在内的任何民事法律行为，即其有权与债权人达成还款协议。2003 年达成还款协议时并不必然影响原债权人申请执行的权利，新源钢铁公司仍然有从事经营活动，参加诉讼活动的权利。新源钢铁公司与油田管理公司达成还款协议，与伊犁国资公司申请执行是两个诉讼法律关系，应当分别执行或履行，因此伊犁国资公司并不当然成为新源钢铁公司与油田管理公司诉讼案的第三人或案外人。

1999 年 12 月 28 日新疆油田分公司成立，原新疆石油管理局所管理的资产划转归新疆油田分公司管理，2003 年 3 月油田管理公司成立，新疆油田分公司遂将该部分资产的经营管理委托给油田管理公司，油田管理公司有权进行借款清收包括以原告身份进行诉讼，因此伊犁国资公司关于油田管理公司主体身份不适格的理由不能成立，其要求归还 314 万元的请求，亦未提供任何依据且理由不能成立，综上所述，伊犁国资公司起诉理由均不能成立，依据《中华人民共和国民事诉讼法》第五十六条第三款之规定，判决：驳回伊犁国资公司的诉讼请求。一审案件受理费 30800 元，由伊犁国资公司负担。

四、二审法院的审理情况

伊犁国资公司不服提起上诉，新疆高院二审认为，根据《中华人民共和国民事诉讼法》第五十六条、《最高人民法院关于适用〈中华人民共和国民事诉讼法〉的解释》第二百九十二条、第一百二十七条的规定，第三人撤销之诉的原告应当是与原生效判决、裁定、调解书具有法律上的利害关系的主体。本案中，信达乌鲁木齐办事处于 1999 年以债权转让协议取得建行新源支行的债权，于 2000 年 9 月 8 日提起诉讼。该案经最高人民法院二审，于 2001 年 12 月 25 日作出 137 号判决，判令新源钢铁公司在新源火电厂抵押的厂房、机器设备、土地使用权不足以清偿上述债务时，对不足部分与新源县电力公司、新源县水泥建材有限公司共同承担连带责任，该判决已发生法律效力。根据该生效判决，新源钢铁公司在该案中作为债务人的保证人，对债务人新源县火电厂的抵押财产不足以清偿债务之外的部分债务承担连带清偿责任。2003 年，新源钢铁公司在克拉玛依中院 30 号案件中作为债务人与油田管理公司达成调解协议，对债务数额、还款方式等达成一致。30 号案件与最高人民法院 137 号案件均系独立民事案件，二者之间不具有关联性。信达乌鲁木齐办事处、油田管理公司对新源钢铁公司分别享有独立的债权，且均为普通债权；在新源钢铁公司未提供财产抵押，且财产所有权未受到其他限制的情况下，新源钢铁公司对其所有的财产予以自由处分并无不当。新源钢铁公司在信达乌鲁木齐办事处一案中负有保证债务，不影响其在油田管理公司一案中达成调解协议、确认债务数额、处分财产的民事权利，其处分的财产也不是信达乌鲁木齐办事处一案中的抵押物，伊犁国资公司亦不是针对新源钢铁公司处分财产提起撤销之诉，故新源钢铁公司并不因其对信达乌鲁木齐办事处负有债务即不得再向其他债权人确认或偿还债务，信达乌鲁木齐办事处的民事权益与油田管理公司一案的处理结果并无法律上的利害关系。伊犁国资公司以债权转让方式取得信达乌鲁木齐办事处的债权，其与已生效的油田管理公司诉新源钢铁公司一案同样不具有法律上的利害关系。因此，伊犁国资公司不符合第三人撤销之诉中“第三人”须“与案件的处理结果有法律上的利害关系”之条件，其作为原告提起第三人撤销之诉不符合法律及司法解释的规定，不具有主体资格。根据《最高人民法院关于适用〈中华人民共和国民事诉讼法〉的解释》第三百三十条“人民法院依照第二审程序审理案件，认为依法不应由人民法院受理的，可以由第二审人民法院直接裁定撤销原裁判，驳回起诉”之规定，二审法院对伊犁国资公司的起诉予以驳回。

此外，第三人提起撤销之诉的期间为“知道或应当知道民事权益受到损害之日起六个月内”，该六个月为不变期间，不适用诉讼时效中止、中断、延长的规定。2013年4月28日，伊犁国资公司通过伊犁州分院（2013）伊州执恢字第2号执行裁定书，变更为信达乌鲁木齐办事处一案新的申请执行人，其如果认为已生效的30号案件损害其合法权益，最晚应于此时起六个月内提起第三人撤销之诉。伊犁国资公司于2015年1月方提起诉讼，已超过了法律规定的除斥期间，其民事权利不再受法律保护。

综上，原判认定事实清楚，适用法律不当。二审法院依照《中华人民共和国民事诉讼法》第一百七十条第一款第（二）项之规定，裁定：一、撤销克拉玛依中院（2015）克中民撤销初字第1号民事判决；二、驳回伊犁国资公司的起诉。一审案件受理费50元伊犁国资公司负担；二审案件受理费50元由伊犁国资公司负担，向其退还多预交的30750元。

五、当事人申请再审的理由

伊犁国资公司申请再审称，（1）原审认定其不具有第三人主体资格是对法律的错误理解。137号判决和30号民事调解书所确认的债权债务虽是平等、独立的普通债权，但30号案件在诉讼时，137号判决已经进入执行程序，作为被执行人新源钢铁公司与其母公司的委托代理人油田管理公司利用母子公司的关联关系，在没有任何借款事实和借款证据的情况下，恶意串通自认、互认债权债务，通过虚假诉讼达成30号调解书，目的是为了转移财产。因此，伊犁国资公司与30号调解书所确认的债权具有法律上的利害关系。(2) 原审关于除斥期间的认定错误。原审法院认为，除斥期间应从2013年4月28日起算，经过六个月，也应到2013年10月28日之后才算超过除斥期。而伊犁国资公司2013年9月23日就向克拉玛依市中级人民法院提起了撤销诉讼，并未超过除斥期间。因此原审裁定忽略了本案存在前后两次诉讼的事实，在除斥期间的事实认定上是错误的。(3) 伊犁国资公司有证据证明30号调解书错误。30号调解书是在双方当事人利用母子公司关联关系，恶意串通、虚构债务、虚假诉讼的情况下作出的，最终导致错误地处分了新源钢铁公司的财产，从而驾空了137号判决的执行。但本案一、二审根本未审查30号案件是否存在恶意串通、虚假诉讼及30号调解书是否错误，确认的债权是否真实的问题，仅凭两个债权是平等的这一表象就认定伊犁国资公司与30号案件没有“法律上的利害关系”，完全违背了新民事诉讼法设立“第三人撤销之诉”的立法宗旨。综上，伊犁国资公司根据《中华人民共和国民事诉讼法》第二百条第二项、第六项申请再审，请求撤销原审裁定第二项并支持其撤销30号调解书的诉讼请求。

六、再审审查的情况

根据申请人的申请理由及提供的证据，最高人民法院认为，本案主要审查以下问题：(1) 伊犁国资公司提起本案第三人撤销之诉是否超过除斥期间；(2) 原审认定伊犁国资公司不具有第三人主体资格是否正确；(3) 30号调解书是否存在错误应予撤销。

(一) 关于本案是否超过除斥期间的问题

根据《中华人民共和国民事诉讼法》第五十六条第三款和《最高人民法院关于适用〈中华人民共和国民事诉讼法〉的解释》第一百二十七条的规定，第三人提起撤销之诉的期间是自知道或者应当知道其民事权益受到损害之日起六个月，且该期限为不变期间。2013年4月28日，伊犁州分院作出（2013）伊州执恢字第2号执行裁定，变更伊犁国资公司为137号案件的申请执行人，如伊犁国资公司认为业已生效的30号调解书损害其合法权益，最晚应于此时起六个月内提起第三人撤销之诉。然而，伊犁国资公司2015年1月12日才提起本案诉讼，显然已超过法律规定的六个月期限。

伊犁国资公司申请再审称，原审忽略了其曾前后两次诉讼的事实，主张2013年9月23日曾向克拉玛依市中级人民法院提起撤销之诉，但未提供相关证据。克拉玛依中院（2014）克中法民立初字第2号民事裁定载明，该院于2014年2月27日收到伊犁国资公司的起诉状及相关证据材料，该时间节点亦已超过法律规定的期间。据此，二审法院认定伊犁国资公司已经丧失提起第三人撤销之诉的程序权利，并裁定驳回该公司的起诉，并无不当。伊犁国资公司此项申请理由不能成立，最高人民法院不予支持。

（二）关于伊犁国资公司是否具备第三人撤销之诉主体资格的问题

根据法律规定，提起第三人撤销之诉的“第三人”是指有独立请求权的第三人，或者案件处理结果同其有法律上的利害关系。在137号案件中，伊犁国资公司受让的是信达乌鲁木齐办事处对新源县火电厂享有的债权，该债权债务关系中，作为主债务人的新源县火电厂用其自有财产设定了抵押。因此，137号判决判令新源钢铁公司与其他两保证人在新源县火电厂抵押的厂房、机器设备、土地使用权不足以清偿上述债务时，对不足部分共同承担连带责任。而30号案件中，油田管理公司是债权人，新源钢铁公司是债务人，双方在诉讼过程中达成调解协议，对债务数额、还款方式等达成一致。上述两案中，伊犁国资公司和油田管理公司对新源钢铁公司分别享有独立的债权，且均为普通债权。

因此，新源钢铁公司在其财产所有权未受到其他限制的情况下，处分自己所有的财产以偿还自身债务的行为，并无不妥。据此，原审法院以伊犁国资公司在137号案件中的民事权益与30号案件处理结果没有法律上的利害关系为由，认定伊犁国资公司不符合第三人撤销之诉中“第三人”须“与案件的处理结果有法律上的利害关系”之条件，依照《最高人民法院关于适用〈中华人民共和国民事诉讼法〉的解释》第三百三十条“人民法院依照第二审程序审理案件，认为依法不应由人民法院受理的，可以由第二审人民法院直接裁定撤销原裁判，驳回起诉”之规定，裁定驳回伊犁国资公司的起诉，并无不当。伊犁国资公司申请再审的理由，不能成立。

（三）关于30号调解书是否错误应予撤销的问题

经审查，30号案件系油田管理公司与新源钢铁公司双方在诉讼过程中自愿达成调解协议，且经克拉玛依中院以调解书的形式予以确认。伊犁国资公司虽主张新源钢铁公司与油田管理公司存在恶意串通、虚构债务、虚假诉讼的情形，但并未提供相关证据予以佐证。此种情形下，伊犁国资公司仅以协议双方具有一定关联关系为由，请求再审确认30号案件为虚假诉讼，证据不足。伊犁国资公司该项申请理由，最高人民法院不予支持。

综上，伊犁国资公司的再审申请不符合《中华人民共和国民事诉讼法》第二百条规定的情形。最高人民法院依照《中华人民共和国民事诉讼法》第二百零四条第一款之规定，裁定驳回伊犁国资公司的再审申请。

七、对本案的解析

《中华人民共和国民事诉讼法》第五十六条规定："对当事人双方的诉讼标的，第三人认为有独立请求权的，有权提起诉讼。对当事人双方的诉讼标的，第三人虽然没有独立请求权，但案件处理结果同他有法律上的利害关系的，可以申请参加诉讼，或者由人民法院通知他参加诉讼。人民法院判决承担民事责任的第三人，有当事人的诉讼权利义务。前两款规定的第三人，因不能归责于本人的事由未参加诉讼，但有证据证明发生法律效力的判决、裁定、调解书的部分或者全部内容错误，损害其民事权益的，可以自知道或者应当知道其民事权益受到损害之日起六个月内，向作出该判决、裁定、调解书的人民法院提起诉讼。人民法院经审理，诉讼请求成立的，应当改变或者撤销原判决、裁定、调解书；诉讼请求不成立的，驳回诉讼请求。"

概括而言，第三人撤销之诉，是指因不能归责于本人事由未参加诉讼的第三人，有证据证明已经生效的裁判文书或调解书损害其民事权益的，可以在法定期限内提起的撤销已生效的错误裁判文书或调解书的诉讼。其构成要件可以分为：一是主体要件，包括有独立请求权和无独立请求权的第三人；二是程序要件，第三人系因不可归责于本人的事由未参加诉讼；三是时间要件，即自知道或者应当知道民事权益受损六个月内；四是管辖法院，为作出生效判决、裁定、调解书的人民法院；五是实体要件，即有证据证明发生法律效力的判决、裁定、调解书的部分或者全部内容错误；六是结果要件，即损害其民事权益。[①] 为便于下文总结分析第三人撤销之诉的适用条件，可以将前述的六大构成要件进行进一步概括分类，具体分为：程序要件（包括前述的时间要件和管辖法院）、主体要件（包括前述的主体要件和程序要件）和实体要件（包括前述的实体要件和结果要件）。

（一）第三人撤销之诉的适用条件

关于第三人撤销之诉的适用条件，应当严格地根据案件的事实和当事人提供的证据分别从程序要件、主体要件和实体要件的构成条件上进行分析判断，特别是对于其提出诉讼的期限、诉讼主体的资格、提出的事由及具体请求。

首先，在程序要件中的时间条件判断上，根据《中华人民共和国民事诉讼法》第五十六条第三款和《最高人民法院关于适用〈中华人民共和国民事诉讼法〉的解释》第一百二十七条的规定，第三人提起撤销之诉的期间是自知道或者应当知道其民事权益受到损害之日起六个月，且该期限为不变期间。“自知道或者应当知道”的时间起算点应当由提起撤销之诉的第三人举证说明，若第三人未提供证据或者提供证据不足或不实，则六个月的时间起算点为作出生效判决、裁定、调解书之日起算。具体至本案而言，伊犁国资公司起诉时称，其向伊犁州分院申请恢复137号判决执行时，因30号调解书，导致其执行债权无法实现，据此，新疆高院二审认定，伊犁国资公司如认为生效的30号调解书损害其合法权益，最晚应于伊犁州分院2013年4月28日作出（2013）伊州执恢字第2号执行裁定之日起的六个月内提起撤销之诉，并认定伊犁国资公司于2015年1月提起诉讼，超过了法定除斥期间，该认定并无不当。伊犁国资公司申请再审称，原审法院忽略了本案经过前后两次诉讼的事实，其主张曾于2013年9月23日向克拉玛依中院提起撤销之诉，但并未提供相应证据。克拉玛依中院（2014）克中法民立初字第2号民事裁定书载明，该院于2014年2月27日收到伊犁国资公司的起诉状及相关证据材料，此时间节点亦已超过六个月法定除斥期间。因此，伊犁国资公司已经丧失提起第三人撤销之诉的程序权利。

其次，在主体要件中诉讼主体资格的条件判断上，根据《中华人民共

① 参见于蒙：《第三人撤销之诉的构成要件》，载《民事审判指导与参考》，2015年第4辑（总第64辑），人民法院出版社2016年版。

和国民事诉讼法》第五十六条的规定，提起第三人撤销之诉的“第三人”是指有独立请求权的第三人，或者案件处理结果同其有法律上的利害关系的无独立请求权第三人。即在原诉讼中有独立请求权的第三人或者有法律上利害关系的无独立请求权第三人，而并不包括与原诉讼无利害关系的案外第三人，如具有其他债权债务关系的无法律上利害关系的案外第三人。具体至本案而言，在137号案件中，伊犁国资公司受让的是信达乌鲁木齐办事处对新源县火电厂享有的债权，该债权债务关系中，作为主债务人的新源县火电厂用其自有财产设定了抵押，因此，137号判决判令新源钢铁公司与其他两保证人在新源县火电厂抵押的厂房、机器设备、土地使用权不足以清偿上述债务时，对不足部分共同承担连带责任；而在30号案件中，油田管理公司是债权人，新源钢铁公司是债务人，双方在诉讼过程中达成调解协议，对债务数额、还款方式等达成一致。上述两案中，伊犁国资公司和油田管理公司对新源钢铁公司分别享有独立的债权，且均为普通债权。因此，新源钢铁公司在其财产所有权未受到其他限制的情况下，处分自己所有的财产以偿还自身债务的行为并不必然损害伊犁国资公司的普通债权利益。因此，伊犁国资公司在没有充分举证说明的情况下，无法证明其享有的普通债权与30号案件的处理结果有法律上的利害关系。

最后，在实体要件中提出的事由和具体请求的条件判断上，根据《中华人民共和国民事诉讼法》第五十六条的规定，第三人应当提出证据证明原审裁判或者调解书部分或者全部错误，损害了自身合法民事权益。第三人撤销之诉所保护的民事权益一般并不包括普通债权①，但虚构债权债务侵害普通债权的虚假诉讼、恶意诉讼等行为除外，因为第三人撤销之诉是以规制虚假诉讼和恶意诉讼、维护第三人利益为立法宗旨和前提，且此时因虚构债权债务的行为导致普通债权人具有法律上的利害关系。具体至本案而言，一是根据双方当事人自愿达成的调解协议，克拉玛依中院制作了30号调解书，且该调解书内容不存在违反法律规定的情形。伊犁国资公司主张新源钢铁公司与油田管理公司存在恶意串通、虚构债务、虚假诉讼的情形，但并未提供相关证据予以佐证，仅仅以双方之间是母子公司关系，不足以认定该案为虚假诉讼。二是伊犁国资公司和油田管理公司对新源钢铁公司分别享有独立的债权，且均为普通债权，并非第三人撤销之诉所保

① 最高人民法院民事诉讼法修改研究小组编著：《〈中华人民共和国民事诉讼法〉修改条文适用解答》，人民法院出版社2012年版，第60页。

护的具有法律上利害关系的民事权益范围。

（二）第三人撤销之诉的审查标准

关于第三人撤销之诉的审查标准，在起诉与受理阶段分别进行形式性的审查和适度性的实质审查，在案件的审理阶段进行全面性的实质审查，并根据不同阶段的审查结果区别适用不予受理、驳回起诉、驳回诉讼请求和依法改变或撤销。

根据现行立案登记制度的精神并结合《最高人民法院关于适用〈中华人民共和国民事诉讼法〉的解释》第二百九十二条和第二百九十三条的规定[①]，第三人撤销之诉在起诉与受理阶段分别进行形式性的审查和适度性的实质审查，对于不符合第三人撤销之诉构成要件形式条件的应当不予受理，对于符合第三人撤销之诉构成要件一般条件的应当予以立案，对于已经立案但经审查并不符合第三人撤销之诉构成要件一般条件的应当驳回起诉；在审理第三人撤销之诉案件时，应当对第三人撤销之诉的适用条件和当事人提出的事由和证据进行全面的实质性审查，对于不符合实质条件的应当驳回诉讼请求，对于符合实质条件的应当依法改变或撤销相关裁判文书或调解书。

具体至本案而言，由于本案已经立案受理，一审法院经审查本案并不符合第三人撤销之诉的适用条件，本应当予以驳回起诉，但错误的适用了驳回诉讼请求。因此，二审法院依照《最高人民法院关于适用〈中华人民共和国民事诉讼法〉的解释》第三百三十条的规定，裁定撤销原裁判，驳回起诉。

---

① 《最高人民法院关于适用〈中华人民共和国民事诉讼法〉若干问题的解释》第二百九十二条规定："第三人提起撤销之诉应当提供存在下列情形的证据材料：（一）因不能归责于本人的事由未参加诉讼；（二）发生法律效力的判决、裁定、调解书的全部或者部分内容错误；（三）发生法律效力的判决、裁定、调解书内容错误损害其民事权益"；第二百九十三条第二款规定："人民法院应当对第三人提交的起诉状、证据材料以及对方当事人的书面意见进行审查，必要时，可以询问双方当事人"。参见最高人民法院官网：http：//www.court.gov.cn/，于2016年8月18日访问。

约定了平方米均价的未完工程如何进行结算

——唐山凤辉房地产开发有限公司与赤峰建设建筑（集团）有限责任公司建设工程施工合同纠纷案

于　蒙*

法理提示：对于在施工合同中约定按照平方米均价进行结算的未完工程，对已完工程部分进行结算时，应尊重当事人的约定。可先以合同约定的平方米均价乘以总面积数计算得出约定的总价款，再通过鉴定确定已完工程的工程量占全部工程量的比例，最后以总价款乘以比例得出已完工程的工程价款。

上诉人（原审被告）：唐山凤辉房地产开发有限公司，住所地河北省唐山市路北区西窑电厂工房商业楼A段。

法定代表人：梅子杰，该公司董事长。

委托代理人：张立双，该公司员工。

委托代理人：董雅君，该公司员工。

被上诉人（原审原告）：赤峰建设建筑（集团）有限责任公司，住所地内蒙古自治区赤峰市新城区八家组团天义路东应昌街北综合办公楼01五层。

法定代表人：王庆林，该公司董事长。

委托代理人：于万澜，北京市博儒律师事务所律师。

委托代理人：杨玲，北京市博儒律师事务所实习律师。

---

* 最高人民法院民一庭法官。

一、河北省高级人民法院一审查明的事实

河北省高级人民法院（以下简称一审法院）经审理查明：

2007年12月18日，唐山凤辉房地产开发有限公司（以下简称凤辉公司）和赤峰建设建筑（集团）有限责任公司（以下简称赤峰建设公司）签订《建设工程施工合同》，并向有关建设主管部门进行了备案。合同约定：赤峰建设公司承包施工遵化西二里城中村改造工程1－11#～16#住宅楼、1－d#～f#商业楼及一区人防库工程。承包范围为图纸中的土建、安装工程。采用可调价格合同。补充条款第47.1条约定：工程竣工验收合格后，发承包双方按照竣工图纸、竣工资料计算工程量，套用2003年《河北省建设工程计价依据》计价，人工费调增执行唐山市建设局［2006］152号通知中的上下限平均价格，按第（4）条计取组织措施费用，按照《河北省建筑、安装、市政、装饰装修工程费率》标准取费，在此基础上下浮8%的价格作为本工程的结算价款。上述合同签订后，赤峰建设公司于2007年12月下旬进场施工。在赤峰建设公司施工过程中，因拆迁户堵门、材料供应、农民工劳务费等问题，发生了多次停工。赤峰建设公司向凤辉公司要求赔偿损失3577万元。2010年7月10日凤辉公司与赤峰建设公司签订《补充协议书》，约定："一、对乙方（赤峰建设公司）提出的索赔，甲方（凤辉公司）确定的数额为1100万元，以现金方式支付。……；二、双方同意采用固定单价的方式进行结算，其中住宅为1650元/m^2、商业为1950元/m^2、车库双方协商甲方确定施工时再定；五、本合同范围内的工程总造价减去甲方已付工程款为乙方垫付的工程款。双方同意按照乙方垫付的工程款，用11－16号住宅楼以均价2850元/m^2折取相应的建筑面积给乙方，楼房抵顶不够部分以现金形式一次性付清；七、甲方保证在60日内解决好遗留的钉子户问题，保证不影响商业裙楼的施工进度，否则承担停工的责任。"《补充协议书》签订后，赤峰建设公司恢复施工，凤辉公司分数次向赤峰建设公司支付了补偿款1100万元。在其后的以房折抵赤峰建设公司垫付的工程款中双方发生纠纷，导致工程停工。2011年12月16日，双方签订《补充协议书二》，约定：甲方（凤辉公司）未按2010年7月10日《补充协议书》执行给乙方造成一定经济损失，鉴于双方继续履行合同的诚意，在遵化市建设局、房管部门的监督下，履行本协议："一、……；五、关于给乙方造成的损失，甲方补偿给乙方人民币

2000万元。十、甲方不按上述条款执行，任何一条违约，乙方都不能保证按时交工，因甲方违约而给乙方造成材料延误、停工、堵门等事件发生，工期按延误天数的五倍予以顺延，窝工费每天按照50000元计算，并承担5000万元的借款利息（即按银行同期贷款利率的四倍计算）。”该《补充协议书二》签订后，赤峰建设公司恢复施工。凤辉公司未支付2000万元补偿款，又因以房抵工程款事宜未能得到有效的落实，双方发生纠纷，导致工程再次停工。2012年11月22日，在当地有关部门的协调下，双方达成协议，形成《会议纪要》：“（一）关于工程量建筑面积问题。暂以遵化市住建局房产部门测算为依据，如双方以后存有疑义，可以最终房产现场测量为准。1. 住宅建筑面积。11#、12#、13#、14#、15#、16#共计建筑面积74755.04平方米，15#、16#两栋地下室面积共计2109.2平方米，总计76864.24平方米。2. 商业建筑面积。商业裙楼共计建筑面积13607.22平方米（含11#、12#、13#、14#四栋住宅一层商业面积），11#、12#、13#、14#四栋地下室面积共计4996.48平方米，总计18603.7平方米。（二）关于抵顶楼房问题。……（三）赤建集团缴纳的保证金30万元（注：系消防工程的保证金），凤辉公司支付给赤建集团。（五）关于工程质保金问题。由于工程时间较长，2011年12月16日的协商会上，凤辉公司梅总同意不再扣押质保金。”2013年2月1日，双方再次签订《补充协议》。凤辉公司垫付了农民工资400万元，赤峰建设公司恢复施工。2013年4月在施工现场因回迁问题居民强行拉闸断电导致停工，后经有关部门处理，但工程未能正常进行。2013年7月26日，凤辉公司向赤峰建设公司发出《解除建设工程施工合同通知》，认为赤峰建设公司违约，通知解除双方的施工合同。2013年7月28日赤峰建设公司复函《关于凤辉公司解除建设工程施工合同通知的回复》，不同意解除合同。随即赤峰建设公司向一审法院提起诉讼。

截至诉讼时，赤峰建设公司已施工基本完成相应的主体工程，对部分装修工程进行了施工。凤辉公司向赤峰建设公司支付了补偿款1100万元、奖励款30万元，及工程款96790904.48元（不包括桩基工程付款）。

诉讼中，赤峰建设公司申请工程造价鉴定，凤辉公司亦同意进行鉴定，一审法院确定由河北立信工程造价咨询有限责任公司对工程造价进行鉴定。在鉴定前及鉴定中双方充分提供了鉴定资料，并经过庭审质证。鉴定结论在几经当事人提出修改意见基础上作出正式鉴定报告，并经过庭审质证。河北立信工程造价咨询有限责任公司作出冀立信价鉴定字［2015］001号《工程造价鉴定意见书》。作出两种鉴定结果。一种为：赤峰建设公司已完成的工程造价是94196480.18元，未完成工程造价为23468939.3元。另一种为：赤峰建设公司已完成的工程造价是106745937.24元，未完成的工程造价为25308461.43元。出现两结果的原因，是人工费是否调整问题。按照2007年12月18日双方签订的《建设工程施工合同》第47.1条第⑶项“人工费调增执行唐山市建设局［2006］152号通知中的上下限平均价格”，即按2006年唐山市人工费的标准结算，人工费不再调整。按该条款，即出现第一种鉴定结果。如果完全按定额计算，定额中对人工费有调整的规定，在对人工费调整的情况下，即为第二种鉴定结果。

二、当事人一审起诉情况

赤峰建设公司向一审法院起诉，请求：（1）凤辉公司按照每平方米2850元折价，将11729.43平方米查封房产抵顶欠付的工程款33429174.5元，并办理房屋网签备案手续至赤峰建设公司名下。如果11729.43平方米的房产不能完全办理网签手续，应将凤辉公司认可的23套房产办理网签备案手续至赤峰建设公司指定的买受人名下，抵顶所欠工程款中的6604854元。尚余的工程欠款26824320.5元由凤辉公司支付；（2）凤辉公司退还保证金30万元；（3）凤辉公司返还私自售房款5656806元，并按人民银行同期贷款利率计算自2012年3月26日起至实际付款日止的利息；（4）凤辉公司依据2011年12月15日的《补充协议书二》向赤峰建设公司支付截至2011年12月16日前的停工补偿费2000万元，并按人民银行同期贷款利率计算自2012年12月30日至实际付款之日的利息360万元；（5）凤辉公司赔偿财物损失43873元；（6）凤辉公司依据《补充协议书二》支付停工损失和窝工费（2011年12月17日后至2013年3月29日期间468天、2013年4月13日至8月30日139天，共607天）每天5万元共计3035万元；（7）凤辉公司依据《补充协议书二》支付5000万元借款利息自2011年12月17日至实际给付日（暂计算至2013年6月3日共计1264天，按照三年以上银行同期贷款利率计算）共1119.02万元；（8）凤辉公司赔偿赤峰建设公司因解除合同遭受的订购材料损失（塑钢窗、暖气片、配电箱、租赁费、康力门业）3351540.70元；（9）凤辉公司支付其使用赤峰建设公司电梯、架子管、脚手板、扣件所产生的费用277834.79元。由凤辉公司承担全部诉讼费用。

三、一审法院认定与判决

一审法院认为，赤峰建设公司与凤辉公司2007年12月18日签订的《建设工程施工合同》、2010年7月10日签订的《补充协议书》、2011年12月16日签订的《补充协议书二》、2012年11月22日双方协商一致形成的《会议纪要》、2013年2月1日签订的《补充协议》等一系列合同，均是双方的真实意思表示，且不违反法律法规强制性规定，均为有效合同。凤辉公司针对赤峰建设公司主张工程款提出：工程也未经竣工验收，而且存在质量问题，按照《最高人民法院关于审理建设工程施工合同纠纷案件适用法律问题的解释》第十六条和第三条的规定，赤峰建设公司不具备主张工程款的条件。对此，《最高人民法院关于审理建设工程施工合同纠纷案件适用法律问题的解释》该相关条款，是针对全部工程已经完工，经修复仍不合格的，施工方主张工程款的不予支持。本案工程属于尚未全部完工的工程，且因纠纷双方的合同已经无法继续履行，于是对已经施工的部分进行清理结算的情况，不属于《最高人民法院关于审理建设工程施工合同纠纷案件适用法律问题的解释》相关条款规定的情况，因此，凤辉公司的该抗辩理由，不能成立。

关于赤峰建设公司已经施工的工程价款确定问题。双方签订的《建设工程施工合同》是可调价合同，即工程施工完成后基本按定额来结算工程价款。在施工开始两年多后又签订的《补充协议书》则对结算方式做了变更，变为固定单价的结算合同，即按固定的每平方米单价来结算工程价款。赤峰建设公司主张按《补充协议书》确定的固定价结算方式确定工程造价。凤辉公司则认为《建设工程施工合同》属于经有关部门备案的白合同，而《补充协议书》属于未经有关部门备案的黑合同，应当以备案的合同作为确定工程价款结算的依据。对此，《最高人民法院关于审理建设工程施工合同纠纷案件适用法律问题的解释》有关备案合同与非备案合同的规定，是针对招标过程前后当事人为规避法律既签订一份备案合同，又签订一份非备案合同。其特点是在签订备案合同与非备案合同时有关工程的情况是相同的。而本案《补充协议书》的出现是在施工两年后，出现了工程多次停工及其他情况，为解决相应的问题，双方签订《补充协议书》对工程价款结算方式进行了调整，是当事人正当行使合同变更权，因此，不属于《最高人民法院关于审理建设工程施工合同纠纷案件适用法律问题的解释》关于备案合同与非备案合同规定的情形。故凤辉公司主张按可调价方式即按定额结算工程价款，理据不足，不予支持。《补充协议书》是双方关于变更结算方式的真实意思表示，应当按《补充协议书》的固定单价来结算工程价款。但是因本案是一个未完工程，对于赤峰建设公司已经施工的工程价款，尚无法按每平米的单价来确定。按照合同约定和施工图纸可以确定工程的总平方米，在全部完工的情况，乘上每平方米的单价，即是工程总价款。在未全部完工情况下，确定已经施工部分的工程价款，关键在于确定已施工的部分占全部工程的比例。确定比例后，乘上按每平方米计算的工程总价款，就是已施工的工程价款。基于此，一审法院委托鉴定单位按定额对已施工部分和未施工部分进行了鉴定，以确定已施工部分占全部工程的比例。因人工费的调整问题，鉴定单位出具了两鉴定结论：对于人工费按双方《建设工程施工合同》约定不作调整的，赤峰建设公司已完成的工程造价为94196480.18元，未完成工程造价为23468939.3元；对人工费进行调整的，赤峰建设公司已完成的工程造价为106745937.24元，未完成的工程造价为25308461.43元。对此，虽然是按照定额对工程造价进行鉴定，但是在执行定额时当事人有特别约定的，应当结合该特别约定。本案双方在《建设工程施工合同》中对人工费的标准作出了特别约定，应按该特别约定对人工费不再调整。因此，应当以第一种鉴定结论为准，确定赤峰建设公司已施工的部分占全部工程的比例。赤峰建设公司已施工的部分占全部工程的比例为：94196480.18元÷（94196480.18元+23468939.3元）=80.05%。根据施工后双方核对的结果，本案工程涉及住宅的面积为76864.24平方米，涉及商业的面积为18603.7平方米。根据约定住宅的按每平方米1650元计算，商业的按每平方米1950元计算，结果为：76864.24平方米×1650元+18603.7平方米×1950元=163103211元。163103211元即为按平方米单价确定的总工程价款。赤峰建设公司已施工的工程价款为：163103211元×80.05%=130564120.41元。

关于桩基工程问题。赤峰建设公司主张桩基工程价款的结算依据是未经凤辉公司签章认可的由赤峰建设公司申报的关于桩基工程结算的《报告》。虽然该《报告》上有施工监理的签字，但监理的职责是对工程质量进行监督和负责，其若对工程结算具有确认的权利，必须经凤辉公司的授权。本案中并无证据证明监理得到凤辉公司授权，因此，该《报告》不能作为双方结算的依据。本案中赤峰建设公司没有对桩基工程造价申请鉴定，无法确认桩基工程的结算价款。因此，对桩基工程的工程价款问题不予处理，赤峰建设公司可另行主张。

关于风辉公司已支付赤峰建设公司的工程款问题。风辉公司认为已经支付赤峰建设公司工程款 96938904.48 元。赤峰建设公司对其中涉及四笔共 295025 元的款项不予认可。对此，从风辉公司举证的证据可以看出：第一笔涉及刘志鹏收到的两个 5 万元款项，有时任赤峰建设公司副总经理刘志鹏签字的两张收条为证，故该 10 万元应当认定为风辉公司向赤峰建设公司的付款。第二笔为风辉公司支付谢加和施工 11 号 -16 号楼的新开电梯洞口费用 2 万元，谢加和不是赤峰建设公司人员，赤峰建设公司请求的工程款中也不包括该内容，因此该笔费用不应认定为风辉公司支付赤峰建设公司的工程款。第三笔涉及价值 47025 元的涂料。在送货单上有风辉公司负责人的签名，也有赤峰建设公司的孟令祥的签字，说明赤峰建设公司收到风辉公司提供的 47025 元的涂料，应视为赤峰建设公司收到风辉公司 47025 元材料款。第四笔涉及 128000 元的款项。风辉公司未能提供赤峰建设公司收到该款的证据，因此，不应认定赤峰建设公司收到风辉公司该 128000 元款项。上述四笔中，可以认定的为 147025 元，不应认定的为 148000 元。双方无争议的付款为 96643879.48 元，加上应当认定的 147025 元，风辉公司已支付赤峰建设公司的工程款为 96790904.48 元。本案工程价款 130564120.41 元，减去风辉公司已支付的工程款 96790904.48 元，风辉公司尚欠赤峰建设公司的工程款为 33773215.93 元。

关于损失赔偿问题。2011 年 12 月 16 日风辉公司与赤峰建设公司的《补充协议书二》约定对于给赤峰建设公司造成的损失，风辉公司补偿赤峰建设公司 2000 万元，对此，风辉公司应当向赤峰建设公司支付损失补偿费 2000 万元。关于赤峰建设公司提出因风辉公司违约自 2011 年 12 月 17 日之后又累计停工 607 天，每天按 50000 元计算，共赔偿 3035 万元。对此，因风辉公司负责的拆迁问题未得到有效解决发生拆迁户堵门甚至强行拉闸断电导致工程停工的情况，以及未能按照约定落实相应的以房抵顶工程款导致工程延误的情况，给赤峰建设公司造成一定的停工及窝工损失，风辉公司应当承担相应的责任。但是，对于停工损失的发生，赤峰建设公司应当负有相应的注意义务，在合理期限内发生的损失，由责任方风辉公司承担责任。超出合理期限产生的损失，属于扩大的损失，因赤峰建设公司未采取相应的避免措施，应由赤峰建设公司自己承担。该合理期限应确定为三个月。在三个月内停工的，相应的机械、施工人员需要保留，以便恢复施工后，立即投入施工。因此，必然产生相应的费用损失。三个月内停工损失应当按照双方《补充协议书二》约定的每天按50000元计算，共90天，损失费用4500000元。对此，凤辉公司应当予以赔偿。超过三个月的损失，赤峰建设公司负有采取措施避免责任，对此，应由赤峰建设公司自己承担。关于财物损失43873元问题。赤峰建设公司提供的证据证明，因凤辉公司下属施工队的行为造成赤峰建设公司相应的钢管、电缆及腻子粉损失价值43873元，对此，凤辉公司应当赔偿。关于赤峰建设公司订购的材料损失问题。赤峰建设公司主张其为履行施工合同而订购的3351540.7元施工材料，因凤辉公司解除施工合同行为而发生损失，要求赔偿。对此，赤峰建设公司所提供的证据仅是相应的订购合同，并无支付相应款项的证据，不能证明该损失是实际发生的，因此，对赤峰建设公司的该请求不予支持。关于赤峰建设公司主张凤辉公司支付2013年9月－10月使用其电梯、架子管、脚手板、扣件所产生的费用277834.79元问题。赤峰建设公司认为2013年8月份被迫退场时遗留了一些电梯、架子管、脚手架等设备与器材被凤辉公司使用了两个月，应支付相应的费用。对此，赤峰建设公司没有提供相应证据证明，其遗留的设备与器材已被凤辉公司使用，故对赤峰建设公司的该请求不予支持。

关于5000万元借款利息问题。赤峰建设公司主张凤辉公司违反《补充协议书二》的约定应当按约定承担赤峰建设公司借款5000万元的利息。约定的利息是按银行同期借款利率的四倍计算，赤峰建设公司要求从《补充协议书二》签订后的第二天即2011年12月17日起到2015年6月3日，按银行同期三年贷款期的利率计算支付利息11190200元。对此，从《补充协议书二》中相关条款约定看，5000万元的借款利息按四倍计算属于违约条款。而本案中凤辉公司尚欠赤峰建设公司的工程款为33773215.93元，也是赤峰建设公司最终垫资的款项，计算发生利息的款项应当以该款项为准，不应当以5000万元为准。对于利息计算标准，从《补充协议书》《补充协议书二》中反映，凤辉公司针对赤峰建设公司的损失承诺给予二次共3100万元的补偿，同时又将结算方式由按定额据实结算，改为相对较高的固定单价结算方式。若再按四倍的利率计算拖欠工程款的利息，确实过高。故应当予以调整。应以凤辉公司尚欠赤峰建设公司工程款

33773215.93 元为基数，自 2011 年 12 月 17 日起至判决生效之日止按中国人民银行同期贷款利率支付其利息。

关于 300000 元保证金的退还问题。依据双方 2012 年 11 月 22 日《会议纪要》第（三）项约定，赤峰建设公司缴纳的保证金 300000 元，凤辉公司支付给赤峰建设公司。凤辉公司尚未按该约定予以退还。对此，赤峰建设公司主张凤辉公司退还 300000 元保证金的请求理据充分，凤辉公司应当将该 300000 元保证金退还赤峰建设公司。

关于卖房余款的支付问题。赤峰建设公司主张凤辉公司违反约定将已经抵顶给赤峰建设公司房屋中的 111 套房擅自出售，已支付给赤峰建设公司的售房款为 27274800 元，尚有 5656806 元售房款未予支付，应将该 5656806 元售房款支付给赤峰建设公司。对此，从双方几次补充协议、会议纪要和房屋买卖合同及收据看，所谓以 344 套房抵顶工程款的约定，实际上是限制凤辉公司出售该房产，由赤峰建设公司享有处分该房产的权利，通过赤峰建设公司自己出售或委托出售该房产得到的价款来抵顶赤峰建设公司应得工程款的合意行为。由此，凤辉公司给赤峰建设公司出具了 344 套房屋的房屋买卖合同，上面均有出卖人凤辉公司的签章，而绝大多数买受人处是空白；还出具了 344 套房屋的收款收据，上面也均盖有凤辉公司的公章，而买受人处亦绝大多数空白。在整个施工过程中，上述 344 套房屋中的 111 套由凤辉公司未经赤峰建设公司同意出售他人，其余的房屋或者尚未确定购买人，或者有购买人的也没有办理房屋买卖合同网签手续，更未办理房屋产权登记手续。因此，所谓以房抵款的约定，实际上没有一套房屋已经抵顶了相应的工程款。对于凤辉公司出售的 111 套房屋房款，现赤峰建设公司称出售的价款为 32931606 元，其提供的证据是出售明细表。上面无凤辉公司签字确认，凤辉公司又否认该证据的真实性，因此仅凭该证据不能证实出售价款为 32931606 元。赤峰建设公司还以双方 2012 年 11 月 22 日形成的《会议纪要》中明确的现在唐山凤辉公司单方将抵顶的楼房 111 套，予以出售，约计款项 3200 万元（以最后双方实际核算为准）来证明此事。对此，《会议纪要》中所提到的 3200 万元是一个约计的数字，不是一个确定的数字，而且补充说明以双方实际核算为准。因此，《会议纪要》亦不能证明赤峰建设公司的主张。对于后来赤峰建设公司收到 27274800 元，赤峰建设公司认为是凤辉公司支付给赤峰建设公司的售房款。对此双方并无一致表示，因此该款项应算作凤辉公司支付给赤峰建设公司96790904.48元工程款中的款项。因赤峰建设公司不能证明凤辉公司出售111套房屋的实际价款为32931606元，且27274800元不能算作支付给赤峰建设公司的售房款，因此，对赤峰建设公司主张凤辉公司返还尚欠5656806元售房款的请求，理据不足，不予支持。

双方在履行建设工程施工合同过程中，多次出现工程停工状况，因支付工程款双方亦发生多次纠纷，诉讼前凤辉公司通知赤峰建设公司解除合同，说明双方的建设工程施工合同已经无法再继续履行，故应当解除双方的施工合同关系。对于凤辉公司欠赤峰建设公司工程款33773215.93元应当予以支付，并支付相应利息。对于凤辉公司造成赤峰建设公司的相应损失应当予以赔偿。

综上，一审法院于2015年8月4日作出（2013）冀民一初字第9号民事判决：一、解除赤峰建设公司与凤辉公司签订的建设工程施工合同及相应的补充协议；二、凤辉公司给付赤峰建设公司工程款33773215.93元，并自2011年12月17日起至判决生效之日止按中国人民银行同期贷款利率支付利息；三、凤辉公司赔偿赤峰建设公司2011年12月16日之前的停工损失2000万元；四、凤辉公司赔偿赤峰建设公司2011年12月17日之后的停工损失450万元；五、凤辉公司赔偿赤峰建设公司财物损失46837元；六、凤辉公司退还赤峰建设公司保证金30万元；七、驳回赤峰建设公司其他诉讼请求。

四、当事人上诉与答辩情况

凤辉公司对一审判决不服向最高人民法院提起上诉，请求撤销一审判决第二、三、四、五、六项，将本案发回重审或依法改判。其上诉理由如下：（1）一审判决认定事实不清。①《工程造价鉴定意见书》不科学、不公正，我方申请重新进行造价鉴定。因施工质量问题进行的返工、返修工程量应予以扣除。我方对一审法院计算的80.05%的比例不认可，双方应按照2007年12月18日《建设工程施工合同》结算工程款，2010年7月10日《补充协议》是凤辉公司被迫约定。一审法院依据《会议纪要》确定住宅、商业总面积与事实不符。13号楼地下室面积计算错误，多计算了800平方米。②一审判决认定2000万元停工损失事实不清。人民法院应对2011年12月15日《补充协议书》的效力、是否履行、履行进度、违约情况等进行全面审查。③一审判决对2011年12月17日之后的停工损失的认定没有依据。每天50000元停工损失数额过高，应据实调整。一审法院直接推定停工期90天没有依据。④一审法院认定凤辉公司赔偿财物损失没有依据。⑤保证金不应退还。案涉工程未经验收合格，保证金退还的条件没有成就。(2) 一审判决适用法律错误。《建筑工程施工合同》是经过备案的中标合同，有明确的计价标准和计价方法，一审法院应依据合同约定委托鉴定机构对赤峰建设公司已完工程进行造价鉴定。

最高人民法院《关于审理建设工程施工合同纠纷案件适用法律问题的解释》第二十二条规定："当事人约定按照固定价结算工程价款，一方当事人请求对建设工程造价进行鉴定，不予支持"，一审法院既委托鉴定机构进行造价鉴定，又没有采信造价结论，而是依据固定价、面积进行再次计算，适用法律错误。

赤峰建设公司答辩称，(1) 一审判决认定事实清楚。①本案鉴定资质、鉴定程序、鉴定依据等均符合法律规定，不应当进行重新鉴定。依据固定单价计算案涉工程造价符合规定，客观公允。2010年《补充协议》是因为凤辉公司屡次违约，为弥补赤峰建设公司损失而签订，是双方真实意思表示，不属于为了串通投保而签订的"黑合同"。2012年《会议纪要》和2013年《补充协议》再次确定和认可以固定单价结算，且以此为依据确定应折抵工程款的房屋数量和面积。采用"按比例折算"的方式计算案涉工程价款符合案情。对未完工的采用固定单价的工程，司法实践中普遍采用"按比例折算"的方式计算工程价款。依据2012年《会议纪要》确定住宅、商业面积公平合理。②2000万元停工损失在2011年《补充协议书》中有明确约定。③2011年12月17日后的停工损失按每天5万元计算，有《补充协议》约定为依据。④赤峰建设公司提交了四份有凤辉公司工作人员签名的《证明》以证明财物损失，凤辉公司对真实性予以认可。⑤30万元保证金是赤峰建设公司代凤辉公司向消防部门缴纳的保证金，凤辉公司应予返还，《会议纪要》第五条关于质保金不再扣押的约定合法有效。(2) 一审判决适用法律正确。案涉工程并未全部完工，只能根据变更后的结算条款通过鉴定确定工程款，这并不违背现行法律、司法解释规定。

五、最高人民法院二审认定与判决

最高人民法院二审查明以下事实：(1) 凤辉公司虽然在一审答辩时提

到了案涉工程质量问题，但一审卷宗中未见其提交的证明工程质量问题以及发生返工、返修费用的证据。（2）2010年7月10日《补充协议书》约定“双方在履行《建设工程施工合同》中，因工程多次停工，给乙方（赤峰建设公司）造成一定损失。鉴于双方继续履行合同的诚意，同意依据互谅互让的原则，解决已经发生的损失和未完工程的履行，特签订本协议……”。（3）2015年12月10日，一审法院做出（2013）冀民一初字第9-3号民事裁定书，对一审判决第26页判项五中‘46837元’更正为‘43873元’。

最高人民法院对一审查明的其他事实予以确认。

最高人民法院认为，根据当事人的上诉和答辩，本案二审的争议焦点为：（1）赤峰建设公司的工程款如何认定；（2）停工损失数额如何认定；（3）凤辉公司应否赔偿赤峰建设公司43873元财物损失；（4）凤辉公司应否退还30万元保证金。

1. 关于赤峰建设公司的工程款如何认定的问题

根据已查明事实，赤峰建设公司退场时，本案所涉工程尚未完工。对于其所完成的工程部分的价款如何计算，双方存在以下几方面的争议：（1）结算方式如何认定。凤辉公司主张应按照2007年12月18日的《建设工程施工合同》约定的可调价方式进行结算；赤峰建设公司主张应按照2010年7月10日的《补充协议书》约定的固定单价方式进行结算。上述两协议均为双方当事人真实意思表示，内容不违反法律、法规的强制性规定，应为合法有效，双方应依约履行。因《补充协议书》签订在后，且对《建设工程施工合同》的约定进行了变更，双方应按照《补充协议书》约定的固定单价方式进行结算。凤辉公司虽称《补充协议书》是迫于政府部门、施工进度、工期、返迁等各种压力签订，但并没有否认此协议书的真实性，也没有主张撤销，所以《补充协议书》对其仍有拘束力。《最高人民法院关于审理建设工程施工合同纠纷案件适用法律问题的解释》第二十一条关于“当事人就同一建设工程另行订立的建设工程施工合同与经过备案的中标合同实质性内容不一致的，应当以备案的中标合同作为结算工程价款的依据”之规定针对的是当事人在中标合同之外另行签订建设工程施工合同，以架空中标合同、规避中标行为和行政部门监管的情形，而《补充协议书》是在双方履行《建设工程施工合同》过程中，为了解决因工程多次停工给赤峰建设公司造成的损失而签订，只是变更了结算方式，《建设工程施工合同》其他条款仍然有效，并且双方在2012年11月22日的《会议纪要》上对此结算方式再次确认，当地住建局工作人员也在《会议纪要》上签字认可。因此，《补充协议书》属于双方当事人在合同履行过程中经协商一致的合同变更，不属于《最高人民法院关于审理建设工程施工合同纠纷案件适用法律问题的解释》第二十一条规定的情形。2013年2月1日《补充协议》约定双方核算工程量及完成产值，但此后双方未能按约进行核算，故凤辉公司认为该《补充协议》已将结算方式由“固定单价”再次变更为“可调价方式”，从而主张按可调价方式进行结算的上诉理由不成立。（2）采用固定单价如何计算工程款。《补充协议书》约定的固定单价，指的是每平方米均价，针对的是已经完工的工程。根据已查明事实，赤峰建设公司退场时，案涉工程尚未完工。此种情形下工程款如何计算，现行法律、法规、司法解释没有做出规定。一审判决先以固定单价乘以双方约定的面积计算出约定的工程总价款，再通过造价鉴定计算出赤峰建设公司完成的部分占整个工程的比例，再用计算出的比例乘以约定的工程总价款确定赤峰建设公司应得的工程价款，此种计算方法，能够兼顾合同约定与工程实际完成情况，并无不当。（3）关于造价鉴定问题。《最高人民法院关于民事诉讼证据的若干规定》第二十七条规定，“当事人对人民法院委托的鉴定部门作出的鉴定结论有异议申请重新鉴定，提出证据证明存在下列情形之一的，人民法院应予准许：（一）鉴定机构或者鉴定人员不具备相关的鉴定资格的；（二）鉴定程序严重违法的；（三）鉴定结论明显依据不足的；（四）经过质证认定不能作为证据使用的其他情形。对有缺陷的鉴定结论，可以通过补充鉴定、重新质证或者补充质证等方法解决的，不予重新鉴定。”本案一审审理过程中，鉴定机构的选定经过了法定程序，其在鉴定过程中听取了双方当事人的意见，最终做出的鉴定意见经过了庭审质证，鉴定人员也出庭接受了质询，凤辉公司上诉申请重新鉴定，但没有提交证据证明存在上述情形，故对其重新鉴定的申请不予准许。一审法院委托鉴定机构按照定额进行鉴定，是为了确定赤峰建设公司完成的部分占整个工程的比例，而不是直接采用鉴定意见作为工程款数额，并不违背《最高人民法院关于审理建设工程施工合同纠纷案件适用法律问题的解释》第二十二条规定，不存在适用法律错误的问题。（4）工程面积如何确定。凤辉公司上诉主张《会议纪要》不具有法律效力，主张11号、12号、13号、14号楼这四栋楼地下室面积不应算作商业建筑面积以及对13号楼地下室面积记载错误。对此，最高人民法院认为，第一，《会议纪要》由双方的工作人员参加，其中凤辉公司的参会人员为张宇、赵晓锁，凤辉公司虽然在二审庭审中称此二人没有得到其授权，但一审时经过双方质证、凤辉公司认可真实性的2010年7月14日《凤辉和赤峰对账情况表》上也有赵晓锁的签字，因此，在凤辉公司对《会议纪要》的形成以及所记载内容的真实性均予以认可的情形下，应认为张宇、赵晓锁的参会行为是职务行为，应由凤辉公司承担相应法律后果。即《会议纪要》的内容由凤辉公司和赤峰建设公司讨论议定，是双方当事人的真实意思表示，应具有协议的法律效力，在双方没有形成新的协议推翻其所记载的内容之前，对双方应具有拘束力。第二，按照《会议纪要》第（一）条第2项记载，11号、12号、13号、14号这四栋楼的地下室面积列在“商业建筑面积”中，此为双方自愿达成的合意，按照诚实信用原则，凤辉公司应对自己做出的民事行为承担相应的法律后果，故其关于该点的上诉理由不成立。第三，对于13号楼地下室的建筑面积问题，《会议纪要》并未单独列明，只是计算了四栋楼的地下室总面积。并且凤辉公司在一审时就此问题并未提出异议，应视为认可，其在二审庭审中陈述的“在一审时没有发现，所以没有提”的理由不能成立，依据《最高人民法院关于适用〈中华人民共和国民事诉讼法〉的解释》第三百四十二条“当事人在第一审程序中实施的诉讼行为，在第二审程序中对该当事人仍具有拘束力。当事人推翻其在第一审程序中实施的诉讼行为时，人民法院应当责令其说明理由。理由不成立的，不予支持”之规定，凤辉公司关于13号楼地下室面积计算错误的上诉理由不成立。第四，按照《会议纪要》记载，《会议纪要》所载的工程量建筑面积是以当地住建局房产部门测算为依据。凤辉公司虽不认可该面积，但也没有提出有充分证据证明的新的数据。（5）应否扣除因质量问题造成的返工、返修费用。凤辉公司虽然在一审答辩时提出案涉工程存在质量问题，但并未就质量问题的存在以及因此发生的返工、返修费用提交相应证据证明，因此其关于此点的上诉理由不成立。其就质量问题可另行起诉。综上，一审判决对赤峰建设公司工程款的认定并无不当，凤辉公司关于工程款的上诉理由均不成立。

2. 关于停工损失数额如何认定的问题

依据2011年12月16日《补充协议书二》第五条约定，凤辉公司同意补偿赤峰建设公司损失2000万元；依据该协议书第九条约定，该协议书签订后，若凤辉公司应付款项不能在三日内到账，每延期一天，承担赤峰建设公司因停工所造成的各项损失合计50000元/天。该协议书是双方当事人真实意思表示，内容合法有效，双方当事人应依约履行。一审判决依据该协议书约定，酌情确定三个月的合理期限，从而认定凤辉公司应赔偿赤峰建设公司2011年12月16日之前的停工损失2000万元、2011年12月17日之后的停工损失450万元并无不当，凤辉公司关于此点的上诉理由不成立。

3. 关于凤辉公司应否赔偿赤峰建设公司43873元财物损失的问题

关于43873元财物损失，赤峰建设公司提交了记载有具体财物、损失原因的四份《证明》，四份《证明》上均有凤辉公司工作人员的签名，凤辉公司对签名的真实性予以认可。因此，一审判决据此认定凤辉公司应赔偿赤峰建设公司43873元财物损失并无不当，凤辉公司关于此点的上诉理由不成立。

4. 关于凤辉公司应否退还30万元保证金的问题

《会议纪要》第（三）项约定"赤建集团缴纳的保证金30万元，唐山凤辉房地产公司支付给赤建集团"，同时第（五）项约定"由于工程时间较长，2011年12月16日协商会上，唐山凤辉房地产梅总同意不再扣押质保金"。因此，一审判决据此认定凤辉公司应退还30万元保证金并无不当，凤辉公司关于此点的上诉理由不成立。

综上，依照《中华人民共和国民事诉讼法》第一百七十条第一款第一项之规定，最高人民法院判决如下：驳回上诉，维持原判。

六、对本案的解析

本案双方当事人争议的主要问题之一是：双方当事人在合同中约定了按照固定价格结算工程价款，但工程尚未完工双方发生纠纷致使合同无法继续履行时，对于已经完成的工程部分的价款如何计算。

在我国建筑实践中，因建设工程涉及的种类不同，双方当事人约定的结算方式也不同。当事人在建设工程施工合同中约定不同的结算方式，会导致不同的法律后果。根据原建设部《建筑工程施工发包与承包计价管理办法》（已失效）第12条规定，建设工程合同价可以采用固定价、可调价和成本加酬金这三种形式。2013年新发布的住建部《建筑工程施工发包与承包计价管理办法》第十三条在鼓励采用工程量清单计价的情形下，对确定合同价款规定了单价、总价、成本加酬金这三种方式。对于实行工程量清单计价的建筑工程，鼓励发承包双方采用单价方式确定合同价款；对于建设规模较小、技术难度较低、工期较短的建筑工程，发承包双方可以采用总价方式确定合同价款；对于紧急抢险、救灾以及施工技术特别复杂的建筑工程，发承包双方可以采用成本加酬金方式确定合同价款。在实践中，上述规定均为倡导性规范，具体采取何种结算方式，应根据当事人的约定确定。

承包人与发包人双方在合同中约定采用固定价结算的形式一般有两种，一种是固定总价，如某一工程固定为1000万元；另一种是单价包干，如每平方米1000元等。无论采用哪种形式，总的意思是清楚的，即合同总价或者单价在合同约定的风险范围内不再调整，可以通过当事人双方举证、质证、认证等过程计算出来，可以不通过中介机构的鉴定或者评估就可以确定总价款。所以，在当事人约定按照固定价结算工程价款的情形下，表明双方对建设施工的风险有预知，应当尊重当事人的意思自治，一方当事人请求不采用固定价、申请对工程造价进行鉴定的，不管是基于什么样的理由，都不应予以支持，这在《最高人民法院关于审理建设工程施工合同纠纷案件适用法律问题的解释》第二十二条有明确规定。

对已经完全履行完毕情形下的工程价款结算，上述规定的适用不存在争议。但在约定采用固定价结算而工程又没有完成的情况下，对于已完工部分价款如何结算，则存在争议。固定价款确定的依据是工程全部完工，对于未完工程，则无法直接适用固定价款。如在约定每平方米包干的情形下，对于已完工程部分，虽然面积可以确定，但因约定的平方米包干价格针对的是全部完工的完整工程，是根据预估的工程整体造价而得出的均价，在未完工情形下，因各个部分的成本不同，如地下基础工程的成本一般要高于地上部分，主体工程的建设成本一般要高于装修工程等，无法采取直接测量面积再乘以单价的方式确定工程款，此时，对工程价款的确定只有通过鉴定进行。但是在实务中，存在两种不同的鉴定及计算方式，一是根据实际完成的工程量，以建设行政管理部门颁发的定额取费核定工程价款；二是通过鉴定确定已完工程的工程量占全部工程量的比例，再乘以合同约定的固定总价款得出已完工程的工程价款。这两种确定工程价款的方式所产生的结果是不同的。

对于上述两种方式哪种方式更为合理，我们认为，需要结合当事人的诉求及具体案情确定。如果双方当事人均同意对工程造价进行鉴定的，则应允许进行造价鉴定；如果有一方当事人坚持按照合同约定计算工程价款，则应尽量按照合同约定处理，在固定总价款可以计算得出的情形下，可通过鉴定确定已完工程与全部工程的比例，再乘以固定总价款即可得出已完工程价款。

具体至本案，《补充协议书》约定按平方米均价方式结算，是为了解决因工程多次停工给一方造成的损失而签订，是双方当事人在《建设工程施工合同》履行过程中经协商一致的合同变更，应作为双方结算的依据。根据已查明的事实，赤峰建设公司退场时，工程尚未完工。对于已完工部分如何结算，双方虽然均同意进行鉴定，但鉴定后如何计算有很大区别。赤峰建设公司主张对未完工部分进行鉴定，合同约定的单价乘以总面积可得出按固定价计算的总价款，再减去未完工部分，即能得出工程造价；凤辉公司则主张对已完工程按定额进行鉴定。一审法院对双方的主张均没有全部支持，一审法院委托鉴定机构对已完工和未完工部分均按定额做出鉴定，但不以该鉴定结果直接确认工程价款，而是以此确定已完工部分占全部工程的比例，再乘以按平米均价计算出的全部工程价款，即得出已完工程的价款。我们认为，按定额鉴定以确定比例，一方面实践中比较具有可操作性，另一方面以同一标准确定已完工程占全部工程的比例，也比较科学。这种计算方式既能反映当事人通过合同表达出的真实意思，也能反映施工的客观情况。就本案而言，此种计算方式更为合理，故二审判决对此亦予以了认可。

以新债务人与原债务人共同承担同一债务为目的的合同，应认定为债的加入合同

——四川弘鑫农业有限公司、肖荣福与陆其明、兰彬债务移转合同纠纷案

熊苕诗*

法理提示：债务承担包括债务移转和债的加入两种类型。债务移转发生债务人替换的法律效果，而债的加入中并不免除原债务人所负债务，承担人被追加为新的债务人，承担人与原债务人同为连带债务人。《中华人民共和国合同法》第八十四条虽未明确规定债的加入，但不影响当事人依其意思自由、合法地创设债务承担的类型。承担人原则上不能以其与原债务人之间的原因关系无效、可撤销、被解除等对抗债权人，但债务承担合同是以该原因关系有效存在为条件时例外。

再审申请人（一审被告、二审上诉人）：四川弘鑫农业有限公司。

再审申请人（一审被告、二审上诉人）：肖荣福。

被申请人（一审原告、二审被上诉人）：陆其明。

被申请人（一审被告、二审被上诉人）：兰彬。

一、四川省自贡市中级人民法院一审查明的案件事实

2014年8月7日，陆其明（出借方）与肖荣福（借款方）、兰彬（担保方）签订《借款协议》一份，约定："一、借款金额：肖荣福向陆其明借款壹仟壹佰万元（1100万元）。二、借款期限：肖荣福保证从2014年8

* 最高人民法院第二期法律实习生。

月7日起至2014年11月6日止归还本金。三、肖荣福用四川弘鑫农业有限公司（以下简称弘鑫农业公司）房屋所有权证荣字第201405292号做抵押，借款壹仟壹佰万元归还兰彬原有借款账务。”弘鑫农业公司在借款人栏加盖印章，肖荣福在借款人栏签名捺印，兰彬在担保人栏签名捺印。

2014年4月15日，兰彬向陆其明借款1100万元，陆其明经被告兰彬委托，将其中1000万元通过银行转账至曹清述个人账户，并支付现金100万元给被告兰彬。

陆其明向四川省自贡市中级人民法院（以下简称自贡中院）提起诉讼。

二、当事人一审起诉与答辩

陆其明诉称，案涉协议名为借款协议其实质是弘鑫农业公司和肖荣福自愿承担兰彬对陆其明所欠1100万元债务。根据《中华人民共和国合同法》（以下简称《合同法》）第八十四条规定：“债务人将合同义务全部或部分转移给第三人的，应经债权人同意。”弘鑫农业公司和肖荣福应当承担兰彬对陆其明1100万元的清偿义务。故请求：（1）确认陆其明与肖荣福、弘鑫农业公司于2014年8月7日签订的名为借款协议实为债务转让协议合法有效；（2）判决弘鑫农业公司、肖荣福向陆其明偿还债务1100万元及利息；（3）判决兰彬对弘鑫农业公司、肖荣福履行上述给付义务承担连带清偿责任；（4）由肖荣福、弘鑫农业公司共同负担本案诉讼费用。一审审理时，陆其明放弃了第一项诉讼请求。

弘鑫农业公司、肖荣福答辩称，（1）2014年8月7日的借款协议，不能推定为债权债务的转让；（2）借款协议自始至终都没有履行；（3）弘鑫农业公司及肖荣福与兰彬之间不存在债权债务关系，弘鑫农业公司和肖荣福不具有债权债务转让的基础性条件。请求驳回陆其明的诉讼请求。

兰彬答辩称，同意陆其明的诉讼请求。

三、四川省自贡市中级人民法院一审认定与判决

一审法院认为，（1）陆其明与弘鑫农业公司、肖荣福、兰彬于2014年8月7日签订的《借款协议》是各方真实意思表示，协议明确约定“借款壹仟壹佰万元归还兰彬原有借款账务”，符合《合同法》第八十四条所规定的债务转移的实质要件，即“债务人将合同的义务全部或者部分转移

给第三人的，应当经债权人同意。”兰彬将其所欠陆其明的1100万元债务转移给弘鑫农业公司及肖荣福，弘鑫农业公司及肖荣福同意接受该笔债务，陆其明同意该债务的转移。该《借款协议》名为借款协议，实为债务转移协议，弘鑫农业公司、肖荣福认为借款协议自始至终未履行的辩解理由不成立，一审法院不予支持。弘鑫农业公司及肖荣福应当按照债务转移协议的约定，共同偿还陆其明1100万元。（2）因协议中未约定兰彬保证的方式，根据《中华人民共和国担保法》第十九条“当事人对保证方式没有约定或者约定不明确的，按照连带责任保证承担保证责任”的规定，兰彬应对该1100万元债务承担连带清偿责任。（3）《借款协议》中未约定利息，应视为不支付利息，且兰彬向陆其明出具的借条也未约定利息，故陆其明要求支付利息的请求，一审法院不予支持。

2015年7月7日，自贡中院作出（2015）自民二初字第3号民事判决：（1）弘鑫农业有限公司、肖荣福于判决生效之日起10日内共同偿还陆其明1100万元；（2）兰彬对上述借款承担连带清偿责任；（3）驳回陆其明的其他诉讼请求。

四、当事人上诉与答辩

肖荣福、弘鑫农业公司不服一审判决，向四川省高级人民法院（以下简称四川高院）提起上诉称，一审判决认定事实错误，适用法律不当，请求撤销一审判决，改判：“一、驳回陆其明的诉讼请求或将本案发回重审；二、本案一、二审诉讼费由陆其明承担。”其上诉主张的事实和理由是：

首先，一审判决认定事实错误。（1）陆其明与弘鑫农业公司、肖荣福、兰彬签订《借款协议》的目的是肖荣福向陆其明借款1100万元，协议明确约定了借款的具体期限，弘鑫农业公司、兰彬为借款提供担保。《借款协议》符合《借款合同条例》的规定，不是债务转让协议。（2）《借款协议》签订后，陆其明是否履行1100万元借款的支付义务，是《借款协议》是否生效的前提。（3）一审对《借款协议》约定“借款壹仟壹佰万元归还兰彬原有借款账务”的认定存在疏漏。原因在于：首先，“账务”与“债务”是两个不同的概念，账务只能管理，既不是债也不需要给付；其次，借款用途的约定有违肖荣福借款的初衷，归还兰彬原有账务与兰彬和弘鑫农业公司、肖荣福之间债务转移不是同一法律关系，在非委托的前提下所借款的支配权只能由肖荣福行使；再次，兰彬称其与弘鑫农业公司、肖荣福之间有债权债务关系，但并未提供证据予以证明。最后，合同法第八十四条规定，债务人将合同义务全部或者部分转移给第三人的，应当经债权人同意。假使兰彬要将1100万元债务转移给弘鑫农业公司、肖荣福，应以兰彬与弘鑫农业公司、肖荣福之间存在债权债务关系为前提，且只能是在债权人同意后签订债务转让协议，而不是以《借款协议》代替债务转让协议。

其次，一审适用法律不当。陆其明在举证出示《借款协议》的同时，还出示了陆其明于2014年4月15日借款1100万元给兰彬的《借条》、银行转款凭证。从陆其明所举证出示的证据可以看出，陆其明与兰彬之间的借款与本案无关联关系，陆其明受兰彬委托将其中1000万元支付至曹清述账户，另100万元为现金支付，弘鑫农业公司、肖荣福并不是此借款的用款人；兰彬与肖荣福、弘鑫农业公司之间无借款关系；《借款协议》签订后，陆其明至今没有履行出借1100万元款项的义务。综上，一审法院无视法律规定，错误适用合同法第八十四条，损害弘鑫公司、肖荣福的合法权益。

五、四川省高级人民法院二审认定与判决

二审中，双方当时人均未提交新证据。二审法院查明的事实与一审判决认定的事实相同。

二审法院认为，本案的争议焦点是：案涉《借款协议》的性质；肖荣福、弘鑫农业公司是否应当向陆其明归还1100万元的债务。现分析如下：(1) 关于案涉《借款协议》的性质的问题。《借款协议》虽约定陆其明出借给肖荣福、弘鑫农业公司借款1100万元，但并不直接向借款人交付该款，而是用于归还兰彬原有借款。根据本案查明的事实，兰彬于2014年4月向陆其明借款1100万元。因此，该《借款协议》虽名为借款协议，但实质是债务人兰彬将其对债权人陆其明的1100万元债务转移给肖荣福、弘鑫农业公司承担，而肖荣福、弘鑫农业公司同意接受该笔债务，且债权人陆其明同意该债务转移。该《借款协议》的内容符合《中华人民共和国合同法》第八十四条所规定的债务转移的实质要件，即“债务人将合同的义务全部或者部分转移给第三人的，应当经债权人同意。”一审判决认定案涉《借款协议》名为借款协议，实为债务转移协议，认定事实清楚，适用法律正确，二审法院予以维持。首先，通常情况下，民间借贷的出借人和

借款人签订借款协议，不会对借款人的借款用途作出限制性约定。案涉《借款协议》虽约定借款1100万元归还兰彬原有借款账务，但该协议签约主体包括了债权人陆其明、债务人兰彬、债务承担人肖荣福和弘鑫农业公司，故该协议中各方关于借款1100万元归还兰彬原有借款账务的约定，并不是通常意义上的出借人对借款人借款用途的限制，而是三方关于债务人兰彬将其对陆其明的债务1100万元转移给肖荣福、弘鑫公司承担的不规范表述而已。其次，合同法第八十四条并未规定债务转移须以债务人与债务承担人存在债权债务关系为前提。因此，只要债权人、债务人与第三人之间达成协议将债务转移给第三人承担，即构成债务转移，债务承担人取代原债务人成为新的债务人。综上，肖荣福、弘鑫农业公司的该项上诉主张，缺乏相应的事实和法律依据，二审法院不予支持。（2）关于肖荣福、弘鑫公司是否应当向陆其明归还1100万元债务的问题。二审法院认为，案涉《借款协议》实为债务转移协议，该债务转移协议合法有效。肖荣福、弘鑫农业公司作为新的债务人应按协议约定向债权人陆其明承担归还欠款责任。据此，四川高院作出（2015）川民终字第1074号民事判决，判决：驳回上诉，维持原判。

六、当事人再审申请与答辩

弘鑫农业公司、肖荣福不服该二审判决，向最高人民法院申请再审称，（1）一审、二审判决认定当事人签订的《借款协议》实质上是债务移转合同错误，应该认定该协议仅是对陆其明（出借人）与弘鑫农业公司、肖荣福（借款人）之间成立新的借款关系的约定，而不是对兰彬欠陆其明原有债务的承担。从形式上，《借款协议》约定了出借方、借款方、借款数额、借款期限、借款用途及担保方，符合借款合同形式要件。从实质上，当事人之间没有债务承担的真实意思，不能以“借款1100万元归还兰彬原有借款债务”就认定合同是对债务移转的约定，该条款仅是对借款用途的约定。此外，陆其明没有实际支付过借款金给肖荣福和弘鑫农业公司，故肖荣福和弘鑫农业公司没有还款义务。（2）即使是债务移转，协议第三款“借款1100万元归还兰彬原有账务”中对兰彬原有账务约定不清，一审、二审法院认定兰彬原有债务是指兰彬对陆其明的1100万元债务证据不足。（3）肖荣福系弘鑫农业公司的法定代表人，其在借款协议上的签名是职务行为，一审、二审法院判决肖荣福个人承担债务是不正确的。综上，肖荣福根据《中华人民共和国民事诉讼法》第二百条第二项、第六项申请再审。

陆其明答辩称，(1) 一审、二审判决认定《借款协议》是债务移转协议，移转的债务是兰彬欠陆其明的1100万元，认定事实清楚，适用法律正确。第一，兰彬欠陆其明的1100万元债务与《借款协议》具有明显的关联性。借款金额都是1100万元，时间先后顺序符合债务移转要求，《借款协议》第三条表述的“归还兰彬原有账务”与1100万债务在主体上有一致性。《借款协议》与1100万元在关键要素上的一致性，符合债务移转发生的逻辑。第二，《借款协议》第三条“归还兰彬原有账务”是债务移转意思表示的重要证据。陆其明与肖荣福、弘鑫农业公司签订的协议中使用“兰彬原有账务”，明确指向兰彬欠陆其明1100万元债务，符合内在逻辑。第三，如果认定为借款合同不符合交易习惯。陆其明向肖荣福、弘鑫农业公司出借1100万元用以归还兰彬欠自己的1100万元，实际履行的可能性低。反之，不需要实际履行正好证实了当事人的意思是债务移转而非实际借款。第四，《借款协议》不是未实际履行的协议，否则，按照交易习惯，肖荣福、弘鑫农业公司不可能将弘鑫农业公司房产证给债权人。第五，兰彬证实《借款协议》的真正意思是债务移转。(2) 一审、二审判决适用法律正确。根据合同法第八十四条的规定，兰彬与肖荣福、弘鑫农业公司之间是否存在基础债权债务关系不是债务移转的前提条件，陆其明对此也不负有举证责任。本案符合该条债务移转实质条件的规定。(3) 在《借款协议》中借款人签字栏，有肖荣福的亲笔签名，同时四川弘鑫农业有限公司也在此处签名并加盖公章。一、二审判决认定肖荣福、弘鑫农业公司共同作为1100万元债务的主体，共同承担清偿责任正确。

七、最高人民法院再审审查与裁定

最高人民法院再审审查认为，本案再审审查的重点问题是：案涉《借款协议》是不是债务承担合同；肖荣福是不是《借款协议》的当事人。具体分析如下：

（一）关于案涉《借款协议》是否为债务承担合同的问题

1. 根据一审、二审法院已经查明的事实，2014年8月7日，当事人签订的《借款协议》第三条约定，“借款壹仟壹佰万元归还兰彬原有借款账务”。从文义理解上看，上述条款中的“兰彬原有借款账务”是指兰彬在案涉《借款协议》成立前已经欠下的债务，且兰彬借款数额应该与1100万元相当。而兰彬恰于2014年4月15日向陆其明借款1100万元，约定于2014年6月15日之前偿还。案涉《借款协议》约定的借款数额与兰彬欠陆其明的债务，数额一致、当事人重叠，案涉《借款协议》签订时，兰彬向陆其明所借1100万元已经陷于迟延履行状态。根据常理判断，陆其明应急于催促兰彬偿还借款，而不会再出借1100万元先偿还兰彬对其对他人的借款。弘鑫农业公司、肖荣福主张“兰彬原有借款账务”与兰彬欠陆其明的1100万元债务无关，却没有提出兰彬欠陆其明其他借款的可能性。因此，“借款壹仟壹佰万元归还兰彬原有借款账务”应该是指兰彬欠陆其明的1100万元债务。

2. 通过对合同目的分析，陆其明并没有再次出借一笔1100万元借款的意图，否则，就不会约定“借款1100万元用于清偿兰彬原有账务”。不仅陆其明本人从未主张过两个1100万元债权，弘鑫农业公司、肖荣福亦应当知道陆其明没有再出借1100万借款的意思。而且，在兰彬尚未归还2014年4月15日所借1100万元的情况下，陆其明在向弘鑫农业公司和肖荣福出借1100万元的时候，接受兰彬作为保证人，亦不合逻辑。案涉《借款协议》第一条约定“借款方向出借方借款人民币壹仟壹佰万元”实质上就是指兰彬欠陆其明的1100万元借款。当事人签订《借款协议》的目的是使弘鑫农业公司、肖荣福也成为兰彬所欠1100万元借款的债务人。虽然《借款协议》中约定兰彬是担保人，但合同当事人的真实意图是使兰彬与弘鑫农业公司、肖荣福共同承担对陆其明的1100万元债务。表面上兰彬是担保人，实质上是弘鑫农业公司、肖荣福为兰彬的债务提供担保。因此，《借款协议》通过弘鑫农业公司、肖荣福向陆其明借款的形式，达成债务承担协议。原判决认定案件事实正确，适用法律正确。

（二）关于肖荣福是否为《借款协议》当事人的问题

一、二审中双方当事人对于弘鑫农业公司、肖荣福是《借款协议》中的债务人并无争议。肖荣福是弘鑫农业公司的法定代表人，其履行职务行为即代表弘鑫农业公司。如果肖荣福在案涉《借款协议》上签字是履行职务行为，那么肖荣福作为公司的法定代表人，首先应该以公司的名义签订合同，而不是在合同抬头部分借款人处签下自己的名字，使得合同相对方信赖其本人是合同当事人。作为弘鑫农业公司的法定代表人，肖荣福应该知道其个人行为和代表公司履职行为的区别及法律后果。如果双方当事人对合同主体的理解产生异议，一、二审法院根据案涉《借款协议》的文字表述形式认定肖荣福为合同当事人，以维护合同相对方的信赖利益，亦无不当。从一、二审判决情况看，肖荣福在一、二审诉讼中均未提出其本人的行为为履行职务行为的问题，故最高人民法院对于肖荣福于再审申请书中提出这一申请再审理由，不予采信。最高人民法院作出（2016）最高法民申788号民事裁定：驳回弘鑫农业公司、肖荣福再审申请。

八、对本案的解析

本案基本事实清楚，一审、二审、再审审查的争议焦点主要是法律适用问题，本文针对以下三个法律适用问题进一步分析，（1）关于案涉《借款协议》性质的认定及法律效果的问题；（2）关于债的加入的认定与法律适用的问题；（3）关于债务承担合同和原因行为的关系问题。

（一）关于案涉《借款协议》性质的认定及法律效果的问题

本案中，一、二审认定案涉《借款协议》是债务承担合同。债务承担可以分为债务移转和债的加入两种，不同的债务承担方式，产生的法律效果截然不同。债务移转是指不改变债务的同一性而依合同发生债务移转，原债务人从债权债务关系中退出，仅承担人（新债务人）作为债务人，属于债务人的替换。而债的加入中并不免除原债务人所负债务，承担人被追加为新的债务人，与原债务人同为连带债务人。具体来说，一、二审判决认定案涉《借款协议》是债务移转合同，肖荣福、弘鑫农业公司替代兰彬成为新的债务人，兰彬仅在案涉《借款协议》中提供担保而承担连带保证责任。最高人民法院再审审查认为一、二审判决认定的案涉《借款协议》性质不准确，对合同性质的认定不能简单地从该合同文义判断，应结合合同签订的背景，探求当事人的真实意思，以准确适用法律。案涉《借款协议》的真实意图是兰彬与肖荣福、弘鑫农业公司共同承担对陆其明的1100万元债务，合同性质应认定为债的加入合同，肖荣福、弘鑫农业公司与兰彬作为同一债务的债务人对陆其明承担连带清偿责任。

虽然一、二审和再审审查认定的结论都是兰彬与肖荣福、弘鑫农业公司连带清偿对陆其明的债务，但是认定债的加入和认定连带责任保证有本质的区别。债的加入中债务具有同一性，不存在主从债务关系，单一债务人增加为两人以上的共同债务人，承担人是主债务人之一，是为自己的债务负责。而保证所承担的债务相对于主债务而言是从债务，保证人是从债务人，是为他人债务负责。基于两者债务属性不同，债的加入与保证的法律效果不同。（1）在时效的抗辩上，保证人不仅可以援用主债务诉讼时效经过对抗债权人，还可以保证期间经过作为抗辩债权人的事由。担保法第二十五条第一款及第二十六条第一款分别就一般保证与连带保证的保证期间进行了规定，以当事人约定优先，未约定或约定不明的，保证期间为主债务履行期届满之日起六个月。债的加入中，承担人作为债务人之一不能以保证期间经过抗辩。（2）在追偿权上，保证在担保法第十二条有明确法律规定，已经承担保证责任的保证人，有权向债务人追偿。债的加入中是否享有追偿权法律没有明文规定。如果是依承担人与债务人为连带债务关系的立场，可以适用民法通则第八十七条，负有连带义务的每个债务人，都负有清偿全部债务的义务，履行了义务的人，有权要求其他负有连带债务的人偿付他应当承担的份额，那么承担人可以向原债务人追偿。（3）在时效的中断上，依《最高人民法院关于审理民事案件适用诉讼时效制度若干问题的规定》（法释〔2008〕11号）第十九条第二款规定，“债务承担情形下，构成原债务人对债务承认的，应当认定诉讼时效从债务承担意思表示到达债权人之日起中断。”但是债权人与保证人保证关系的成立并不必然引起诉讼时效的中断。

虽然本案一、二审判决对《借款协议》性质的认定有瑕疵，但是根据《中华人民共和国民事诉讼法》第二百条中规定启动再审程序主要有两种情形，一种是原审在程序上确实不公正；另一种就是当事人有较为充分的证据证明生效判决认定案件基本事实错误或法律适用错误。本案原判决认定事实清楚，适用法律正确，对《借款协议》性质认定的瑕疵未影响判决结果，最高人民法院裁定驳回当事人再审申请正确。

另外，在合同性质的确定上，本案中，案涉《借款协议》并不属于债的更新。债的更新属于债的消灭制度，是新债务代替旧债务，并且两债务不存在法律上的关联性。债务更新后，其债务人仅以新的债务关系产生的抗辩权对抗债权人，原债务的从权利、从义务原则上不延续到新债务中。本案中只有一个债权债务关系，兰彬对陆其明的债务并不因肖荣福、弘鑫公司共同负担该债务而消灭，而债的更新是成立两个独立的债权债务关系，且新债务的承担即消灭原债务。

（二）关于债的加入的认定与法律适用的问题

本案一、二审判决对债务承担合同所须条件的法律依据是合同法第八十四条“债务人将合同的义务全部或者部分转移给第三人的，应当经债权人同意。”该条款中“移转给”表明原债务人脱离债务关系，故是对债务承担中债务移转的规定，而债的加入不能直接适用此条。虽然合同法未明文规定债的加入，案涉借款协议也能够发生债的加入效果。因为与物权法定不同，债务承担的类型没有奉行法定主义，允许当事人依其意思自由创设债务承担的类型，只要债务承担合同合法、有效即可。合同外的第三人向合同中的债权人承诺承担债务人义务的，如果没有充分的证据证明债权人同意原债务人退出合同关系，不宜轻易认定构成债务移转，一般应认定为债的加入。本案中，通过对合同目的进行分析，案涉《借款协议》的目的是使弘鑫农业公司、肖荣福成为兰彬所欠 1100 万元借款的债务人。表面上兰彬是担保人，实质上是兰彬仍承担原债务关系，弘鑫农业公司、肖荣福为兰彬的债务提供担保。因此，案涉《借款协议》通过弘鑫农业公司、肖荣福向陆其明借款的形式，达成债的加入协议。

债务移转中，债务人要将债务移转给第三人，必须经债权人同意，才发生债务移转的效力；债的加入合同中，虽然债权人的法律地位因承担人的加入获得优化，但同样应该经债权人同意。如果债务人与承担人达成的债务承担协议，但债权人没有受益意思表示，那该合同仅是合同法第六十四条规定的第三人履行合同，债权人不能直接取得对承担人的债权。对于债的加入，债权人同意的认定可以更加宽松，第三人向债权人表明债务加入的意思后，即使债权人未明确表示同意，但只要其未明确表示反对或未明确以行为表示反对，仍应当认定为债务加入成立，债权人可以依照债务关系向第三人主张权利。

（三）关于承担人可否以其与原债务人之间的原因关系无效、可撤销、被解除等对抗债权人的问题

假设承担人甲与原债务人乙之间有买卖合同，甲为了偿还乙的借款而承担乙对丙的债务，甲与乙之间买卖合同无效、可撤销、被解除等情况是否影响到债务承担合同？就此问题，宜分别情况讨论，根据债务承担合同

签订的当事人可以分为三种情形：（1）债权人、原债务人、承担人三方共同缔结的债务承担合同，原则上原因关系的瑕疵不影响债务承担合同，但如果债务承担合同是以原因关系有效为条件时例外。（2）如果债务承担是依承担人与债权人之间的合同作出的，此种情况下债务承担实质上是一种担保，与保证（特别是连带责任保证）类似，故可以类推适用保证的相关规定。原则上原因关系无效、被撤销或被解除等不能够影响到债务承担合同，但如果债务承担合同是以承担人与原债务人的合同有效存在为条件时除外。（3）如果债务承担是依承担人与债务人之间的合同作出的，一般认为债权人表示同意前债权人没有直接取得对承担人的债权，原因关系的瑕疵当然影响债务承担合同的瑕疵。本案中，案涉《借款协议》是陆其明、兰彬、肖荣福与弘鑫农业公司三方签订的协议，兰彬与肖荣福、弘鑫农业公司之间原因关系瑕疵，甚至原因关系不存在并不能够影响到债务承担合同《借款协议》的效力。

房屋买受人期待权阻却执行的要件分析

——黄雪贞与蔡福英执行异议之诉二审案

王毓莹*

法理提示：执行异议之诉是2007年《中华人民共和国民事诉讼法》增加的内容，其实质是执行救济，以阻却执行为目的。同时，由于执行权是国家的公权力，阻却执行必须有合法的依据，否则会将这种权力架空，而使生效判决成为一纸空文。因此，从这种意义上说，应当对于当事人提出的执行异议之诉进行严格的审查，对于其享有的权利性质作出认真的分析，以妥善地平衡各方当事人之间的关系。

上诉人（原审原告）：黄雪贞，女，1974年8月13日出生，汉族，住福建省厦门市思明区。

委托代理人：朱一辉，福建嘉禾嘉律师事务所律师。

委托代理人：韩金华，福建嘉禾嘉律师事务所律师。

被上诉人（原审被告）：蔡福英，女，1956年7月3日出生，汉族，住福建省厦门市思明区。

委托代理人：林涛，福建知圆律师事务所律师。

委托代理人：吴水霞，福建知圆律师事务所律师。

一、福建省高级人民法院一审查明的情况

蔡福英诉萧渊、繁荣（厦门）房产投资有限公司（以下简称繁荣公司）、肖渊民间借贷纠纷一案，一审法院2011年3月5日作出（2010）闽

* 最高人民法院民一庭法官。

民初字第21号民事判决，判令萧渊、繁荣公司于判决生效之日起十日内返还蔡福英欠款本金29348752元及相应利息。萧渊、繁荣公司不服该判决向最高人民法院提起上诉，又于2011年10月11日申请撤回上诉，最高人民法院裁定予以准许。因萧渊、繁荣公司未履行生效判决确定的义务，蔡福英于2011年11月4日向一审法院申请执行。经计算，申请执行标的额为62049802.88元。一审法院于2011年11月10日向被执行人萧渊、繁荣公司发出《执行通知书》。执行过程中，蔡福英向一审法院提出因萧渊、繁荣公司恶意逃避债务，向厦门阜承建筑工程有限公司（以下简称阜承公司）转移财产，请求追加阜承公司为被执行人。一审法院于2012年9月18日作出（2011）闽执行字第80－53号执行裁定："（一）追加阜承公司为本案被执行人。（二）追回被执行人阜承公司所接受被执行人繁荣公司的款项，价值暂以62049802.88元为限；或者查封、扣押、冻结阜承公司等额财产。（三）冻结被执行人阜承公司在二轻大厦项目中所享有的49%权益，价值暂以62049802.88元为限。"

阜承公司、繁荣公司、萧渊不服该执行裁定，向一审法院提出异议，主要理由是阜承公司以2500万元受让了繁荣公司在二轻大厦项目中的权益，该转让合法有效，并且支付了相应对价，不应将阜承公司作为被执行人。一审法院于2012年10月18日作出（2012）闽执异字第2号执行裁定，驳回上述三异议人的异议。阜承公司不服该裁定，向最高人民法院申请复议，最高人民法院于2012年12月19日作出（2012）执复字第30号执行裁定，认为阜承公司收受繁荣公司的财产，并受让二轻大厦49%的权益，均不符合执行机构直接裁定追加被执行人的法定条件，一审法院在裁定中援引《最高人民法院关于依法制裁规避执行行为的若干意见》第20条规定，追加阜承公司为被执行人，认定事实不清，适用法律程序不当。据此，裁定撤销（2012）闽执异字第2号执行裁定，并发回一审法院重新审查。

后一审法院重新审查于2013年3月18日作出（2013）闽执异字第2号执行裁定，该裁定查明以下事实：阜承公司系于2010年8月18日经工商登记成立，注册资本1000万元，共有两个股东，其中法定代表人何幸生占90%股份，林寿海占10%股份。同时查明，何幸生系厦门市东南海滨投资开发有限公司驾驶员，月平均工资不到4000元。据厦门市东南海滨投资开发有限公司负责人称，何幸生平时上下班正常，从未听说他在外面开公司。另据何幸生于2012年8月12日向一审法院提交的《关于阜承建筑工程有限公司成立及经营情况的说明》及一审法院对其所作的调查，何幸生承认：其是经被执行人萧渊介绍帮助注册阜承公司的，其在该公司无股份，对公司由谁掌管、如何运营、公司印章下落及财务状况均一概不知，也不知道公司还有另外一个股东林寿海。而林寿海系厦门佳家福房地产管理有限公司驾驶员，月平均工资约2000元。林寿海称：不知道是谁用其身份证去办理了阜承公司的注册手续，其在该公司实际无股份，也不认识何幸生，对该公司的情况不了解。

阜承公司在其异议申请书中称：阜承公司实际控制人为魏立州，该公司的注册资本也系由魏立州投入，但未提供证据加以证明。在2011年度的工商年检中，阜承公司于2012年4月20日向厦门市工商行政管理局提交《经营情况说明》，载明：因经营不善，业绩不佳，导致公司收入为零。但根据阜承公司的银行基本账户明细账记载：自2011年1月26日起至2012年6月18日止，被执行人繁荣公司通过商业银行共向阜承公司转款6470.313万元；自2011年1月27日起至2012年5月8日止，阜承公司共向被执行人萧渊转款1342万元。一审法院于2012年8月8日向阜承公司发出（2011）闽执行字第80－40号协助执行通知书，责令其提供被执行人繁荣公司向阜承公司转款6470.313万元的逐笔详细情况、收款依据和资金去向以及阜承公司向被执行人萧渊转款1342万元的逐笔详细情况、转款依据等，但阜承公司至今未能提供上述资料。

繁荣公司于2006年12月30日与厦门市二轻集体企业联社（以下简称二轻联社）签订《合作建设"二轻大厦"项目协议书》，在二轻大厦建设项目中，繁荣公司占49%权益。2010年8月20日，繁荣公司将其在二轻大厦中的权利、义务（含繁荣公司转入二轻联社的1471万元）全部转让给阜承公司，转让款为2500万元。繁荣公司称，其于2010年8月30日在澳门收到阜承公司转让款2500万元，并于同日作为其他项目的损失赔偿款转付给案外人众益国际有限公司（经查，无众益国际有限公司工商登记资料），为此，繁荣公司向一审法院提供了其向阜承公司出具的《收款收据》及众益国际有限公司出具给繁荣公司的《收款凭证暨备忘》。经查阜承公司与繁荣公司的银行账户往来明细，未发现有此笔款项往来。

一审法院于2012年8月10日向被执行人萧渊及繁荣公司发出（2011）闽执行字第80－39号通知书，责令其提供二轻大厦项目转让款2500万元的往来凭证，但萧渊及繁荣公司至今未能提供上述资料。2012年8月10日，一审法院依法对繁荣公司进行搜查，扣押“众益国际有限公司”印章一枚、“魏立州”印章二枚、繁荣公司员工刘洁笔记本一本（内有阜承公司企业网银客户号、账号及密码等相关内容）。

该裁定认为，以上事实可以证明，众益国际有限公司及阜承公司是在被执行人繁荣公司控制之下，繁荣公司向一审法院提供的两份收据均可由繁荣公司自己制作，故不具有相应的证明力。被执行人繁荣公司至今未按要求说明二轻大厦项目转让款2500万元收支的详细情况并提供相应的银行往来凭证，即使2500万元转让款的收、付均系通过现金交易完成，也应向法院说明具体细节并提供相应的证据证明，但至今异议人繁荣公司未予举证，故异议人阜承公司关于由“魏立州通过其澳门的合作者于2010年8月30日在澳门向繁荣公司支付了对价”之异议理由不能成立，不予采信。异议人繁荣公司欲清偿其所欠他人债务，完全可直接将款项转给债权人，而繁荣公司将款项先转往阜承公司，然后再通过阜承公司的网银账户支付给债权人的行为违反常理，且繁荣公司也未向法院说明其通过阜承公司向何人清偿债务，清偿债务的依据所在，并提供相应的证据材料证明；繁荣公司在收到法院发出的执行通知的情况下，仍然不履行法院的生效判决，而自称将款项用于清偿其他未经诉讼确认的债务，违反了《中华人民共和国民法通则》第一百零八条“债务应当清偿”之规定。一审法院在执行程序中，追加阜承公司为本案被执行人，与《中华人民共和国民事诉讼法》第二百三十二条、《最高人民法院关于适用〈中华人民共和国民事诉讼法〉若干问题的意见》第二百七十一条至第二百七十四条以及《最高人民法院关于人民法院执行工作若干问题的规定（试行）》第七十六条至第八十二条规定之情形不符，故应予撤销。但异议人阜承公司在无证据证实支付了2500万元对价的情况下受让被执行人繁荣公司在二轻大厦项目的权益，并接受了被执行人繁荣公司的6470.313万元款项事实清楚、证据充分。对于被阜承公司占有的被执行人繁荣公司的财产应予追回，故一审法院裁定在62049802.88元范围内，追回异议人阜承公司所接受被执行人繁荣公司的财产并冻结阜承公司在二轻大厦项目中所享有的49%权益是正确的，应予维持。异议人阜承公司如认为其受让被执行人繁荣公司二轻大厦项目的财产权益及接受被执行人繁荣公司6470.313万元的款项有事实和法律依据，并请求停止对上述财产的执行，可以申请执行人蔡福英为被告提起民事诉讼。据此，裁定撤销（2011）闽执行字第80-53号执行裁定中关于追加阜承公司为被执行人的内容，但仍裁定追回阜承公司所接受被执行人繁荣公司的款项，价值暂以62049802.88元为限，或者查封、扣押、冻结阜承公司等额财产；冻结阜承公司在二轻大厦项目中所享有的49%权益，价值暂以62049802.88元为限。

另外，一审法院于2012年10月11日作出（2011）闽执行字第80-58号执行裁定："（一）查封、冻结被执行人阜承公司因与二轻联社合作开发所分得的二轻大厦第6、7、8、11、12、15、16、23、24、25层。（二）冻结、扣留、提取阜承公司因合作开发二轻大厦项目，自二轻联社处所应得的任何款项，价值暂以62049802.88元为限；（三）冻结、扣留、提取繁荣公司、阜承公司因以出租、转让使用权、认购、预约买卖等任何方式处分二轻大厦房屋而应收的任何款项，价值暂以62049802.88元为限。"

二轻联社及包括黄雪贞在内的王启志等29个购房人不服该执行裁定，向一审法院提出案外人执行异议。一审法院经审查于2013年6月25日作出（2012）闽执外异字第2-3号执行裁定，该裁定中阜承公司的当事人地位为第三人，裁定查明：（1）2006年11月10日，厦门市经济发展局批复同意二轻联社在厦门市湖滨南路334号划拨土地上建设二轻大厦项目。2008年5月16日经厦门市人民政府厦府第［2008］293号文批准，二轻联社以协议出让的方式取得该宗地的国有建设用地使用权，土地用途为自用办公，宗地面积6391.241平方米，地上建筑总面积不超过60060平方米。二轻大厦为二轻联社的自用办公楼，若要转让，须经厦门市人民政府批准，补办完全出让手续，补缴地价差，地价按剩余法计算和补缴，且不低于批准转让时同期基准地价修正值。（2）被执行人繁荣公司于2006年12月30日与二轻联社签订《合作建设"二轻大厦"项目协议书》，合作建设二轻大厦项目，繁荣公司占49%权益。2010年8月20日，繁荣公司将其在二轻大厦中的权利义务全部转让给阜承公司，二轻联社书面表示同意。2011年7月28日，二轻联社与阜承公司签订《协议书》，约定阜承公司分得二轻大厦第6、7、8、11、12、15、16、23、24、25层。

该裁定认为，虽然依据繁荣公司与二轻联社达成的合作协议以及繁荣公司将其在该协议中的权利义务全部转让给阜承公司的事实，无论是繁荣公司还是阜承公司，其在二轻大厦项目中仅享有权益而不是直接对房产享有所有权，但是从繁荣公司、阜承公司已与王启志等案外人签订《房产认购协议》或《房产预约买卖合同》及部分案外购房人已经装修入住的情况看，二轻联社对此是知情的，而且一审法院多次要求二轻联社结算，其都未能及时履行结算义务。繁荣公司、阜承公司及二轻联社的行为已导致一审法院难以对阜承公司在二轻大厦项目中享有的权益予以执行，若不对二轻大厦房产进行查封，案外购房人尚未付清的购房余款，一审法院亦难以提取。因此查封二轻大厦房产并无不当，案外人的异议应予以驳回。案外人若对本裁定不服，可以自裁定书送达之日起十五日内提起诉讼。据此，裁定驳回案外人二轻联社及王启志等29个购房人的异议。除二轻联社之外的包括黄雪贞在内的王启志等29个购房人不服（2012）闽执外异字第2-3号执行裁定，分别向一审法院提起诉讼。

一审法院另查明，本案审理过程中，繁荣公司和阜承公司均于2013年11月12日向一审法院出具《情况说明》。繁荣公司的《情况说明》主要内容为，对黄雪贞要求停止执行讼争房产及理由不持异议；黄雪贞与繁荣公司签订的房产认购协议书以及繁荣公司出具的购房款收据是真实的，黄雪贞已实际付清收据记载的相应金额购房款项；繁荣公司将二轻大厦的合作权利义务转让给阜承公司后，由阜承公司负责后续的合同履行及交房事宜。阜承公司的《情况说明》主要内容为，对黄雪贞起诉要求停止执行讼争房产的诉求及事实和理由不持异议，该房产的权益已转让给黄雪贞，由黄雪贞享有房产的占有、使用和收益权利，阜承公司仅对黄雪贞享有购房款债权。

一审法院还查明，黄雪贞还未实际入住诉争房产，该房产就被法院查封。

二、当事人起诉与答辩情况

黄雪贞起诉称，一审法院在执行蔡福英与繁荣公司、萧渊民间借贷纠纷一案中，依据蔡福英的申请，裁定追加阜承公司为被执行人，并作出（2011）闽执行字第80-58号裁定，查封了厦门二轻大厦第6、7、8、11、12、15、16、23、24、25层房产。由于其中第12层第9单元房产已由黄雪贞受让取得使用权，并在被查封前已交付使用，为此黄雪贞提出案外人执行异议。2013年6月25日一审法院作出（2013）闽执外异字第2-3号执行裁定书，驳回黄雪贞的异议。黄雪贞不服该裁定提起诉讼，认为裁定认定事实及适用法律错误，应当对其所购买的二轻大厦第6层第10、11单元房产依法停止执行。理由如下：(1) 黄雪贞对被查封的房产享有占有、使用和收益的权利，足以阻却、排除执行。2010年9月13日黄雪贞通过郭紫燕与繁荣公司签订《房产认购协议书》，认购厦门二轻大厦第12层第9单元房产，合同价款2849810万元，协议约定应支付首期购房款1424905元，剩余50%购房款待产权证出来后向银行抵押贷款支付。黄雪贞将全部房款交给郭紫燕（因12层房产均由郭紫燕转卖，此前郭紫燕已经向繁荣公司支付了首付款）。因繁荣公司将其二轻大厦合作项目的权利义务转让给阜承公司，阜承公司承认黄雪贞对该房产的相关权益，并于2012年7月25日将所购房产交付黄雪贞使用。黄雪贞签订购房合同的时间以及付款均在法院采取查封措施之前。因此，黄雪贞对购买的二轻大厦房产享有使用和收益的实体权利，足以排除对该房产的执行。(2) 根据《最高人民法院关于人民法院民事执行中查封、扣押、冻结财产的规定》（以下简称《查封规定》）第二条的规定，执行标的物必须是被执行人的财产，但黄雪贞购买的二轻大厦房产经政府批准属二轻联社名下的财产，被执行人繁荣公司或阜承公司只是二轻大厦建设项目的合作一方，并未取得该房产的物权，对该房产进行查封执行缺乏法律依据。(3)（2011）闽执行字第80－58号裁定是基于阜承公司被追加为被执行人，但最高人民法院作出的（2012）执复字第30号执行裁定，认为执行法院直接追加阜承公司为被执行人缺乏法律依据，现（2013）闽执外异字第2－3号执行裁定已将阜承公司变更为第三人，排除其被执行人的地位，显然继续查封二轻大厦的房产已经丧失事实和法律依据。(4) 即便执行法院认为黄雪贞尚欠繁荣公司或阜承公司部分购房款需要支付，也应按照《最高人民法院关于人民法院执行工作若干问题的规定（试行）》第六十一条的规定，向黄雪贞发出履行通知，而不能直接查封黄雪贞购买的房产。故请求：对二轻大厦第12层第9单元房产停止执行；由蔡福英承担本案诉讼费用。

蔡福英答辩称，(1) 繁荣公司与二轻联社共同开发建设二轻大厦，阜承公司在未支付任何对价的情况下占有繁荣公司所享有的二轻大厦项目49%权益，故二轻大厦项目中原归属于繁荣公司的49%权益仍归属于繁荣公司。(2) 一审法院查封二轻大厦房产具有事实和法律依据，（2012）闽执外异字第2－3号执行裁定是正确的。依据《查封规定》第十条“查封尚未进行权属登记的建筑物时，人民法院应当通知其管理人或者该建筑物的实际占有人，并在显著位置张贴公告”，一审法院在查封、冻结过程中已通知了二轻联社和二轻大厦的物业管理公司，而且在各楼层张贴公告。（3）黄雪贞无证据证明其已将1424905元款项支付给繁荣公司或阜承公司。黄雪贞主张其已将购房款支付给郭紫燕，郭紫燕已经支付给繁荣公司购房款的理由不能成立。繁荣公司并未授权郭紫燕收受该款项，郭紫燕也没有将购房款支付给繁荣公司。综上所述，福建省高级人民法院查封阜承公司在二轻大厦项目中所享有的49%权益的房产有法律和事实依据，黄雪贞主张的购买房产和支付购房款没有事实根据，其诉讼请求应予驳回。

三、福建省高级人民法院一审认定与判决

一审法院认为，根据最高人民法院（2012）执复字第30号执行裁定重新审查后，一审法院作出（2013）闽执异字第2号执行裁定，查明认定阜承公司是在被执行人繁荣公司控制之下，且繁荣公司提供的证据不足以证明阜承公司支付了2500万元对价受让繁荣公司在二轻大厦项目所享有的49%权益。《查封规定》第十五条规定，对第三人为被执行人的利益占有的被执行人的财产，人民法院可以查封、扣押、冻结；该财产被指定给第三人继续保管的，第三人不得将其交付给被执行人。对第三人为自己的利益依法占有的被执行人的财产，人民法院可以查封、扣押、冻结，第三人可以继续占有和使用该财产，但不得将其交付给被执行人。第三人无偿借用被执行人的财产的，不受前款规定的限制。本案中，阜承公司作为第三人无偿占有被执行人繁荣公司的财产，一审法院依据该规定可以查封、扣押、冻结相关财产。根据2011年7月28日二轻联社与阜承公司签订的《协议书》，阜承公司因受让繁荣公司在二轻大厦项目所享有的49%权益而分得二轻大厦第6、7、8、11、12、15、16、23、24、25层房产，故查封讼争房产并无不当。二轻大厦土地使用权人二轻联社作为直接利害关系人在执行异议被驳回后，并未提起案外人执行异议之诉。黄雪贞以被查封的房产不是被执行人繁荣公司的财产及阜承公司不是被执行人为由，请求解除查封理由不能成立。

至于黄雪贞主张的实体权利是否足以阻却执行，应当根据《查封规定》第十七条的规定进行判断。根据该规定，被执行人将其所有的需要办理过户登记的财产出卖给第三人，第三人已经支付部分或者全部价款并实际占有该财产，但尚未办理产权过户登记手续的，人民法院可以查封、扣

押、冻结；第三人已经支付全部价款并实际占有，但未办理过户登记手续的，如果第三人对此没有过错，人民法院不得查封、扣押、冻结。本案黄雪贞起诉主张其已支付的款项为合同总价款的50%计1424905元，50%余款要待房产证办出后向银行抵押贷款支付，不符合上述规定的“已经支付全部价款”的条件。同时，黄雪贞在诉讼中也确认房产被查封时并未实际占有使用。故在黄雪贞对讼争房产既未支付全部价款亦未实际占有的情况下，其主张对该房产享有的实体权利足以阻却执行措施，进而请求对房产停止执行，缺乏事实依据和法律依据，不予支持。据此判决：驳回黄雪贞的诉讼请求，案件受理费100元由黄雪贞负担。

四、当事人上诉与答辩

黄雪贞不服一审判决提起上诉称，（1）执行标的物必须是被执行人的财产，二轻大厦不是被执行人名下的财产，执行法院对其查封没有法律依据。（2）黄雪贞已合法继受取得房产的使用权，该实体权利足以阻却、排除执行。（3）适用《查封规定》第十七条的前提条件是查封的不动产登记在被执行人名下，且产权具备可转移登记给购买人，而非查封财产实体权利的审查标准。原审判决套用该规定作为审查房产解封的依据，显属适用法律不当。（4）一审法院作出查封裁定给出的理由是阜承公司无偿接受被执行人财产而追加其为被执行人，在最高法院作出本案追加阜承公司为被执行人缺乏法律依据的裁定后，继续查封的理由已不存在。（5）黄雪贞是针对2012年10月16日的查封措施提出执行异议和诉讼，而一审法院却以2013年3月18日作出的（2013）闽执异字第2号裁定书作为审查先前查封行为合法性的依据，有违正当法律程序，且该裁定也存在程序违法和适用法律错误。（6）本案只能执行到期债权而非查封房产，以查封房产方式加重购房者的交易风险和合同负担，有违司法应有的公平正义。综上，黄雪贞已合法受让取得诉争查封房产的使用权，可以阻却、排除执行，一审法院存在认定事实错误和适用法律错误，请求依法撤销原判，改判对二轻大厦第12层第9单元房产停止执行。

蔡福英答辩称，（1）依据《查封规定》第十五条的规定，人民法院有权对第三人占有的被执行人的财产采取查封、抵押、冻结。（2）对于本案诉争的房屋，黄雪贞既未支付全部价款，也未实际占有房屋，人民法院可依法查封、抵押、冻结。况且诉争房屋未办理登记过户手续，无法对抗善意第三人，更不应对抗人民法院依法作出的裁定。（3）本案房产虽登记在二轻联社名下，但阜承公司与二轻联社的协议已明确“二轻大厦”6、7、8、11、12、15、16、23、24、25层为阜承公司所有。阜承公司向黄雪贞出售该房产，黄雪贞未办理过户登记，也未支付全部价款，一审法院适用《查封规定》第十七条正确。若按黄雪贞所主张，房产土地使用权登记在二轻联社而非阜承公司名下，则繁荣公司（阜承公司）更无权将房产出售给黄雪贞，《房产认购协议书》系无效协议，黄雪贞更无权提出执行异议。（4）一审法院通过（2013）闽执异字第2号裁定撤销追加阜承公司为被执行人，但同时该裁定明确了“追回阜承公司所接受繁荣公司的款项，或者查封、扣押、冻结、扣留、提取、划拨、扣划、拍卖、变卖阜承公司的财产，冻结阜承公司在二轻联社“二轻大厦”项目中所享有的49%权益“，本案诉争的房产属于阜承公司在“二轻大厦”所分配的房产，为其所享有权益49%的一部分，故本案继续查封、扣押、冻结具有法律依据。（5）阜承公司对一审法院（2012）闽执异字第2号执行裁定提出异议后，经最高人民法院复议后撤销了（2012）闽执异字第2号执行裁定，发回一审法院重新审查。一审法院审查后重新作出了（2013）闽执异字第2号执行裁定，阜承公司并未对（2013）闽执异字第2号提起诉讼，该裁定已发生法律效力。（6）“二轻大厦”房产系阜承公司占有的繁荣公司所享有的权益，黄雪贞虽与繁荣公司签订房产买卖合同，但未支付全部房款，也未交付房产，房屋的权益仍属于阜承公司，故一审法院查封、扣押、冻结阜承公司所有的房产有法律依据，应予以维持。

五、最高人民法院二审认定与判决

最高人民法院认为，执行异议之诉的关键是审查购房者享有的实体权利是否足以阻却执行措施。

其一，“二轻大厦”系繁荣公司与二轻联社共同开发建设，繁荣公司依约可取得“二轻大厦”中49%的权益。而阜承公司因受让繁荣公司在“二轻大厦”项目中所享有的49%权益分得“二轻大厦”第6、7、8、11、12、15、16、23、24、25层房产。现有证据已经佐证阜承公司是在繁荣公司控制之下，阜承公司受让繁荣公司所享有的“二轻大厦”49%权益并未支付相应对价，其无偿占有被执行人繁荣公司的财产，一审法院依据有关规定查封诉争房产并无不当。黄雪贞以被查封的房产不是被执行人繁荣公司的财产以及阜承公司不是被执行人为由主张解除查封，理由不能成立。

其二，根据《查封规定》第十七条“被执行人将其所有的需要办理过户登记的财产出卖给第三人，第三人已经支付部分或者全部价款并实际占有该财产，但尚未办理产权过户登记手续的，人民法院可以查封、扣押、冻结；第三人已经支付全部价款并实际占有，但未办理过户登记手续的，如果第三人对此没有过错，人民法院不得查封、扣押、冻结”之规定，黄雪贞在尚未办理涉案房屋产权变更登记的情形下，必须满足支付全部价款并实际占有使用且对未办理过户手续没有过错的条件，才能产生阻却执行措施的结果。但根据本案查明的事实，黄雪贞与繁荣公司签订《房产认购协议书》，其在起诉时主张已支付合同总价款50%购房款共计1424905元，此种情况并不符合“已经支付全部价款”的条件，黄雪贞在一审庭审时也确认并未实际入住诉争房产。因此，在黄雪贞对诉争房产未支付全部价款且未实际占有入住的情况下，其主张对诉争房产享有的实体权利足以阻却执行措施，缺乏相应的事实和法律依据，最高人民法院不予支持。

综上，一审判决认定事实清楚，适用法律正确。黄雪贞的上诉请求及理由依据不足，不应予以支持。最高人民法院依照《中华人民共和国民事诉讼法》第一百七十条第一款第（一）项之规定，判决：驳回上诉，维持原判。二审案件受理费100元，由黄雪贞负担。

六、对本案的解析

民事强制执行是实现权利义务的一种方法。当债务人或义务人拒不履行其债务或义务时，债权人或权利人可以借助国家公权力，由执行机关强制相对人履行执行根据，以实现其权利义务并达至维护司法裁判的权威和社会法律秩序的目的。为了保证强制执行的有效性及其在实体上和程序上的正当性，须有一整套法律规定加以规范，尤其是强制执行乃国家公权力的行使，具有强制性，如果没有相应的约束和救济，容易侵害债务人（义务人）或案外人（第三人）的正当权利或权益。作为一种体系、结构完整的、具有程序正当性的执行制度就必须设置相应的救济措施，以避免或减少因违法或不当执行所造成的损害。这一救济措施作为一个完善的救济系统又应当包括各种具体的救济方法和手段。同时，由于执行权是国家的公权力，阻却执行必须有合法的依据，否则会将这种权力架空，而使生效判决成为一纸空文。因此，从这种意义上说，应当对于当事人提出的执行异议之诉进行严格的审查，对于其享有的权利性质作出认真的分析，以妥善地平衡各方当事人之间的关系。

在司法实践中，针对《查封规定》第十七条规定的理解与适用存在争议。执行过程中，案外人依据《查封规定》第十七条的规定提出异议，要求停止对其已购房屋的执行，是应当依据民事诉讼法第二百二十五条的执行复议制度还是依据该法第二百二十七条的执行异议之诉制度处理，争议较大。一种意见认为，依据物权法的相关规定，不动产物权变动未经登记不发生物权效力，房屋买受人在办理房屋过户登记前尚未取得房屋的所有权，享有的仅是要求出卖人依据合同约定办理房屋过户登记的债权，一般情况下与其他债权相比其并不具有优先性。另一种意见认为，基于我国现阶段房屋交易和登记程序均不完善等原因，前述司法解释对于符合其规定条件的部分买受人予以特殊保护，即买受人已经支付全部房屋价款并实际占有该房屋，且对未办理产权过户登记手续没有过错的，其享有的特定合同债权属于足以停止对该房屋执行的实体权利。因此，购买该房屋的案外人基于前述规定赋予的实体权利提起的诉讼属于民事诉讼法第二百二十七条规定的执行异议之诉的范围，审判庭在审理该类案件中可以援引适用该规定，并作为判决是否停止执行的法律依据。我们认为，房屋买受人享有的权利性质看，应属于物权期待权。不动产受让人的物权期待权可以区分为买受人物权期待权和预告登记期待权。买受人物权期待权最早滥觞于德国，经德国帝国法院确认并逐渐被其他大陆法系国家所接受。它是指对于已经签订买卖合同的买受人，在已经履行合同部分义务的情况下，虽然尚未取得合同标的物的物权，但赋予其类似物权人的地位，其对物权的期待权具有排除执行的效力。从逻辑上看，买受人享有的类似物权的权利，其优先于债权。物权期待权的保护，最早见于2002年《最高人民法院关于建设工程价款优先受偿权的批复》中，对具有消费者身份的房屋买受人物权期待权的保护。其后，又在《查封规定》第十七条，将物权期待权保护的对象扩大到所有登记财产的买受人。对预告登记的物权期待权进行保护源于物权法的规定，保护的对象包括买受人在内的所有受让人。《中华人民共和国物权法》第二十条规定："当事人签订买卖房屋或者其他不动产物权的协议，为保障将来实现物权，按照约定可以向登记机构申请预告登记。预告登记后，未经预告登记的权利人同意，处分该不动产的，不发生物权效力。预告登记后，债权消灭或者自能够进行不动产登记之日起三个月内未申请登记的，预告登记失效。”《最高人民法院关于人民法院办理执行异议和复议案件若干问题的规定》（以下简称《规定》）在继续贯彻对受让人物权期待权进行保护精神的同时，对保护范围作了一定调整：将标的物缩小为不动产，主要原因是实践中主张此类异议的基本是不动产，其他有登记的财产，例如股权、商标权能否适用占有存在争议，而且问题并不突出。同时，区分不同的受让人主体，规定了不同保护要件：

1. 对一般买受人物权期待权的保护

《规定》第二十八条对一般买受人物权期待权保护的要件，和查封规定第十七条相比有所区别：第一，受让人与被执行人签订有合法有效的书面转让合同。要求必须有书面合同，是基于城市房地产管理法第四十一条“房地产转让，应当签订书面转让合同，合同中应当载明土地使用权取得的方式”的规定。同时，也为执行机构甄别真实的买受人提供证据。第二，在价款交付上，和《查封规定》第十七条要求全部交付价款不同，买受人按照约定支付部分价款并且在人民法院指定的期限内将剩余价款交付执行的，也纳入保护范围。主要是实践中不动产买卖合同多是分期付款，案外人虽仅支付部分款项，但系按照合同约定的进度支付，如其将剩余价款按照人民法院指定的期限交付执行，不影响债权受偿，自然没有拒绝保护的道理。第三，查封前占有不动产。买受人物权期待权之所以要保护，就是因为买受人已经为取得物权履行了一定义务并以一定的方式对外进行了公示，尽管这种公示的方式较之法定的登记公示方式在效力上较弱。同时，要求在查封前已经占有不动产，也是为了减少被执行人与第三人恶意串通的可能性。第四，没有登记的原因，主观上要求是属于案外人意志以外的客观障碍，否则，则应判断为其有过错。

2. 对消费者物权期待权的保护

根据《最高人民法院关于建设工程价款优先受偿权问题的批复》明示，建设工程价款优先权优先于抵押权；建设工程价款优先权不能对抗已经交付所购商品房全部或者大部分价款的消费者。基于此，从逻辑上可以推论，抵押权和一般债权均不能对抗消费者的物权期待权。《规定》第二十九条对消费者物权期待权保护，除了和一般买受人物权期待权保护一样要求合法有效的书面合同之外，还要求另外三个条件：第一，保护的对象必须是消费者。消费者是相对于经营者而言，是从经营者处购买商品或者接受服务的人。《规定》限定消费者物权期待权保护的对象是从房地产开发企业处购买商品房的买受人。普通民事主体之间的二手房买卖，不属于保护的范围。第二，依据消费者权益保护法第二条规定，消费者是为生活消费需要购买商品或者接受服务的人，因此，消费者一定是自然人，法人或者其他组织不在保护之列。《规定》限定案外人所购商品房系用于居住，也就是说保护的是买受人的生存权。至于买受人买房的真实目的是否用于居住，实践中形成了以房屋的性质是居住用房还是经营用房来区分是不是消费者的所谓“客观标准”。为了降低判断的难度，《规定》明确要求“受让人名下无其他用于居住的房屋”。这里的“无其他用于居住的房屋”，一般是指买受人在被执行房屋所在地长期居住，而其名下在同一地方无其他能够用于居住的房屋。第三，必须交付了百分之五十以上的购房款。前述建设工程价款司法解释将交付价款规定为“大部分”，自然产生了“大部分”的具体标准问题，《规定》从有利于消费者的原则出发，将大部分价款的标准确定为超过百分之五十即可。[①]

《规定》第二十八条、第二十九条是对《查封规定》第十七条的细化。两者并不矛盾，均可以适用。司法实践中，买受人作为案外人对登记在被执行人名下的不动产提起执行异议之诉应如何处理，法律与司法解释并未作出规定。《规定》是关于人民法院办理执行异议和复议案件的规定，第二十八条、第二十九条应适用于执行异议审查阶段，能否适用于执行异议之诉，在实践中存在争议。我们认为，案外人异议之诉虽为实体审理程序，但和执行异议审查程序存在关联性和共同性，目的在于审查案外人对执行标的是否存在实体权利以及该实体权利能否排除强制执行，且执行异议审查程序系案外人执行异议之诉的前置程序，因此，这两条规定可以适用于执行异议之诉。

本案处理时，《规定》并未生效，适用的是《查封规定》第十七条的规定，该条规定：被执行人将其所有的需要办理过户登记的财产出卖给第三人，第三人已经支付全部价款并实际占有，但未办理过户登记手续的，如果第三人对此没有过错，人民法院不得查封、扣押、冻结。本案适用的即是该条。司法实践中对于该规定的适用范围、过错如何认定、利益如何权衡等问题均存在争议，我们认为，首先，案外人（第三人）应当在法院针对执行标的物的强制执行程序开始前，已经支付全部价款并实际占有该

① 刘贵祥、范向阳：《人民法院关于案外人异议程序的理解与适用》，载《人民司法》2015年第6期，第21页。

标的物。法院在处理时应当根据当事人提交的买卖合同、付款发票、付款收据、物业服务合同、物业费缴费发票等证据予以综合判断。其次，“第三人对此没有过错”，是指案外人（第三人）未办理产权过户登记手续是由于被执行人不予协助、办理登记存在客观障碍、登记机关原因等案外人意志以外的原因造成的。案外人为规避法律、行政法规规定或逃避债务，故意将财产登记在被执行人名下的，应当认定其具有过错。最后，在适用该规定时对案外人与被执行人之间是否存在真实的买卖关系、案外人是否已经支付全部价款并实际居住等事实应当严格审查；在判断案外人是否存在过错时不宜过于严苛；在利益冲突的权衡时，应当在依法的前提下，兼顾购房业主（案外人）的生存利益与银行、企业（申请执行人）之间的经营利益。从本案的实际情况看，黄雪贞在一审庭审时也确认并未实际入住诉争房产，而且其也不符合“已经支付全部价款”的条件，因此，对于其提出的阻却执行的诉讼请求不应得到支持。从上述案件的审理可以看出，应当对于当事人提出的执行异议之诉进行严格的审查，对于其享有的权利性质作出认真的分析，以妥善地平衡各方当事人之间的关系。

【地方法院典型案例解析】

养育母亲获得代孕子女监护权之法律基础

——罗某某、谢某如与陈某监护权纠纷案

侯卫清*

【裁判要旨】

在现有政策法律条件下，代孕子女的亲子关系，生母应根据“分娩说”认定为代孕母亲，有血缘关系的委托父亲认领的，应认定为生父，所生子女为非婚生子女。根据婚姻法关于“有抚养关系的继父母子女关系”这一条款的立法目的及立法意图，其子女范围可扩大解释至包括夫妻一方婚前婚后的非婚生子女，其形成以同时具备父母子女相待的主观意愿和抚养教育的事实行为为要件，养育母亲可基于其抚养了丈夫之非婚生子女的事实行为及以父母子女相待的主观意愿，而与代孕子女形成有抚养关系的继父母子女关系。代孕行为的违法性并不影响对代孕子女在法律上给予一体同等保护，在确定其监护权归属问题上应秉承儿童最大利益原则，尽最大可能地保护未成年子女的利益。

【案例索引】

一审：上海市闵行区人民法院（2015）闵少民初字第2号

二审：上海市第一中级人民法院（2015）沪一中少民终字第56号

【案情】

上诉人（原告原告）：陈某

* 上海市第一中级人民法院法官。

被上诉人（原审被告）：罗某某、谢某某

罗某某、谢某某系夫妻，罗某系其两人之子。罗某与陈某于2007年4月28日登记结婚，双方均系再婚，再婚前，罗某已育有一子一女，陈某未曾生育。婚后，罗某与陈某通过购买他人卵子，并由罗某提供精子，采用体外授精—胚胎移植技术，出资委托其他女性代孕，于2011年2月13日生育一对异卵双胞胎。两名孩子出生后随罗某、陈某共同生活，2014年2月7日罗某病去世后则随陈某共同生活至今。审理中，罗某某、谢某某提供了其在美国的女儿女婿出具的同意代为抚养孩子的承诺书。

另查明，经司法鉴定，不排除罗某某、谢某某与两名孩子之间存在祖孙亲缘关系，排除陈某为两名孩子的生物学母亲。

罗某某、谢某某起诉称，其子罗某与陈某结婚后，采用购买卵子、由罗某提供精子、委托其他女性代孕的方式生育了一对异卵双胞胎。罗某已于2014年2月7日因病去世。罗某某、谢某某认为，罗某为两名孩子的生父，陈某并非生母；代孕行为违法，陈某与两名孩子之间未形成拟制血亲关系；罗某某、谢某某作为祖父母，在孩子生父去世、生母不明的情况下，应由其作为监护人并抚养两名孩子，故请求确认其两人为两名孩子的监护人，陈某将两名孩子交由其抚养。

陈某辩称，采用代孕方式生育子女系经其与罗某夫妻双方协商，孩子出生后亦由其夫妻实际抚养，故应类推适用最高人民法院1991年7月8日的《关于夫妻关系存续期间以人工授精所生子女的法律地位的函》（以下简称最高院1991年函）视为夫妻双方的婚生子女；如无法认定为婚生子女，则基于其夫妻共同抚养孩子的事实，应认定陈某与孩子已形成事实收养关系；如无法作出上述认定，则应在卵子母亲和代孕母亲两者中认定孩子的生母，现不能确定生母是否死亡或丧失监护能力，故应驳回罗某某、谢某某要求作为监护人的诉请。

【审判】

一审法院认为，本案的争议焦点为代孕所生的两名孩子是否可视为陈某与罗某的婚生子女、陈某与两名孩子是否形成拟制血亲关系及陈某是否享有法定监护权。一审法院认为，根据司法鉴定意见书，排除陈某为两名孩子的生物学母亲，双方不存在自然血亲关系。原卫生部的《人类辅助生殖技术管理办法》第三条明确规定禁止代孕，最高院1991年函所指向的受孕方式为合法的人工授精，孕母为妻子本人，本案中不符合上述司法解释的情形，故不适用该规定。陈某既非卵子提供者，又非分娩之孕母，其请求认定以买卖卵子、代孕方式生育之子女为其婚生子女之主张，法院不予支持。婚姻法确认的拟制血亲包括养父母子女关系和继父母子女关系。养父母子女关系的形成应当符合法律规定的条件并办理收养登记手续，本案中因欠缺法定的必备要件而不能成立合法的收养关系。拟制血亲关系必须依据法律规定加以认定，对于代孕过程中产生的基因母亲、孕生母亲、养育母亲各异的情况，养育母亲是否构成拟制血亲法律并无规定。代孕行为本身不具合法性，难以认定因此种行为获得对孩子的抚养机会后双方可以形成拟制血亲关系。据此，一审法院判决支持罗某某、谢某某的诉讼请求。

陈某不服一审判决，提起上诉。上诉请求为：撤销一审判决，改判驳回罗某某、谢某某的诉讼请求。上诉理由为：（1）代孕行为虽被禁止，但因此所生子女的法律地位并无法律规定，根据最高院1991年函的精神，血缘关系并非判断亲子关系的唯一标准，故不能排除委托方妻子能够成为孩子母亲，从而认定孩子为婚生子女的可能性。（2）代孕行为的违法性并不导致孩子丧失应有的法律权利，也不导致陈某必然丧失监护权。本案中陈某事实上已抚养了丈夫罗某与案外人所生之子女，可推定形成事实收养关系或有抚养关系的继父母子女关系。（3）确定未成年人监护权归属应秉承子女利益最大原则，本案无论从双方的监护能力、孩子的生活环境、与孩子的情感建立、隔代教育之弊端等方面考虑，将监护权判归陈某更有利于孩子的健康成长。

罗某某、谢某某针对陈某的上诉理由辩称，（1）代孕不合法，不能适用最高院1991年函认定两名孩子为婚生子女，仅能视为罗某的非婚生子女。（2）陈某既非基因母亲，亦非代孕母亲，其与两名孩子不存在自然血亲关系；代孕行为违法，陈某与两名孩子之间亦不形成任何一种拟制血亲关系。（3）子女最大利益原则的适用应以严格执行现有法律法规为前提，对监护能力、生活环境、情感建立、隔代教育之弊端等因素的考量只能在有监护资格的同顺位人员中才有比较之余地，而陈某不具有监护资格。故请求二审法院维持原判。

二审法院认为，本案的主要争议为代孕子女的法律地位之认定及其监护权归属，包括是否可视为婚生子女、是否形成拟制血亲关系及如何适用儿童最大利益原则。对于上述问题，我国法律目前没有明确规定，尽管如此，法院基于不得拒绝裁判之原则，仍得依据民法等法律的基本原则及其内在精神，结合社会道德和伦理作出裁判。

第一，关于代孕子女的法律地位之认定。本案中代孕所生的两名孩子的亲子关系，法律上的生母应根据“分娩者为母”原则认定为代孕者，法律上的生父根据血缘关系及认领行为认定为罗某，由于罗某与代孕者之间不具有合法的婚姻关系，故所生子女为非婚生子女。陈某主张类推适用最高院 1991 年函视为婚生子女，因该函针对的是以合法的人工生殖方式所生育子女的法律地位之认定，而代孕行为不具有合法性，故不符合类推适用之情形。

第二，陈某与两名孩子是否形成拟制血亲关系。收养法明确规定收养必须向民政部门登记方始成立，经补办公证而确认的事实收养关系仅限于收养法实施之前已经收养的情形，故本案中欠缺收养成立的法定条件；如按事实收养关系认定，实际上是认可了代孕子女的亲权由代孕母亲转移至抚养母亲，这将产生对代孕行为予以默认的不良效果，故认定不成立事实收养关系。婚姻法第二十七条第二款关于“有抚养关系的继父母子女关系”的规定，系以是否存在抚养教育之事实作为拟制血亲形成与否的衡量标准。根据上述规定，其形成应同时具备两个条件：一是双方以父母子女身份相待的主观意愿；二是抚养教育之事实行为。缔结婚姻之后一方的非婚生子女，如果作为非生父母的一方具备了上述主观意愿和事实行为两个条件的，亦可形成有抚养关系的继父母子女关系。本案中陈某存在抚养其丈夫罗某之非婚生子女的事实行为，且已完全将两名孩子视为自己的子女，故应认定双方之间已形成有抚养关系的继父母子女关系，至于该非婚生子女是否代孕所生对于拟制血亲关系的形成并无影响。

第三，关于代孕所生两名孩子的监护权归属。联合国《儿童权利公约》第三条确立了儿童最大利益原则，我国作为缔约国亦应在立法及司法中体现这一原则。就本案而言，无论是从双方的年龄及监护能力，还是从孩子对生活环境及情感的需求，以及家庭结构完整性对孩子的影响等各方面考虑，将监护权判归陈某更符合儿童最大利益原则。

据此，二审法院判决：一、撤销上海市闵行区人民法院（2015）闵少民初字第 2 号民事判决；二、驳回罗某某、谢某某的原审诉请。

【评析】

本案中需要解决的具体问题为代孕子女监护权之归属，但解决子女监护权问题，首先需要对代孕子女的亲子关系及其法律地位作出认定，其次是根据儿童最大利益原则对代孕子女的监护权归属作出一妥当的判断结论，再次是从现有法律规范中寻找根据，选择适当的法律途径对判断结论予以论证。

一、代孕子女的亲子关系及其法律地位之认定

我国婚姻法对于亲子关系的认定未作出具体规定，司法实践中，对于生母的认定，根据出生事实遵循“分娩者为母”原则；对于生父的认定，根据血缘关系而作确定，婚生子女适用婚生推定及婚生否认，非婚生子女适用认领。现有的人工生殖技术包括人工体内授精、人工体外授精—胚胎移植（俗称试管婴儿）、代孕三种，其中前两种已为大多数国家包括我国所认可。针对人工授精的情形，最高院1991年函中明确规定，“夫妻双方一致同意进行人工授精的，所生子女视为夫妻双方的婚生子女。”试管婴儿的情形与此类似，亦可适用上述之规定。而代孕与上述两种人工生殖方式不同的是，其将怀孕分娩这一环节从不孕夫妻中的妻子一方转移到了其他女性身上，从而背离了“分娩者为母”的原则及由此建立的法律制度。关于代孕子女的亲子关系认定，目前理论上主要有四种学说：血缘说、分娩说、契约说、子女利益最佳说。上述四种学说中，“分娩说”符合传统民法中“分娩者为母”的认定原则，亦符合我国的文化传统及伦理观念，更与目前国家对代孕的禁止立场相一致，故代孕子女的亲子关系认定，法律上的生母应认定为代孕者；法律上的生父，如具有血缘关系的委托父亲认领的，应认定为生父，如生父未认领的，则可以提起认领之诉；所生子女为非婚生子女。

二、根据儿童最大利益原则确定代孕子女监护权之归属

本案是未成年人监护权纠纷，所涉及的事务关乎儿童之切身利益。关于处理儿童事务的行为准则，联合国《儿童权利公约》确立了儿童最大利益原则，我国作为成员国，理应在立法和司法中体现该原则之精神。但是，儿童最大利益原则是国际法上的一项纲领性原则，适用于具体案件时

不仅要体现其精神，同时需将之转化为国内法，使之具备可操作性。本案中存在着三者之间的利益冲突，一方面是祖父母基于家族血缘关系而对孩子拥有的利益；另一方面是陈某作为女性养育孩子的权益；还有一方面是代孕子女的利益。在这三者之利益中，应将代孕子女的利益置于首要地位，以子女的需求作为确定监护权的衡量标准。同时，在权衡及抉择时，不能仅仅将孩子视为需要保护的对象，只从监护人的年龄、经济条件、监护能力等外在条件上进行衡量，还应将孩子作为独立的权利主体，从孩子的立场考虑其心理、情感之需求，以及生活环境、家庭结构关系对其之影响。综合上述各方面因素，我们认为将监护权判归陈某更符合儿童最大利益原则。

三、养育母亲获得代孕子女监护权的法律途径之选择

在根据儿童最大利益原则确定代孕子女监护权之归属后，即面临着法律途径之选择，因为根据实质判断所得出的结论并不当然成为裁判结论，而需依据现有之法律规范，从法律途径上进行求证。对此，讨论过程中主要形成有四种观点：

第一种意见认为可类推适用最高院 1991 年的函视为夫妻双方的婚生子女。

第二种意见认为，代孕目前不合法，故应根据“分娩说”认定代孕者为法律上的生母，具有血缘关系的委托父亲认领的，认定为法律上的生父，所生子女为非婚生子女。生父认领之后，根据大陆法系国家的做法，跟生父有合法婚姻关系的养育母亲可以通过收养途径取得养母的身份地位，至于收养法规定的必须登记生效之障碍，可以根据司法部的通知经由补办公证来解决形式要件问题。

第三种意见在代孕子女的亲子关系及法律地位认定上同意第二种意见，但主张基于陈某抚养了其丈夫之非婚生子女的事实行为，且具有将孩子视为自己子女的主观意愿，可通过扩大解释“有抚养关系的继父母子女关系”这一法学概念，认定双方已形成拟制血亲的继父母子女关系。

第四种意见认为，养育母亲作为孩子生父的妻子，可确认为关系密切的其他亲属朋友愿意监护的类型，在前一顺序有监护资格的人缺乏监护能力时，可从后一顺序有监护资格的人中确定。

最终二审判决采纳了第三种意见，基于如下之理由：

1. 法院在判定子女监护权归属时应最大化地保护子女利益。就本案而言，如认定养育母亲为“关系密切的其他亲属朋友愿意监护的”类型，则双方不具有亲子身份，身份关系上会给孩子造成困扰，不利于其健康成长。

2. 法院应在现有法律框架内作出司法裁判。代孕目前不合法，故不能类推适用最高院1991年函认定为婚生子女，否则无异于以法院判决的方式直接认可了代孕行为的合法性，而若认定为事实收养关系，虽非直接肯定代孕行为，亦将产生对此予以默认的不良效果，且违反收养法关于收养必须登记的形式要件之规定。

3. 扩大解释符合婚姻法“有抚养关系的继父母子女关系”这一条款的立法目的及立法意图。探求婚姻法关于该条款的立法目的及立法意图，其要求有抚养教育之事实方成立拟制血亲的继父母子女关系，是出于保护未成年人的目的，基于权利义务对等原则，鼓励继父母善待继子女，促进家庭关系的和谐稳定。而子女出生时间先后之意义在于，如果子女在缔结婚姻之前已经存在，非生父母一方在与有子女一方结婚时可以选择是否要成为继父母并与继子女共同生活。基于此，扩大解释“有抚养关系的继父母子女关系”之法学概念符合婚姻法的立法目的及立法意图，只需明确其形成条件为同时具备以父母子女相待的主观意愿和有抚养教育的事实行为。

【域外采撷】

关于参加“反家庭暴力法实施考察团”访问英国有关情况的报告

李　冰[*]　吴晓芳[**]

2016年9月19日至23日，我院民一庭吴晓芳法官和研究室李兵法官随全国妇联组织的“反家庭暴力法实施考察团”，就与反家庭暴力法相关的司法实践操作问题，赴英国做专题考察访问。考察团一行7人，团长是全国妇联权益部部长高莎薇。全国妇联随行的还有权益部和国际部各一名处长。公安部法制局一名副处长，联合国妇女署两位官员（此次考察项目的费用由联合国妇女署资助，联合国妇女署还提供翻译、负责与英方联络、安排到访行程等方面的支持）。

在伦敦的72小时中，考察团进行了7场公务活动，拜访了英国皇家检察署、内政部、外交部、司法部、皇家警察学院以及两个专门从事反家暴工作的NGO—RESPECT和WOMEN'S AID LONDON OFFICE。尽管行色匆匆，走马观花，但我们仍然获得了英国应对家暴方面大量的信息。现将相关情况简报如下：

一、英国开展反家暴工作的概况

英国开展的反家暴工作，主要由救助受暴人，为受暴人提供帮助和服务；对施暴者追责、管理及行为矫正；以及对家暴的预防等3方面工作组成。开展反家暴工作中最重要的理念：一是把受暴人的利益放在首位；二

* 最高人民法院研究室法官。

** 最高人民法院民一庭法官。

是各相关部门开展的反家暴工作之间需要相互协调与配合；三是重视信息收集，并用之于家暴的预防和对施暴人的矫正。英国内政部设有家暴政策专员，负责制定英国政府的跨部门消除家暴战略规划，对各部门在反家暴方面的工作职责作出明确定义。由内政部牵头建立跨部门反家暴协调工作机制，该工作机制由内政部部长亲自担任组长，包括警察、司法部、卫生部、社会保障部、儿童权利保障等政府多部门参与其中，定期举行跨部门反家暴工作小组联席会议。英国参与反家暴工作的还有独立于政府的检察机构、法院、为受暴人提供法律援助服务的律师以及其他提供心理咨询、安置等服务的 NGO 组织等。学校和社区全科医院也被要求提供与家暴有关的信息、开展对青少年的反家暴预防教育等。

英国对家暴的定义，指发生在 16 岁以上家庭成员之间，在财务或者情感方面的控制、胁迫、虐待、侵犯行为，也属于广义家暴行为中杀害、伤害、骚扰、虐待等行为，有刑事罪名与之相对应，但要求行为得具备重复性、经证明施受人之间有家庭成员关系，后果严重或者令对方产生了恐惧等。

二、对家暴的司法处置

警察。在英国，警方一旦接到报案后会立即出警。警方出警时被要求随身佩戴一枚摄像头，到发生家暴的现场处理并录制出警全过程。英国皇家检察署制定了专门的家暴案件起诉指南提供给警方，另外皇家警察学院开展对警察处理家暴案件的专门培训，帮助指导警察的行为。

检察官。负责将警方立案的家暴涉嫌犯罪的案件起诉到法院，并在法院量刑环节行使求刑权，确保对施暴人定罪。检察机关还和受暴人密切联络，告知受暴人案件的进展。

法官。英国处理家暴案件有两套法庭系统：一类是刑事法庭，另一类是民事法庭。刑事法庭审理家暴相关的刑事犯罪案件也由两套法庭系统承担：一是对于家暴行为可能判处 6 个月以下刑罚的案件，通过一名法官或者多名民间人士组成的法庭进行审判。二是对可能判处 6 个月以上刑罚的家暴刑事案件，由一名皇家法庭的法官和陪审员组成法庭进行审判，由陪审员判定是否应当定罪，而法官负责量刑。2005 年以来，英格兰和威尔士地区开始设立专门的家事法庭，审理判处 6 个月以下刑罚的刑事案件和涉及家暴的民事案件。目前家事法庭已经形成网络，处理了绝大多数家暴案件。

涉家暴的法庭禁令。英国法庭签发的涉及家暴的禁令有四种：（1）家暴保护令，对受暴人人身进行保护。（2）禁止骚扰令。（3）与居住权相关禁令。（4）受暴人行为限制令。其中第一种民事法庭法官有权签发，后三种由刑事法庭法官签发。对于违反刑事法庭法官签发的禁令的行为，英国以专门的违反禁令罪罪名起诉，最高可以判处 5 年监禁或者财产刑。对于违反民事法庭法官签发的禁令的，如果比较严重，则可以通过起诉行为人蔑视法庭罪，由刑事法庭最高判处 2 年监禁。

处理涉家暴案件的基本司法流程。警察接到报案出警之后，制止正在进行的家暴并搜集证据，同时告知受暴人可以向法庭申请的禁令。给予受暴人 48 小时，让受暴人自己考虑作出何种决定。对于家暴案件是否起诉到法庭的问题，一般情况下警方会尊重受暴人意愿；当然，警方根据证据情况，也不会完全按照受暴人意愿处理案件。案件由检察官起诉到法庭后，检察官会建议法庭签发民事或刑事禁令，在量刑环节提出量刑建议。法庭审理涉家暴案件时，不公开审理，以保护当事人隐私。受暴人采取视频作证，或开庭前就录好证词，在法庭上宣读，以避免出庭作证而遭受二次伤害。英国设有国家反家暴中心，向受暴人提供免费法律援助。对于施暴人的刑事处罚主要有监禁、社会服务、参加行为矫正项目等。

三、英国反家暴工作的亮点

一是英国非常重视家暴的防控工作。在应对家暴方面建立了比较完善的协同工作机制。其中包括：（1）政府相关职能部门之间的配合协调。前述英国内政部牵头建立了专门的反家暴协调工作机制，该机制囊括了警察、卫生、社会保障部门、儿童权利保障部门等，并由内政部部长担任协调工作组的组长。此次拜访的英国皇家检察署，出面接待我们的是反家暴办公室成员。内政部是公共保护司司长及家暴政策专员。司法部参与接待我们的是 3 个与反家暴工作有关部门的负责人，即主管受害人保护政策的部门、向受害人及子女提供社会服务的部门、施暴人和受暴人恢复关系部门。皇家警察学院的接谈人员是专门负责培训警察反家暴行动课程的警官。（2）英国中央政府与地方政府之间，由中央政府向地方政府发布反家暴方面的《国家期望书》，对地方政府开展相关工作提出建议和要求。（3）政府职能部门与司法机构之间，比如内政部编写了有关家暴案件的判罚条例、量刑指南，提供给法庭。（4）警察、检察官、法庭、对施暴人矫正的部门在处理家暴案件中工作衔接。（5）政府通过购买服务的方式，支持相关NGO组织对受暴人及其子女临时安置、提供其他各种身心康复服务等。（6）政府职能部门还被鼓励与社区的全科医院、学校在家暴信息的收集、提供，对青少年开展预防家暴教育、建立健康伙伴关系等方面，建立合作关系。（7）在地方上还建立跨部门会议（MARAC），共同了解当地发生的某影响重大的家暴案件，并提出对策建议。（8）基层社区也建立了联动机制，保证及时向受暴人提供各种需要的支持。

综上，从我们到访的上述机构的工作人员身份上、从访英期间几个部门重点介绍的协同工作机制上，都可以看出，英国对于家暴问题重视程度之高，可以说是“举国体制”。

二是英国在对家暴案件的司法干预方面积累了比较丰富的经验。（1）法律制度、工作机制比较完善。尽管英国没有制定专门的反家庭暴力法，但英国发生家暴案件从警察接警环节开始，整个司法干预过程都有具体的各类指南。对施暴人的管控和追责，除了有4种法庭禁令之外，还有自由刑、财产刑、社区服务、社区行为矫正课程等。（2）处理家暴案件的司法人员经过专门培训，应对家暴案件专业化水平较好。警察和检察官都经过专门培训。处理了全英大多数家暴案件的家事法庭，也是2005年以来在英格兰、威尔士地区设立的专业法庭，以刑民合一受理案件方式，处理包括家暴在内的家事案件。（3）有5项较有特色的做法：①要求警察必须佩带摄像头出警处理这类案件，摄像头记录的影像可以作为警方证据提供给法庭，以助于解决家暴案件收集证据方面的困难。②英国皇家检察署制定了家暴刑事案件的起诉方面的指南。对被起诉的施暴人还依靠跨机构的风险评估机制，对施暴人人格进行评估形成报告，作为判断其性格不良的证据提供给法庭。③受暴人不出庭作证。④家事法庭可以根据案件情况，签发民事禁令或者刑事禁令。签发民事禁令所需要的证据不像刑事禁令那样严格，法官自由裁量度较大。违反了刑事禁令，在英国构成了专门的违反禁令罪，按照犯罪处理。违反了民事禁令，比较严重的，也可以按蔑视法庭罪定罪。⑤在处理家暴案件时，英国司法部积极推行恢复性司法的理念，由地区总警监办公室人员主持施暴人和家庭成员共同参加的会议（据介绍全英共有42名总警监，经地方选举产生，独立于警察部门，任务是确保警务工作开展，消除犯罪），促进施暴人与家庭成员和解，更好地解决双方和好或者和平分居、对子女抚养等问题。

三是英国对警察处理家暴案件的情况有比较严格的监督。据介绍，20世纪80年代，英国警察部门不允许介入家暴案件。从20世纪90年代开始，警察才开始介入家暴案件。但有关家暴受害者求助难、警察在家暴案件中不作为，也一直是英国面临的问题。英国针对警察不作为的问题，专门设立了监察官制度，监督警察的不当行为。英国皇家警察监察官办公室每年都确定监察工作的重点。内政部长作为反家暴工作跨部门联席会议召集人，又是英国皇家警察43支警务部队联席会议小组的组长，可以命令监察官办公室对全国或者某地方警察处理家暴案件的情况开展调查，每年都要发布相关报告。对警察的监督还来自第三方（警察部门内部监督、内政部监督之外第三方的监督）。

四是英国对家暴案件不仅司法干预，还重视提供相对比较多的服务。主要是针对受暴人及其子女的安置、服务方面做的较好。承担这方面工作的政府职能部门主要是英国的司法部，其内设了受害者（包括家暴受暴人）政策部门、社会服务部门、恢复施暴者与受暴者关系的主管部门等机构。通过制定《受害者指南》、提供中央政府专项拨款给地方职能部门，或者通过财政拨款，购买NGO组织服务等方式，安置、服务受暴人及子女。有关受暴人安置，设立了全国性网络的庇护所，受暴人身心康复方面的服务，主要由NGO具体承担。2006年以来，英国内政部拨款给NGO，针对男性受暴人遭受家暴又难以启齿等特点，开始为男性受暴人建立了专门的服务热线。

此外，还对施暴者提供服务。我们到访的一个NGO组织RESPECT就同时为家暴的施暴人提供咨询服务、相关课程。通过与施暴者接触、沟通，并提供咨询，达到制止家暴行为，预防家暴继续恶化、发现家暴案件线索等目的。

四、英国反家暴方面最新动态

根据介绍，英国反家暴方面主要有两个新动态：一是2015年12月开始，英国把家庭成员之间财务或者情感方面的“胁迫”“控制”两种情况也引入家庭暴力概念中。警方可以把这类表面上没有暴力行为的情形认定为家庭暴力行为。二是司法部在积极推动恢复性司法理念在家暴案件处理中的运用，确保受暴人有更大的权利决定家暴案件是否需要提交正式的司法程序予以干预。

五、几点思考和建议

根据赴英考察所了解的情况，结合我们国家的国情与刚出台的反家庭暴力法的有关规定及法院工作实际，我们认为：

第一，应当加强对处理家暴案件刑事法官和民事法官的培训。首先是树立以家暴受暴人合法权益保护为中心的审判理念。其次是针对相关司法审判实务的培训。这对于反家庭暴力法的贯彻实施非常重要。

第二，最高人民法院应当加大对家暴案件审判工作的调研和指导。尽管目前已经有刑事方面相关的司法解释和民事方面的若干解释，但最高人民法院的对下指导仍应当加大力度，特别是反家庭暴力法实施以来，人民法院在执行这部法律中都遇到哪些问题，非常有必要开展专题调研，并制定针对性强的司法政策和审判指南。据全国妇联权益部调研情况反映，目前对人民法院签发的人身保护令如何执行等方面，存在比较突出的问题。建议最高人民法院在开展反家庭暴力法实施调研工作的基础上，通过制定司法解释或者发布指导性案例的方式，解决相关司法实践操作方面的困惑和问题。

第三，最高人民法院应当加强与相关部门在执行反家庭暴力法方面的协调与合作，必要时通过会签规范性文件的方式，解决反家庭暴力法实施中的工作配合和衔接问题。

第四，从人民法院司法统计角度，加强对家暴案件信息的搜集、分析和分享。

六、其他

此次访英最大的遗憾是没有专程访问英国的家事法庭，使这次访问缺失了一个重要方面的信息和直观了解。另外，由于记录或者翻译、访问时间较紧张等原因，有可能该报告反映的某些问题不够清晰、存在某些疏漏，甚至可能存在与实际情况不符之处。因此，不当之处，敬请批评指正。

【法官沙龙】

树木之辨

——法律格言杂谈

周瑞春*

“生长者谓之树，不生长者谓之木”。

这是一句法律格言，说的是树木之辨。

大凡喜欢文学的人，都不可能不对格言、谚语、成语、歇后语这些语言的精粹怀有浓厚的兴趣，但我喜欢法律格言却还有另一层原因。

记得在西政求学时，有三个老师的课给我的印象极深。第一是听张紫葛老先生天马行空般的《逍遥游》，使人心驰神往，“飘飘有凌云之志，似游天地间之意”，不禁有把酒凌虚，“我欲乘风归去”之感。第二是听张警老先生讲中国古代法制史，由博返约、穷理尽性的功力，正是“精神到处文章老，学问深时意气平”，果然大家风范。之二张，让我从此不敢妄言西政无大师了。第三个便是林向荣老师了。记得 1981 年，大三的第二学期，林老师给我们讲外国法制史。他的讲授不落俗套，简明扼要，脉络清晰，层次分明，更难能可贵的是融会贯通，进出自如，且有新意。他说英国资本主义法与封建主义法的继承性体现在两个方面，一是对封建法律形式的保留；二是对封建诉讼制度的继承。讲第一个问题时，对英国法律历史的三分法：普通法、衡平法、条文法在资本主义时代的继承和发展作了深入的分析，如英国资产阶级革命将普通法由封建主义的改造为资本主义的是由两个途径完成的：一是通过资本主义的法学家用新的精神来解释普通法的旧原则；二是通过审判实践将新的制度注入“普通法”。

* 福建省高级人民法院法官。

他给普通法下的定义也与众不同：存在于习惯里，表现在判例上，流传于法院中。这似乎是一种描述，而不像是惯常的定义方法：揭示内涵、划清外延，但他的这种定义方法却比通常的抽象定义法来得平实，切中实质，易于把握。

他对普通法“流传于法院中”的解释是“法院将普通法的原则通过法谚——法律格言来表述”。例如：

1. 土地所有者的权利及于天上、天心、地下、地心；
2. 只有制作者的双方意思表示一致，才是契约的核心；
3. 构成婚姻的要件在于合意，而不在于同居；
4. 法律保护妻子的继承权，作为贞节的报酬；
5. 法官不决定事实问题，陪审员不决定法律问题；
6. 举证责任在于原告；
7. 任何人不受有罪的推定。

他对衡平法的公平、正义、重事实的精神实质的阐述是：衡平法虽然是根据法官的“自由裁量”，但并非无原则的自由裁量，这个原则即是公平、正义。他为此举出表现衡平法这种精神实质的法谚有：

1. 衡平法不注重形式而注重实质；
2. 平等即是衡平，这是衡平法的一个最根本原则；
3. 衡平法防止诉讼的重复提起；
4. 衡平法不半途而废，而乐于实现完全正义；
5. 把必须做的事情看作是已经做的事情；
6. 请求衡平的人，本身的所作所为必须是衡平，或进入衡平法庭的人，必须是两手干净的人；
7. 衡平法不进行不正当的救济。

试想，在当时的大学里，有几个人能这样讲课的？这是我第一次接触法律格言，虽然只是隔物传功，称不上亲密接触（因为这些法谚只是老师译自日本人编的《英美法典》），但新奇有趣的感觉，还是让我有点激动不已，激情涌动之下，毕业论文的选题便自拟为《法律格言与法律原理初探》，一心想在向荣老师的指点下完成一篇有新意的毕业论文，尽管老师善意忠告，选题固然好，只恐资料难寻，我仍然不愿放弃，岂料搜遍图书馆的有关资料，还是一无所获，不仅参考资料匮乏，而且国内也无人涉及这个课题，忙乎了大半天，我手里攥着的仍然只有向荣老师讲课时课堂笔录记下的三四十条法律格言，最终无可奈何只得放弃了这个选题，改弦易辙，作了一篇《免予起诉制度研究》，应付了事。

尽管如此，终究是一桩心愿未了，毕业后仍是未能忘怀。

20世纪80年代末，一次偶然机会购得一本郁忠民主编的《中外法律名言录》，当时真是喜出望外，如获至宝，虽然该书限于资料的来源，不少是转引自《西方法律思想史资料选编》及报刊之类，而非译自原著，而且许多是社会学、政治学的名言语录，并不是法学的，同时，“名言”亦不等于“格言”，但这毕竟是国内第一本跟法律格言沾边的小册子，亦足珍贵。此后，直至2003年，购得一本李秀清主编的《法律格言的精神》，看书名正是我所渴求的书，但翻阅该书却发现基本上是选摘自商务印书馆的汉译名著丛书，是法学名家名著的名言汇编。同前一本一样，仍属名言录，而非格言集。

真正的法律格言汇编直至2005年才姗姗来迟，这便是孙笑侠教授编译的《西方法谚精选》（法律出版社），该书每条法谚均有原文对照，每个专题部分前均有简短的概述，称得上是迄今为止大陆最具学术性的正宗的法律格言选编。说是大陆，自然意味着还有台湾之类。2007年，法律出版社又推出了台湾学者郑玉波编著的《法谚》（一）、（二），共录法谚992条，每条都有作者的简短解说，全书分九个部分，虽有部分条目重复，但仍不失为一部鼎力之作。窃以为，解得其法谚二卷，即可明了民法学基本原理了，因为，“法谚包含法理”，而“法理乃法律之精神”。颇为令人欣喜的是近来整理报刊，发现法谚已从学者的案头进入了法官的视野，在《人民法院报》上，从2005年开始至今，我们都能读到《法谚解读》专栏，评析颇为精当，是个受欢迎的栏目。

什么叫格言？《辞海》把格言、谚语、成语、歇后语都归入“熟语的一种”，它给格言下的定义是：“可为法式的言简意赅的语句。”给谚语下的定义是：“流传于民间的简练通俗而富有意义的语句。大多反映人民生活和斗争的经验。”

两相比较，我以为：言简，即语言的简练性，意赅，即意蕴的丰富性，是二者的共同点。同时，格言的“可为法式”，谚语的“经验反映”，都说明二者对人们的社会生活具有指导启发意义。所不同者，谚语的指导性源自于实践的经验，格言的指导性当源自于思想的结晶。当然，格言与谚语的区别，还有些特定内容上的区别，如天气谚、风俗谚，它只能是谚语，而不会是格言。但我以为两者最主要的区别是语言风格上的，格言书面语风格较强，故较庄重，如“清官难逃猾吏手”；而谚语的口语性较强，故较生动，如“任你官清似水，难逃吏猾如油”。二者虽则内容相同，但风貌迥异，前者如着西装，后者像穿夹克。但这种区别并不是特别重要的，不同于它们与成语、歇后语这种形式结构上的明显区别。而且，谚语与格言在流传的过程中也常常互相转化，或交叉重叠，许多研究者也并不认真去区分格言与谚语的区别，将一些格言收入谚语集或将谚语当作格言引用是常见的事，这也说明它们之间的区别并不是很重要。特别是在法谚和法律格言上，我以为二者不妨通用。郑玉波先生更是将法谚与法律格言等量齐观的，其书序云：“法谚，亦称法律格言，仍谚语之一种。有如文艺作品之诗。诗为精炼之语言，言简意赅，含蓄无穷，所谓‘状难写之景，如在眼前；含不尽之情，溢于言外’，乃诗之上乘。法谚亦然，法谚虽非写景，亦非言情，但要言不烦，蕴藏法理，金科玉律，字字珠玑，加以韵语出之，读之趣味盎然，极易成诵，不似法条读后之有同嚼蜡也，故习法者每以读法谚为快。”

但是，谚语、格言与名人名言的区别还是明显的。名人名言不等于谚语，名人只能引述谚语，并不可能创造谚语，谚语的创造主体是人民群众，具有社会性，名言产生于可考的名人名著，个体性特征明显，因此，名言可以一炮打红，而无需传承，谚语却必须千锤百炼、辗转流传。名人名言也不等同于格言，虽有部分名人名言因其言简意赅而成为格言，但大部分名人名言，或因其大段的论述，不够简练而不能成为格言，或因其仅系一家之言，虽有独到之处，但不具普遍认同感，并非真知灼见，而不能成为格言，另有些名言，意在标新立异，或故作惊人之语，以耸人听闻，但只要是出自名人之口，均不妨其成为名言，然而怪诞偏颇的名言并不能成为可以法式的格言。

法律格言、法谚，它的内容是有关法律的，它的形式则是采用了格言、谚语这种语言形式。不仅如此，西方的法律格言、法谚，由于其起源于习惯法，所以它不仅是法律思想、法律原理、法律原则的一般表达，同时也是关于法律适用规则和技术的简练表述，具有法律专业性强的特点，西方甚至有云：“法律欠缺，法谚代之”，或云，“法律之不备，依格言定之”，可见，有时法谚是可以作为法律适用的。因此，向荣老师说它具有“流传于法院中”的特征。这是西方法谚与中国的法律格言、谚语一个明显区别的地方，在中国，有关法律的格言、谚语主要是流传于社会上的。因此，在内容上社会性多，专业性少。西方法律格言、谚语，由于专业性强的缘故，一般没有法律背景的非法律人士看了往往不明白它的意旨。以法眼观物，蕴含在这背后的是一种法律思维。如“种类物不灭失”，其意并非指种类物的具体物品不会灭失，实际上种类物的具体物品灭失是屡见不鲜的，也不可能不发生灭失。此谚意谓，种类物灭失与特定物灭失在法律意义上不同，特定物灭失便无法给付或返还，只能赔偿或更作，而种类物的灭失，不发生给付不能的问题，同种类物品即可给付，除非发生此种类物品全部灭绝的情形。又如“播撒的种子视为属于土地之一部分”，其意乃谓：种子播入土地后，即附合而成为土地之一部分，即由动产转变为不动产，其不再是独立的动产，而归于该土地之所有权人所有。

回到本文开头的那句法律格言：“生长者谓之树，不生长者谓之木”，这其实是法律人撇开树和木的自然属性，在法理上给树和木下的定义，其意为：生产在地上的树系不动产，即土地之出产物，属于该不动产之部分，树为不动产；而一旦将树砍倒，成为木头之后，则与原不动产即土地分离，而成为动产，木为动产。可见，区别树与木实为适用动产与不动产不同法律规则之需要。由此谚想起上个月下旬在南昌送别鲁先时几个同学闲聊的场景，王敏远问景汉朝最近在研究什么？汉朝若有所思说：果树是动产还是不动产？窃以为，此谚似正可供汉朝兄参详也。

格言、谚语，往往以其洞悉入微的观察、入木三分的刻画、独特新颖的视角，让人耳目一新、印象深刻；而各种修辞手法的灵活运用则使其更显得生动有趣，鲜活明快；以明白晓畅的语言来说明深入浅出的道理，使人读之每有意会，恍然有悟，实非公文式的法学论文可以相比。然而，我们在欣赏丰富多彩、琳琅满目的法律格言和法律谚语时，亦不可一概奉为金科玉律，以为是毋庸置疑的真理、无须论证的公理，在使用时不加分析地生搬硬套，不看时间条件地动辄引用。对于法律格言、谚语的运用，还是应当在准确理解其含意，深入把握其原理的基础上，用得其所，否则不免失之偏颇，使人难以苟同。何况，有些法律格言，深究起来也只不过是似是而非之说罢了。

“迟来的正义非正义”。这是为了强调审判效率的重要性时，我们常常喜欢引用的一句格言。但这句格言本身就是一条偏颇的论断。这条法谚本意是要强调正义的实现要及时，其道理与奖惩的即时性是一样的。但是在复杂的现实社会生活中正义并非总能如期而至，如期而至的正义固然是正义，但姗姗来迟的正义又何尝不是正义?! 是否正义，以其实质上是否符合正义的标准而定。这是正义的内在品质，是恒定的性质，并不以正义实现的时间为转移，正义绝不因为其迟来而变为非正义。如果说“迟来的正义非正义”，我不知道古今中外会有多少沉冤不白的冤魂弥漫天空：为窦娥们平冤是没有意义的；为岳飞、袁崇焕昭雪是没有意义的；“正义作家”左拉为平反德雷福斯冤案长期奔走呼号、唇枪舌剑挑战陆军部和整个主流法国社会也是没有意义的；进而胡耀邦主导的平反“文革”期间制造的千千万万的冤假错案也是没有意义的了；进而，近年来为余祥林们的冤案平反也是没有意义的了，因为，所有这些都是姗姗来迟的正义。所以，迟来的正义，我们最多只能说它是不完美的正义，有缺陷的正义，甚至，有时也是无可奈何的正义，但是我们决不能说它是非正义的。正义如果因其迟来而变成非正义，我不知道人世间还有什么能叫正义？还有什么比这些迟来的正义是更大的正义？正因为人们坚信正义可以期许：虽然正义也许可能迟来，但正义终将降临人间，人们才会相信法律可以期待、相信“法律总能显示正义的力量”，才能历尽艰难险阻去实现它，哪怕历时十年八年，甚至上百年。所以，所谓“迟来的正义非正义”这条法谚的制作者们舍本逐末，目光狭隘，抓住一点，不及其余，实不足为训。

正义之辨，亦如树木之辨，是法律人所必须具备的逻辑思辨，不讲逻辑的思维，肯定不是法律思维。

感恩西政的老师，他在我大三的时候告诉我：大学四年，要掌握的最重要的东西并不是知识，而是学习的方法、思考的方法、研究的方法。真是一句之师，终生受益。虽然，我已记不得是哪位老师说的，但我铭记了这句话。

写于2008年4月

【民事审判信箱】

执行异议之诉与执行异议有何区别

问：执行异议之诉与执行异议有何区别？

答：民事诉讼法第二百二十五条规定的是当事人对法院的执行行为不服提出异议，应通过执行复议制度解决，与第二百二十七条规定的执行异议之诉有根本区别。这里的“执行行为”一般包括：执行法院所采取的执行措施；执行法院采取的执行方法；执行法院在强制执行时应当遵守的法定程序等。因此，如果案外人或者申请执行人依据民事诉讼法第二百二十七条规定提起诉讼，经审查当事人系对执行法院的执行行为是否违反法律规定存在争议的，应当不予受理；已经受理的，应当裁定驳回起诉，并告知其应当依据民事诉讼法第二百二十五条的规定主张权利。

（本书研究组）

执行异议之诉与普通民事诉讼有何区别

问：执行异议之诉与普通民事诉讼相比，有何区别？

答：执行异议之诉在程序构造、法律适用及处理结果等方面与普通民事诉讼区别较大。两者存在以下区别：

1. 诉讼目的不同

执行异议之诉的诉讼目的在于阻却或许可对特定标的物的执行行为，普通民事诉讼的目的在于实现其某项民事权益，不能产生对抗执行行为的法律效力。

2. 当事人不同

执行异议之诉的原被告是执行程序的案外人或申请执行人，普通民事诉讼的当事人系民事法律关系中的权利人或义务人。

3. 诉讼请求不同

执行异议之诉当事人的诉讼主张系基于其实体权利而请求法院对执行标的停止执行或者许可执行的程序性方面的诉讼请求，这是异议之诉不同于普通民事诉讼的最明显之处。

4. 起诉的法律依据不同

执行异议之诉当事人系依据民事诉讼法第二百二十七条及其他可阻却执行的法律、法规、司法解释等提起诉讼。普通民事诉讼的当事人则依据一般民事诉讼规则提起诉讼。

5. 诉讼结果是否影响执行不同

执行异议之诉有阻却或许可执行之法律后果，均是以民事判决的形式来影响执行程序。普通民事诉讼的审理结果原则上不能直接影响其他案件的执行程序。

（本书研究组）

执行异议之诉中，案外人依据另案判决或调解书主张权利的处理

问：法院在执行生效法律文书确定的金钱债权过程中，针对特定标的物实施强制执行，案外人以另案生效判决、调解书为依据，要求对该标的物停止执行的，应当如何处理？

答：应当根据另案生效判决、调解书的性质作出区分，如果案外人依据另案确权判决或形成判决对该执行标的物享有所有权，依据物权法第二十八条的规定，案外人自判决生效之日即取得该标的物法律上的所有权，依据物权优先于债权的理论，案外人享有的物权应当优先于申请执行人的债权。因此，法院应当判决停止对标的物的执行。如果另案给付判决或调解书确认被执行人向案外人转移该执行标的物的所有权，案外人在完成对执行标的物的物权公示手续前，享有的仅是请求转移标的物所有权的债权，而申请执行人享有的是金钱债权，两者在性质上都是债权，在发生冲突时，如果其中有的判决存在错误，应当通过审判监督程序解决，如果两个判决均不存在错误，则应当通过执行竞合程序解决。

（本书研究组）

执行异议之诉中，被执行人对案外人的权利主张表示承认的，是否可以免除案外人的举证责任

问：执行异议之诉中，被执行人对案外人的权利主张表示承认的，是否可以免除案外人的举证责任？

答：当事人对自己提出的诉讼请求所依据的事实，有责任提供证据加以证明，这是民事诉讼的基本举证原则。执行异议之诉案件同样应遵循上述原则。案外人作为原告方应举证其存在可以阻止执行的实体权利，在申请执行人执行异议之诉中，申请执行人则应举证证明执行标的可以强制执行。作为上述举证原则的例外情形，我国民事诉讼法律规定当事人对事实的承认可免除对方当事人的举证责任，即确立了自认制度。自认制度暗含的适用

前提应是诉讼程序本身具有对抗性，利益一致的双方当事人对事实的主张和自认，不能免除提出具体诉请或事实主张一方的举证责任。在执行异议之诉案件中，案外人和被执行人合谋通过共同确认案外人的实体权利，对抗申请执行人对执行标的的强制执行的情形，在实践中并不少见。因此，有意见认为，应加强法院在案件事实调查中的作用，同时引入禁止反言规则。

我们认为，于执行异议之诉中，为了真正避免当事人恶意利用自认制度，应当对被执行人的处分权利予以限制。而对被执行人的处分权予以限制需要正当性的理由，有观点认为限制当事人处分权系因其有处分他人（申请执行人）可能的财产之虞，但是申请执行人对该财产是否享有权利依赖于本案诉讼的结果，如果案外人诉请成立申请执行人可能的权利将被否定，可见以此作为限制被执行人处分权的正当性理由不妥。被执行人处分权之所以被限制，应该因其处分行为本质上是在对抗形式上具有合法性的强制执行行为，而强制执行行为仅能由法院的裁判予以变动或否定，因为法院的裁判才可以否定强制执行行为的合法性。因此，在执行异议之诉中，对被执行人自认效力予以限制应当是正当的，亦是必要的。

（本书研究组）

执行异议之诉中案外人另行主张权利如何处理

问：案外人在发生纠纷时不依据民事诉讼法第二百二十七条的规定主张权利，而是以被执行人为被告就执行标的物另行提起确权之诉、给付之诉，如何处理？

答：实践中，案外人在发生纠纷时不依据民事诉讼法第二百二十七条的规定主张权利，而是以被执行人为被告就执行标的物另行提起确权之诉、给付之诉的情形十分普遍。我们认为，在法院针对执行标的物的强制执行过程中，该标的物即处于非正常状态，此时就该标的物发生的争议，应当通过民事诉讼法规定的案外人异议之诉制度寻求救济，而不应允许案外人另行提起确权之诉，并且，案外人以被执行人为被告在非执行法院提起确权之诉，由于申请执行人并非该案的当事人，极易出现案外人与被执行人恶意串通对抗执行的情形出现。因此，案外人以被执行人为被告就执行标的物另行提起确权之诉的，应当裁定不予受理，已经受理的，应当裁定驳回起诉，并告知其可以依据民事诉讼法第二百二十七条的规定主张权利。案外人以被执行人为被告另行提起给付之诉，要求转移执行标的物所有权，该标的物已处于强制执行状态的，法院应当向案外人释明，告知其可以变更诉讼请求主张损害赔偿，经释明其仍坚持不变更的，应当判决驳回其诉讼请求，并在判决理由中写明案外人可待执行标的物解除强制执行状态后再行主张。对于审判中未发现并已经作出的生效判决、调解书，应当依法通过审判监督程序予以撤销。

（本书研究组）

发包人未在约定时间对承包人报送的竣工结算文件提出异议，但是双方对部分工程造价进行了确认，能否按照竣工结算文件结算工程价款

问：甲公司（发包人）与乙公司（承包人）签订的《施工合同》约定："发包人收到承包人递交的竣工结算报告及完整的结算资料后，应在60日内进行核实，给予确认或者提出修改意见。如发包人在上述期限内对结算报告及资料没有提出意见，则视同认可。"工程完工后，乙公司向甲公司提交《工程结算书》。甲公司未能提交证据证明在60日内提出异议，但是此后甲公司委托第三方对部分工程进行审核，双方确认该部分工程造价，对其余工程造价虽经协商，却不能达成一致意见。乙公司诉至法院请求按照报送的《工程结算书》确定工程造价，乙公司的请求应否支持？

答：乙公司的请求不应予以支持。《最高人民法院关于审理建设工程施工合同纠纷案件适用法律问题的解释》第二十条规定："当事人约定，发包人收到竣工结算文件后，在约定期限内不予答复，视为认可竣工结算文件的，按照约定处理。承包人请求按照竣工结算文件结算工程价款的，应予支持。"该条款的适用有严格条件，一是合同通用条款或者专用条款明确约定"发包人收到竣工结算文件后，在约定期限内不予答复，视为认可竣工结算文件"；二是发包人确实没有答复，如果发包人有回复，亦不能适用该规定。

案涉事实说明，甲公司与乙公司间就工程结算问题，先后进行施工企业报价、业主方委托第三方审价、会商后对部分已完工程结算款达成共识、后续又对未结算工程部分继续协商等；虽然甲公司未能举证证明其在《施工合同》约定时间内对乙公司报送的《工程结算书》予以答复，但是乙公司并未及时主张按照竣工结算报告计算工程价款，双方进行了实质性的审价并确认了部分工程价款，不符合《施工合同》约定的"如发包人在上述期限内对

结算报告及资料没有提出意见，则视同认可”的合同适用条件，也不符合《最高人民法院关于审理建设工程施工合同纠纷案件适用法律问题的解释》第二十条规定适用条件。

（本书研究组）

事实婚姻关系如何处理

问：对认定为事实婚姻关系的双方当事人，如果在一起共同生活多年，一方坚决要求“离婚”，人民法院在调解无效的情形下，可否判决不准离婚？

答：未按婚姻法第八条规定办理结婚登记而以夫妻名义共同生活的男女，起诉到人民法院要求“离婚”的，如果在1994年2月1日民政部《婚姻登记管理条例》公布实施以前，男女双方已经符合结婚实质要件的，应当按照事实婚姻处理。也就是说，未办理结婚登记而以夫妻名义共同生活者，是否被认定为事实婚姻，是以1994年2月1日为界的，之后的一概认定为同居关系。

对事实婚姻在一定条件下予以保护，并不意味着其效力完全等同于登记婚姻，在具体处理上要与登记婚姻有所区别。《最高人民法院关于人民法院审理未办结婚登记而以夫妻名义同居生活案件的若干意见》第六条就明确规定：“审理事实婚姻关系的离婚案件，应当先进行调解。经调解和好或撤诉的，确认婚姻关系有效，发给调解书或裁定书；经调解不能和好的，应调解或判决准予离婚。”而合法登记结婚的当事人提出离婚时，人民法院经调解不能和好的，如果认为夫妻感情没有彻底破裂，也可以判决不准离婚。也就是说，如果人民法院认为夫妻感情没有彻底破裂，可以在调解和好无果的情况下，依法判决登记婚姻的当事人不准离婚，再给双方当事人一次挽救婚姻关系的机会，而对事实婚姻关系的当事人就只能调解或判决准予离婚。毕竟事实婚姻不是登记婚姻，本来双方就没有依法进行结婚登记，在一方坚决要求解除这种事实婚姻关系时，不能强行要求双方仍然以夫妻名义继续同居，即事实婚姻与登记婚姻的“待遇”不能完全等同。

因上述司法解释第六条的规定与2001年修订后婚姻法的规定没有抵触，在审理此类“离婚”案件时仍然可以适用。

（本书研究组）

约稿函

《民事审判指导与参考》由最高人民法院审判委员会副部级专职委员杜万华任主编，最高人民法院民事审判第一庭编。自2000年创办以来，本书本着传播最高人民法院民事审判政策和指导意见、介绍最高人民法院和全国地方各级人民法院的优秀审判工作经验以及审判实践中疑难问题的解决思路为己任，对全国法院民事审判工作起到了重要的指导与参考作用，并为全国民事审判工作人员及其他关注、研究民事审判工作的法律工作者提供了一个广阔、互动的交流平台。为了能够有更多优秀稿件更好地反映各地民事审判研究成果，特在此向全国法院系统人员征集与民事审判相关的稿件：

【业务文章】主要刊登民事审判实体法律适用以及裁判方法、审判理念等方面的论文，文章应立足审判实践，言之有物、论证有据、观点明确，切忌拖沓，每篇6000字左右为宜。

【地方法院案件解析】主要刊登各地法院审结具有典型性和一定指导意义的案件，主要包括基本案情、审判情况及对涉及的法律问题的评析。每篇文章不超过5000字。

【热点调研】主要刊登各地法院针对民事审判实践中的新情况、新问题进行调研形成的调研成果，调研文章应当数据翔实、分析论证透彻，并提出相应的意见和建议。每篇文章字数以1万字左右为宜。

【地方法院传真】主要刊登各地法院有关民事审判工作的规范性意见和文件等，为各地法院提供一个信息共享、经验交流的平台。

来稿请发送到以下电子邮箱，并注明联系人电话等联系方式，写作规范及体例请参照已出版实出相应栏目的文章。

联 系 人：徐　上

电　　话：010－67556711

电子邮箱：zuigaofaminyiting@163.com

最高人民法院民事审判第一庭

《民事审判指导与参考》编辑部